Akal / Cultura digital

Director de la colección: Juan Martín Prada

Diseño interior y cubierta: RAG

Motivo de cubierta: Lev Manovich,
imagen generada con la versión 3 de Midjourney (2022)

Título original: *Artificial Aesthetics: Generative AI, Art and Visual Media*

© Emanuelle Arielli y Lev Manovich, 2025

© Ediciones Akal, S. A., 2025
para lengua castellana
Sector Foresta, 1
28760 Tres Cantos
Madrid – España
Tel.: 918 061 996
atencion.cliente@akal.com
www.akal.com

ISBN: 978-84-460-5665-2
Depósito legal: M-3222-2025

Impreso en España

Emanuele Arielli y Lev Manovich

ESTÉTICA ARTIFICIAL
IA generativa, arte y medios visuales

Traducción de
Jesús Espino Nuño

ARGENTINA / ESPAÑA / MÉXICO

1

HASTA UNA IA PODRÍA HACERLO

Emanuele Arielli

¿Qué es la estética? Pensemos en las muchas decisiones estéticas que tomamos en nuestra vida cotidiana: elegir y combinar la ropa, dar un «me gusta» a fotos, escoger un peinado, maquillarnos, visitar lugares, qué objetos comprar, qué música escuchar, etc. En todos estos ejemplos, la estética hace referencia a experiencias placenteras mediadas por nuestros sentidos. El término también puede incluir conceptos como el de estilo y juicios estéticos que estiman el valor de una obra de arte, aunque la naturaleza de la relación entre estética y arte ha sido objeto de debate en la época contemporánea. También tomamos decisiones estéticas a diario al crear gráficos, tomar y editar fotos y vídeos, dibujar imágenes y diseñar espacios y edificios. La estética abarca experiencias y objetos tanto naturales como hechos por el ser humano.

Desde principios del siglo XXI, la computación, el análisis de datos, el aprendizaje automático, las redes neuronales y la inteligencia artificial (IA) –una etiqueta onmicomprensiva y llamativa cuya definición va cambiando– se han ido introduciendo gradualmente en el ámbito estético. Por ejemplo, servicios de *streaming* como Spotify, Apple Music o Pandora recomiendan automáticamente música que puede gustarnos. La función «Buscar» de Instagram selecciona de igual modo fotos y vídeos de forma personalizada para cada usuario. La mejora automática con un solo botón es una función estándar en todas las aplicaciones de ordenadores y dispositivos móviles para editar fotos. Las grandes tiendas de moda *online* ofrecen de forma automática sugerencias de ropa, etcétera.

Fig. 1.1. Pinturas de paisaje chinas realizadas con redes generativas antagónicas

Todos estos sistemas se basan en métodos cada vez más sofisticados para predecir lo que le puede gustar a la gente. Los sistemas de IA, por ejemplo, aprenden principios de calidad estética observando directamente las elecciones que hacen las personas. Las primeras predicciones sobre la calidad de las imágenes se basaban en reglas de composición clásicas (como la de los tercios, la relación de aspecto, la saturación, etc.) y en la intuición de los programadores sobre el valor estético, derivada de su observación de las fotografías que más gustaban[1]. Más tarde, las redes neuronales se utilizaron progresivamente para asignar etiquetas semánticas («significados») y extraer de forma automática características estéticamente relevantes mediante el análisis de grandes bases de datos de imágenes marcadas con un «me gusta»[2].

Además de las recomendaciones y la edición automática, la IA se utiliza ahora mucho para generar nuevos artefactos sintéticos, entre otros obras de arte, música, diseños y textos. Por ejemplo, en 2016, un algoritmo de aprendizaje profundo fue entrenado para aprender el estilo de Rembrandt mediante el análisis de sus 346 pinturas conocidas. Posteriormente, se encargó al algoritmo la tarea de generar un retrato completamente nuevo, cuyo resultado tenía un asombroso parecido con un Rembrandt real. Ese mismo año, investigadores de los Sony Computer Science Laboratories de París desarrollaron un sistema de IA llamado DeepBach, que produce cantatas corales en el estilo de J. S. Bach[3]. Desde entonces, se han creado otros algoritmos que generan música. Incluso los vídeos de YouTube invitan a quienes los ven a participar en «tests de Turing» musicales, retándoles a distinguir composiciones creadas por IA de las humanas. Para las personas con cierta formación musical, la tarea sigue pareciendo sencilla, pero para un oyente inexperto no siempre es así[4].

---

[1] Datta *et al.* proponen 56 características y reglas diferentes. R. Datta, D. Joshi y J. Li (2006), «Studying aesthetics in photographic images using a computational approach», en A. Leonardis, H. Bischof y A. Pinz (eds.), *Computer Vision – ECCV 2006. 9th European Conference on Computer Vision,* Berlín/Heidelberg, Springer, 2006, pp. 288-301.

[2] Y. Kao, R. He y K. Huang, «Deep aesthetic quality assessment with semantic information», *IEEE Transactions on Image Processing* 26, 3 (2017), pp. 1482-1495. Doi: [https://doi.org/10.1109/TIP.2017.2651399].

[3] G. Hadjeres, F. Pachet y F. Nielsen, «DeepBach: A steerable model for Bach chorales generation», *Proceedings of Machine Learning Research* 70, arXiv (2017) [https://arxiv.org/abs/1612.01010]; Emerging Technology from the arXiv, «Deep-learning machine listens to Bach, then writes its own music in the same style», *MIT Technology Review,* 14 de diciembre de 2016 [https://www.technologyreview.com/2016/12/14/155416].

[4] TwoSetViolin, «Can You Tell the Difference between AI and Human Composers?» (vídeo), 23 de septiembre de 2020, YouTube [https://youtu.be/PmL-

En 2019, Deutsche Telekom reunió a un equipo de expertos internacionales en música e IA para completar la inacabada décima sinfonía de Beethoven, a modo de celebración del 250 aniversario de su nacimiento. La sinfonía terminada, «Beethoven X – The AI Project», se estrenó el 9 de octubre de 2021 en Bonn. Puede resultar difícil seguir el ritmo de algo que progresa tan rápido, ya que los cambios tecnológicos incrementales producen resultados continuamente mejorados: en 2019, una IA utilizó la potencia computacional de un nuevo modelo de *smartphone* para terminar la *Sinfonía n.º 8, Inacabada* de Schubert (1822)[5], aunque lo hizo con la ayuda de un compositor que seleccionó las mejores melodías generadas. En 2020, un estudiante de la Universidad de Princeton utilizó una red generativa antagónica (GAN) para realizar pinturas de paisaje tradicionales chinas que eran capaces de engañar a seres humanos en un test de Turing visual (Fig. 1.1)[6].

El encuentro entre la IA y la estética es crucial, porque la estética se considera un ámbito esencialmente humano. Durante mucho tiempo, no parecía posible que su dificultad y complejidad pudiesen verse sometidas a una reducción algorítmica. Para algunos, el arte, la estética y la creatividad son la cumbre de las capacidades humanas y, por tanto, representan un último baluarte contra los avances aparentemente imparables de la IA. En otras palabras, este complejo ámbito se convierte en el campo de pruebas definitivo de las posibilidades y limitaciones de la IA.

Aun así, prevalece la opinión de que avances y desarrollos como los mencionados sólo *imitan* estilos existentes y no son en absoluto creativos. En esos casos, los ordenadores reciben ejemplos preexis-

---

31mVx0XA]; «Bach vs AI: spot the difference», Orchestra of the Age of Enlightenment (22 de noviembre de 2019); «Bach vs AI: Spot the difference» (vídeo), YouTube [https://youtu.be/lv9W7qrYhbk].

[5] E. Davis, «Schubert's "Unfinished" Symphony completed by artificial intelligence», *Classic FM*, 6 de febrero de 2019 [https://www.classicfm.com/composers/schubert/unfinished-symphony-completed-by-ai].

[6] A. Xue, «End-to-end Chinese landscape painting creation using generative adversarial networks», *Proceedings of IEEE WACV*, 2011, 3863-3871, *arXiv* [https://arxiv.org/abs/2011.05552].

tentes y generan variantes que se ajustan a sus patrones, al tiempo que intentan introducir algún nivel de variación. A veces tienen un *siniestro* parecido con las obras de arte auténticas, pero esto también puede que las haga parecer un poco fuera de lugar a un ojo entrenado, carentes de esos toques finales que las harían convincentemente humanas. Estos algoritmos no generan estilos musicales o pictóricos totalmente nuevos, sino que son ejemplos de lo que podríamos llamar *manierismo computacional.*

Sin embargo, podría ser sólo cuestión de tiempo que hasta los expertos se vean engañados y una IA produzca obras de arte que se consideren estéticamente superiores a sus variantes humanas. Habría que tener en cuenta que los ejemplos antes mencionados se refieren a conjuntos de obras con una buena cantidad de repeticiones y una baja variabilidad: cualidades que permiten a los sistemas de IA extraer características generales y generar nuevos ejemplos con facilidad. En otras palabras, parece especialmente sencillo producir obras de arte tradicionales o clásicas, ya que tienden a mostrar un estilo claro y reconocible, y a seguir los patrones específicos de un artista, una escuela o una tradición. Los sistemas de aprendizaje automático son idóneos para analizar numerosas manifestaciones de un determinado objeto con ligeras variaciones y extraer las características y patrones relevantes. Por el contrario, sería muy difícil reproducir un conjunto de obras como las de Duchamp, ya que la IA tendría que partir del heterogéneo conjunto de datos que constituye la producción de este artista, que abarca la *Fuente*, el *Botellero, El Gran Vidrio*, el tardío *Étant donnés,* etc. Normalmente, las opiniones conservadoras sobre el arte consideran que la maestría técnica es un criterio que define el «verdadero arte», y mucha gente sigue sin considerar arte algo que no requiera una destreza o aptitud técnica. Sin embargo, destreza técnica implica conocimiento procedimental, y las IA están diseñadas para afrontar precisamente este tipo de conocimiento. Los estilos claramente reconocibles son problemas *bien definidos* que pueden reducirse a tareas computacionales, mientras que la generación de variantes que no siguen reglas de composición (como las obras de Duchamp) da como resultado tareas mal definidas que no tienen una solución procedimental fácil[7]. «*¡Eso podría haberlo hecho mi hijo!*», el popular *cliché* con que se despacha al arte contemporáneo, parece volverse ahora, en una irónica inversión, contra el gran arte estilísticamente complejo –pero computacionalmente escalable– de la tradición cultural: hasta una IA podría hacerlo. Es el Duchamp el que queda fuera de las capacidades creativas de la IA, al menos por ahora.

He aquí un breve resumen de las principales cuestiones que nos gustaría tratar.

Una investigación sobre el impacto de la IA y el aprendizaje automático en el ámbito de la estética requiere, en primer lugar, un mapa general de las áreas en las que la estética y los métodos computacionales se encuentran y se relacionan entre sí (véase el siguiente epígrafe, «Un mapa sencillo»). Luego, más adelante, mostraremos algunos puntos de contacto entre la llamada estética experimental y las aplicaciones computacionales, mostrando cómo algunos límites y puntos críticos que se encuentran en la primera pueden trasladarse a los enfoques emprendidos por la segunda (epígrafe «Computación y psicología»).

La tecnología es el desarrollo de *herramientas* que amplían nuestro alcance y poder. Tenemos una fuerza física biológicamente limitada: gracias a palancas, engranajes y, finalmente, los motores, conseguimos superar estos límites. Tenemos una agudeza visual biológicamente limitada, pero microscopios y telescopios nos permitieron ampliar el reino de lo visible. Del mismo modo, nuestras capacidades cognitivas, como el cálculo y la memoria, tienen límites, pero las calculadoras y las computadoras aumentaron esas capacidades. Siguiendo esta línea de argumentación, se podría sugerir que la capacidad estética también tiene límites humanos, que podría haber un punto en el que se alcanzara la creatividad máxima o la sensibilidad estética máxima. Los límites estarían determinados tanto por el individuo, que tiene su propio nivel de sensibilidad, creatividad y habilidades, como por la cultura en su conjunto, que delimita lo que es posible

---

[7] Al recurrir a problemas bien y mal definidos, estamos aludiendo a la crucial distinción que hizo Herbert Simon en 1973 en lo tocante a la inteligencia artificial. H. A. Simon, «The structure of ill structured problems», *Artificial Intelligence* 4 (1973), pp. 181-201. Doi: [https://doi.org/10.1016/0004-3702(73)90011-8].

dentro de un medio artístico específico. *La estética artificial puede describirse como un aumento de nuestras aptitudes estéticas,* que profundiza tanto en nuestros procesos creativos como en nuestra comprensión y sensibilidad de los artefactos culturales. Los sistemas avanzados serían, entonces, una evolución de dispositivos que ya se utilizan en disciplinas creativas, como los programas gráficos, la tecnología de diseño asistido por ordenador, el software musical, etc. (véanse capítulos posteriores sobre creatividad, teoría de los medios y cultura digital). Si, en un sentido tradicional, los medios son extensiones de los sentidos humanos, entonces la IA es una extensión más de las capacidades humanas a la hora de mediar entre nosotros y el mundo.

Nuestra implicación con la tecnología amplía y modifica nuestra forma de crear y, en última instancia, conforma nuestra evolución cultural. La cuestión que se plantea es si todo esto tiene el potencial de ampliar los límites de nuestro conocimiento sobre el patrimonio cultural y artístico humano. En un escenario futurista, las máquinas podrían comprender de forma precisa las preferencias estéticas humanas, llegando a registrar cómo percibimos y reaccionamos ante un objeto estético con mayor precisión de la que disponen los humanos. Las máquinas podrían aprender a producir artefactos estéticos y generar nuevos géneros y estilos creativos. Al analizar la estética humana y la diversidad estética en la cultura humana, podrían incluso ser capaces de crear nuevas «culturas», es decir, crear tipos de arte y estética auténticamente nuevos.

En los debates en torno a la IA, oímos a menudo cómo las máquinas «resuelven» dominios que creíamos exclusivamente humanos o consiguen mejores prestaciones que sus competidores humanos. En cada ocasión, el listón de lo que debería considerarse un comportamiento verdaderamente humano e inteligente se eleva y se traslada a otros dominios. Vemos –no sin cierta preocupación– cómo parece reducirse el área de lo que consideramos irreproducible por las máquinas. Cabe preguntarse si estamos asistiendo ahora a este proceso reductivo en el ámbito estético. Esto plantea algunas cuestiones: ¿podrían las máquinas llegar a un punto en el que las consideremos verdaderamente creativas? ¿Cómo podrían abordar las máquinas el giro conceptual de los movimientos artísticos contemporáneos? ¿Qué papel podrían desempeñar para ayudarnos a entender el «buen gusto» y el «mal gusto»? ¿Los sistemas que utilizan el análisis de datos aprovechan la estructura «inconsciente» de nuestra cultura, o asistimos a la aparición de una forma totalmente nueva de producción cultural?

La definición original de la estética como disciplina filosófica fue acuñada en 1750 por el filósofo alemán Alexander Baumgarten y hacía referencia al griego antiguo *aisthesis*, que significa sensación o percepción. Más tarde, Kant redefinió el término en su *Crítica del juicio* (1790) como el ámbito de los juicios subjetivos del gusto. Esto significaba que la estética trataba la percepción como una noción más compleja que la mera experiencia sensorial (investigada hoy por la psicología de la percepción), ya que también pretendía abordar nuestras respuestas afectivas y cognitivas a la percepción. Las máquinas aprenden a reconocer patrones cada vez más complejos que los humanos no son capaces de detectar. Todo esto plantea la siguiente pregunta: ¿hasta qué punto los mecanismos de percepción y reconocimiento de patrones maquínicos son relevantes para la «percepción estética», y cuáles son los aspectos típicamente humanos de la sensibilidad estética a los que aún se deben enfrentar los sistemas artificiales?

Cómo se relaciona la IA con la estética: un mapa sencillo

Como hemos visto, los enfoques computacionales de la estética abarcan una amplia gama de aplicaciones, desde el análisis de artefactos culturales hasta su generación, abordando cuestiones como:

a) *¿Podemos desarrollar sistemas que extraigan todas las características relevantes de un artefacto o una imagen?* ¿Podemos analizar/ describir las características estéticas de los artefactos estéticos de una determinada tradición cultural[8]?

---

[8] Entre las aplicaciones prácticas de este análisis figura el diseño de interfaces *online* interactivas para colecciones museísticas. Por ejemplo, cuando una persona elige una obra concreta, el sistema le muestra otras similares de la colección. Tam-

Desde otra perspectiva, también nos interesan cuestiones como:

b) *¿Podemos utilizar la IA para comprender (y predecir) lo que le gusta a la gente?*

Aquí podemos distinguir entre cuestiones relativas a *objetos* y otras relativas a *sujetos*. En cuanto a las primeras, nos centramos en las características formales y expresivas del artefacto (por ejemplo, el estilo de un cuadro, sus motivos, la disposición de formas y trazos, las semejanzas formales con otras obras), así como en su semántica y significado. Por otro lado, cuando abordamos cuestiones relativas a sujetos, nos ocupamos de la percepción y la experiencia estética de los espectadores, incluidos juicios de valor artístico, apreciación, reacciones afectivas y cognitivas, etcétera.

El par objetivo/subjetivo distingue dos perspectivas completamente distintas en los enfoques computacionales: la primera se refiere al análisis de objetos y pretende extraer patrones e invariantes estilísticos partiendo de grandes bases de datos de artefactos estéticos y productos culturales. El análisis subjetivo se pregunta qué propiedades de un artefacto guardan relación con (y predicen) las respuestas, sentimientos e interpretaciones estéticas de las personas, tanto individual como colectivamente.

Hay que hacer otra distinción. El aprendizaje automático se utiliza tanto para *extraer* patrones de los datos como para *generar* patrones tras el entrenamiento con dichos datos. Por lo tanto, los avances en estas tecnologías no sólo nos permiten *describir* artefactos y predecir el comportamiento de las personas, sino que también pueden implementarse para *generar* artefactos y *simular* el comportamiento de las personas. Por lo tanto, habría que añadir otro tipo de preguntas: ¿podemos (re)producir lo que le gusta a la gente y *generar* nuevos artefactos estéticamente valiosos?, ¿podemos construir modelos computacionales de las preferencias estéticas de la gente que nos permitan simular y automatizar su juicio?

---

bién se puede utilizar en una historia digital del arte: los cambios en cualquier característica o en una combinación de características pueden trazarse a lo largo del tiempo para analizar la evolución de un solo artista o de periodos históricos enteros.

Si cruzamos estos dos pares de dimensiones –*objeto* vs. *sujeto* y *descripción* vs. *generación*–, podemos identificar cuatro aplicaciones diferentes del aprendizaje automático y la IA en la estética:

	Reconocimiento de patrones (análisis y descripción)	Generación de patrones (producción y predicción)
Objetos	Estudiar objetos	Generar objetos
Sujetos	Estudiar a los sujetos	Generar sujetos

Para ilustrar los distintos campos de este mapa, consideremos la obra de Johann Sebastian Bach. De su música se ha dicho que es altamente estructurada y matemática, el «ajedrez de la música» por así decirlo, y ha sido objeto tanto de descripción como de generación algorítmicas (como el proyecto «DeepBach» de 2016):

1) «Estudiar objetos»: a partir de un conjunto de datos que contiene todas las composiciones de Bach, la IA analiza patrones melódicos, rastreando semejanzas entre diferentes partituras y extrayendo el estilo característico del compositor.

2) «Generar objetos»: después de haber sido entrenada con el conjunto de datos de composiciones de Bach, se utiliza la IA para generar nuevas variantes que suenen a Bach.

Sin embargo, si en cualquiera de estas tareas (análisis de las características formales de una composición musical y producción de variantes) no se tuviera en cuenta el modo en que las personas reaccionan a y experimentan la música, se perdería un aspecto esencial del análisis estético. Aquí es donde entra en juego la cuestión de la respuesta de los sujetos:

3) «Estudiar a los sujetos»: se recogen y analizan preferencias para determinar qué características musicales se prefieren especialmente o qué cualidades musicales determinan una reacción estética concreta (un sentimiento, un estado de ánimo, etc.).

Piensa en cómo las plataformas de música *online* rastrean mediante algoritmos las preferencias de los usuarios. Si la diferencia entre las preferencias individuales no es demasiado grande, es posible construir un modelo de evaluación estética en el ámbito de las composiciones de Bach. El modelo genera *predicciones* de cómo evaluaría un usuario los nuevos corales de Bach. A su vez, los oyentes escuchan estas nuevas composiciones y retroalimentan al modelo. Si la diferencia entre las reacciones de los usuarios es demasiado grande, podemos utilizar el análisis *cluster* o de conglomerados para identificar distintos tipos de preferencias y generar modelos diferentes que se adapten a cada tipo. Este planteamiento no sería distinto del de las empresas que «segmentan» a los clientes de su mercado en grupos más pequeños en función de datos demográficos, intereses, necesidades, comportamientos y/o ubicación. De hecho, describir y predecir los comportamientos estéticos de las personas en función de sus elecciones de escucha previas conforman la evolución y el perfeccionamiento del análisis tradicional de las preferencias de los consumidores como práctica de investigación sociológica y de *marketing*. Sin embargo, los enfoques contemporáneos utilizan los datos de un modo que ofrece nuevas posibilidades analíticas. Mientras que los estudios sociológicos y de mercado tradicionales suelen recopilar datos, utilizar promedios estadísticos agregados y formar grupos basados en modelos sociológicos teóricos de tipos humanos, el rastreo y el análisis algorítmicos de datos son capaces de generar perfiles personales que utilizan como datos comportamientos individuales, como hacer clic o dar «me gusta» a determinadas imágenes en una red social, o escuchar una música concreta en Spotify o YouTube. En lugar de agrupar datos de muchos sujetos, cada perfil es único para un solo individuo.

4) «Generar sujetos»: los sistemas de recomendación de las plataformas *online* utilizan modelos que predicen lo que podría gustar a un usuario. Sin embargo, al modelar el juicio estético de una persona, también es posible *generar* comportamiento y juicio. Modelar las preferencias y respuestas estéticas de los

oyentes nos permite, en principio, simular cómo se comportarían y reaccionarían las personas ante objetos concretos. Si un compositor (o la propia IA) creara una nueva variante de música al estilo de Bach, un sistema artificial entrenado según el modelo estético de un sujeto podría formular valoraciones por sí mismo sin necesidad de remitir a un sujeto humano.

No es difícil imaginar que los sistemas de «juicio artificial» puedan utilizarse cada vez más en el futuro. Dichos sistemas evaluarían de forma autónoma objetos culturales, puntuando con mayor o menor valor estético una pieza de diseño, un artículo de moda o una imagen. Un juez artificial podría hacer algo más que decirnos «También podría gustarte» (como en los sistemas de recomendación tradicionales). Podría decirnos «cuánto apreciaría la gente» un artefacto estético concreto que ha sido sometido a este sistema, cómo lo juzgaría la gente, incluso predecir lo que nos diría sobre él.

Los sistemas automatizados para predecir la puntuación estética de una imagen son un ejemplo típico de juicio artificial. Funcionan utilizando una combinación de métricas objetivas (calidad de la imagen, nitidez, contraste óptimo, colores, etc.) y valoraciones subjetivas. Para crear un sistema de este tipo, un gran número de personas evalúan muchas imágenes. A continuación, estos datos se utilizan para entrenar una red neuronal que, posteriormente, puede calificar nuevas imágenes de forma automática[9]. Además, podemos añadir que estos algoritmos podrían ser capaces de identificar propiedades estéticas (en lo tocante a los objetos) y preferencias individuales (en lo tocante a los sujetos) de las que las personas ni siquiera son conscientes, pero que se manifiestan en su comportamiento valorativo.

---

[9] D. Djudjic, «The rise of the machines: Google's AI will decide if your photos are aesthetically pleasing», *DIY Photography,* 26 de diciembre de 2017 [https://www.diyphotography.net/rise-machines-googles-ai-will-decide-photos-aesthetically-pleasing]; A. Mikhailiuk, «Deep image quality assessment», *Towards Data Science,* 15 de marzo de 2021 [https://towardsdatascience.com/deep-image-quality-assessment-30ad71641fac].

Patrones de explicación, o de qué hablamos cuando hablamos de estética

El análisis computacional puede permitirnos extraer patrones y estructuras formales, pero no comprender cómo esos patrones afectan a la percepción, la emoción y la cognición humanas. Los patrones considerados al margen del significado humano están, en última instancia, vacíos. El historiador del arte Michael Baxandall (en su libro *Patterns of Intention [Modelos de intención]*, de 1985) describió de forma convincente la esencia del lenguaje crítico que utilizamos al hablar de cualquier obra de arte o producto cultural. Para Baxandall, el discurso que creamos no es ni una mera descripción factual de unas características, ni un informe subjetivo de las reacciones de una persona, sino que consiste en poner de relieve la *relación* entre el objeto y las respuestas humanas (el significado que aportan y la reacción estética que manifiestan). Esta relación está además mediada por una comprensión de los significados simbólicos y culturales del objeto. Un crítico, por así decirlo, indica al lector qué tipo de reacción se espera (o se habría esperado de la gente en el pasado) ante un objeto concreto. Expresado en los términos del mapa del epígrafe anterior, significaría establecer una conexión entre la descripción del objeto y la descripción de las correspondientes reacciones subjetivas.

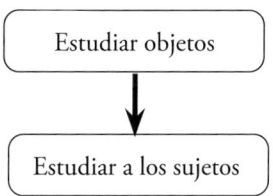

Siguiendo a Baxandall, en el arte, las explicaciones culturales y críticas no son simples descripciones o clasificaciones: son «principalmente una representación de nuestros pensamientos sobre él [el objeto contemplado]» (*Patterns of intention*, p. 10). Lo que describimos es una «descripción parcialmente interpretativa»: «no se describen imágenes, sino nuestros pensamientos de haber visto imágenes» o, al menos, hipótesis sobre esos pensamientos. La eficacia de la argumentación de un crítico reside en su capacidad para persuadir de forma convincente al lector de que el artefacto suscita el tipo de reacciones y pensamientos que el crítico pretende explicitar. Además, el uso que hace de las palabras y los conceptos, al tiempo que afina la percepción de un objeto, profundiza en el significado del propio concepto: «conceptos y objeto se perfeccionan mutuamente» (*Patterns of intention*, p. 34). Por ejemplo, si describimos *El grito* de Edvard Munch (1893) como una obra que inspira un sentimiento de *pavor*, el propio concepto de pavor como noción estética se enriquecerá al utilizar el célebre cuadro de Munch como ejemplo.

Los artefactos de los medios sintéticos (imágenes, canciones, textos) son generados por redes que han sido entrenadas en grandes conjuntos de datos de artefactos preexistentes similares, como se ve en el siguiente diagrama:

Sin embargo, si se espera que el contenido generado tenga valor estético, las redes generativas deben tener en cuenta no sólo la dimensión formal (*cómo* se hacen los artefactos), sino también sus correspondientes interpretación y reacción subjetivas, incluidas las preferencias estéticas de las personas. De lo contrario, seríamos capaces de generar infinitas variaciones de patrones, pero no tendríamos ni idea de cómo se relacionan con nuestra apreciación. Si, como hemos dicho, la descripción de patrones sin significado es algo vacío, la generación de patrones sin interpretación humana es algo ciego.

En la actual generación de medios de la IA, los humanos manejan redes generativas seleccionando, ajustando y retocando el proceso para obtener el resultado deseado. Este resultado también depende de que los humanos sigan su propia sensibilidad estética: por ejemplo, un experto en música tuvo que evaluar y filtrar las diferentes versiones generadas de la *Sinfonía inacabada* de Schubert. Sólo un análisis algorítmico de respuestas subjetivas («Estudiar a los sujetos») permitiría una automatización progresiva de este paso valorativo.

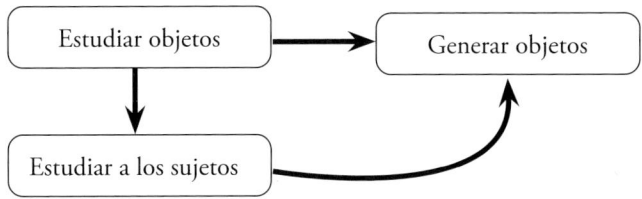

Además, «Estudiar a los sujetos» implicaría tanto reacciones individuales como colectivas. Esto último supone analizar respuestas a objetos culturales históricamente sedimentadas. Desde un punto de vista ideal, una IA capaz de crear arte y diseño portadores de significado tendría en cuenta la historia de lo que ya existe, no sólo para extrapolar patrones a partir de los artefactos, sino también para interpretar su recepción colectiva, es decir, cómo ha reaccionado la gente ante estos artefactos a lo largo del tiempo. Así pues, *utilizar una IA para generar nuevos artefactos culturales (y ayudar a los creadores humanos) requerirá utilizar una IA para el análisis cultural.* Para ello sería necesario poner en contacto la estética artificial con las diversas disciplinas que se ocupan de este asunto: estética filosófica, historia del arte, psicología del arte, antropología y sociología de la cultura, etc. Es cierto que los nuevos avances técnicos pueden generar tipos de artefactos totalmente nuevos que no tienen por qué parecerse a la producción cultural del pasado. Sin embargo, si queremos entender mejor cómo estos artefactos pueden afectar a las personas, comprender cómo reaccionamos y dotamos habitualmente de significado a los objetos estéticos podría salvarnos de andar a ciegas. Puede que el futuro próximo nos depare artefactos estéticos completamente nuevos, pero es poco probable que nos depare una naturaleza humana completamente nueva.

Computación y psicología

Los fenómenos estéticos conllevan una compleja relación entre todas las facultades humanas, desde los mecanismos perceptuales de nivel bajo hasta los procesos afectivos y cognitivos de nivel alto. No en vano, a finales del siglo XIX, Gustav Fechner, padre de la psicología experimental, ya había identificado la estética como el reto crucial para sus nuevos métodos en el campo de la psicología científica[10]. De hecho, investigar cómo reaccionan y se comportan las personas en el transcurso de una experiencia estética (el ámbito que definimos como «Estudiar a las personas») ha sido durante mucho tiempo una tradición de la llamada estética psicológica experimental o empírica. Fechner investigó, por ejemplo, si la gente prefiere las formas que responden a la proporción áurea. Aunque los resultados obtenidos por Fechner parecen confirmar la regla, estudios posteriores no consiguieron replicar los mismos resultados. Esta línea de investigación se mantuvo constante durante casi un siglo: por ejemplo, *Aesthetic Measure*[11] *(La medida estética)* de Birkhoff intentó plasmar en una fórmula cuantificable la relación estética óptima entre orden y complejidad de una figura, de su forma: un orden alto con una complejidad elevada correspondería, según él, a un mayor placer estético. En la década de 1970, la nueva estética experimental de Daniel Berlyne[12] introdujo los factores motivacionales como componente clave del placer y la apreciación estéticos: el valor estético no es sólo una función de las características de un objeto, sino también del tono hedónico de un sujeto, es decir, de su nivel de interés y estimulación. Su relación en forma de U invertida entre complejidad y disfrute sugiere un punto medio óptimo entre muy poca y demasiada complejidad en un estímulo. Esto también ha sido objeto de investigación empírica, aunque con resultados dispares. A principios del nuevo siglo, los investigadores consideraron necesario pasar de los asépticos experimentos psicofísicos basados en patrones abstractos simples a la observación de cómo reaccionan las personas ante obras de arte, artefactos u organismos naturales[13]. Recientemente, se han popularizado en este campo los enfoques neuropsicológicos,

---

[10] G. T. Fechner, *Vorschule der Aesthetik,* Wiesbaden, Breitkopf und Härtel, 1876.

[11] G. D. Birkhoff, *Aesthetic measure,* Cambridge, Mass., Harvard University Press, 1933.

[12] D. E. Berlyne, *Studies in the new experimental aesthetics,* Oxford, Wiley, 1974.

[13] H. Leder, B. Belke, A. Oeberst y D. Augustin, «A model of aesthetic appreciation and aesthetic judgements», *British Journal of Psychology* 95, 4 (2004), pp. 489-508.

ampliando su foco a cuestiones como la creatividad y los mecanismos de recepción e interpretación en formas artísticas concretas (artes visuales, música, cine, literatura).

Un investigador de este campo suele llevar a cabo experimentos con grupos reducidos de personas en condiciones cuidadosamente controladas, utilizando técnicas estadísticas para analizar los datos recopilados. Por ejemplo, en muchos experimentos de estética visual, se muestra a un grupo un conjunto particular de imágenes (el conjunto de datos puede ser preexistente o haberse creado específicamente para el experimento) y se pide a las personas que expresen sus preferencias de alguna manera, p. e., puntuando cada imagen según una escala numérica. Son muchos los resultados tras décadas de investigación en estética experimental. Por ejemplo, los psicólogos demostraron que una exposición más prolongada a un estímulo acaba generando una familiaridad cada vez mayor con el objeto, lo que induce a preferirlo tanto a él como a prototipos dentro de la categoría de dicho objeto. Es decir, nos gusta lo que es más típico, y esa soltura general, la facilidad para procesar una experiencia, guarda relación con la preferencia estética. Además, los resultados de las investigaciones mostraron una preferencia por la simetría en los rasgos faciales, por las formas suaves y curvas frente a las angulosas; unas preferencias concretas por los paisajes naturales frente a los escenarios artificiales, así como por los escenarios arquitectónicos de estética naturalista[14]. Numerosos estudios han puesto a prueba las reglas clásicas de la armonía, el equilibrio y la «buena composición», como la «regla de los tercios» o los principios descritos por la teoría de la Gestalt (que Rudolf Arnheim aplicó por primera vez al arte en su clásico *Art and Visual Perception [Arte y percepción visual]*, de 1954).

Hay que tener en cuenta que estos experimentos suelen recurrir a estudiantes universitarios. Su juicio estético podría reflejar un gusto

---

[14] Para una visión de conjunto, véanse P. L. Locher, «Contemporary experimental aesthetics: Procedures and findings», en V. A. Ginsburgh y D. Throsby (eds.), *Handbook of the Economics of Art and Culture,* vol. 2, Amsterdam, North Holland, 2013; P. P. L. Tinio y J. K. Smith (eds.), *The Cambridge handbook of the psychology of aesthetics and the arts,* Cambridge, Cambridge University Press, 2014.

específico, no representativo de los de artistas, diseñadores o críticos. Diversos estudios han confirmado reiteradamente una diferencia significativa entre expertos y no expertos en la evaluación estética. Hay que señalar, además, que la mayoría de las investigaciones no apuntan a resultados concluyentes, sino que muestran que la preferencia estética depende de numerosas variables, como el contexto y las actitudes subjetivas. Un ejemplo de estos factores contextuales sería la descripción verbal de una obra de arte: los títulos cambian nuestra apreciación de las pinturas y nuestra forma de verlas[15]. El orden de presentación (¿qué objeto vemos primero?, ¿cuál después?), la disposición espacial (¿qué objeto está a la izquierda?, ¿cuál a la derecha?) y la yuxtaposición (¿comparamos objetos similares o muy diferentes?) también afectan al modo en que las personas juzgamos los objetos[16]. Asimismo, el entorno influye en cómo evaluamos y apreciamos el arte.

Por ejemplo, nuestra recepción de una obra puede diferir según la observemos en el típico «cubo blanco» o en un contexto más informal. Existen variaciones en función de las características del observador: factores como el estado emocional y el nivel de excitación de una persona, su experiencia y conocimiento, los rasgos de su personalidad y su cultura contribuyen a la experiencia y el juicio estéticos. En lugar de buscar unas reglas genéricas universales –como la proporción áurea, la «unidad en la multiplicidad» y el modelo en U invertida de Berlyne–, la investigación experimental estudia mecanismos muy sutiles teniendo en cuenta factores contextuales, personales y culturalmente específicos. En resumen, este campo ha generado y puesto a prueba muchas teorías interesantes para explicar las experiencias estéticas humanas, demostrando al mismo tiempo que ninguna de ellas parece tener validez universal[17].

---

[15] H. Leder, C. C. Carbon y A. L. Ripsas, «Entitling art: Influence of title information on understanding and appreciation of paintings», *Acta Psychologica* 121, 2 (2006), pp. 176-198.

[16] M. W. Khaw y D. Freeberg, «Continuous aesthetic judgment of image sequences», *Acta Psychologica* 188 (2018), pp. 213-219.

[17] Incluso se ha puesto en tela de juicio la premisa de que los espectadores asociarían universalmente determinadas formas con cualidades específicas o «efectos

Hay dos diferencias cruciales entre los actuales métodos computacionales y la estética experimental tradicional. En primer lugar, la estética experimental se centra sobre todo en los sujetos, mientras que la artificial lo hace en los objetos. Además, la estética experimental utiliza estímulos especialmente seleccionados y muy controlados, mientras que la estética artificial utiliza «*big data*» obtenidos a partir de comportamientos humanos reales, que a menudo se recopilan a través de plataformas digitales.

Mientras que la estética experimental suele producir estímulos en entornos controlados y observar las respuestas de la gente, los métodos computacionales hacen uso de grandes conjuntos de datos que recogen las preferencias manifestadas por los usuarios, como Photo.net o Dpchallenge.com (utilizados para estudios computacionales a finales de la década de 2000), lo que permite a los investigadores explorar cómo da la gente sus «me gusta» en las redes sociales. En otros casos, captan y miden el comportamiento real de los consumidores en plataformas *on line,* como los servicios de *streaming* de música y cine, con el objetivo de inferir unas características a partir de los productos más populares.

En la estética experimental, un enfoque centrado en el sujeto hace hincapié en el análisis de las denominadas «variables dependientes», que incluyen las respuestas controladas de los sujetos, medidas mediante valoraciones hechas conforme a escalas bien calibradas, así como las reacciones fisiológicas (frecuencia cardiaca, conductancia de la piel, dilatación de las pupilas, etc.) y la actividad cerebral, medidas mediante encefalogramas (EEG) o imagen por resonancia magnética funcional (IRMf), que en teoría evitan los problemas asociados a la evaluación verbal. Por otro lado, el análisis computacional del comportamiento estético es un enfoque centrado en el objeto y resulta especialmente eficaz a la hora de describir «variables independientes», es decir, los contenidos estéticos que consumen y juzgan las personas a diario. Esta fortaleza reside en su capacidad para recopilar

estéticos». E. Specker, M. Forster, H. Brinkmann, L. Boddy, R. Rosenberg, H. Leder *et al.*, «Warm, lively, rough? Assessing agreement on aesthetic effects of artworks», *PLOS ONE* (2020). Doi: [https://doi.org/10.1371/journal.pone.0232083].

y analizar un gran número de características a partir de imágenes, música y otros artefactos culturales. Como ya se ha dicho, la ventaja clave de los enfoques computacionales aplicados a la estética es que no se ven limitados por la búsqueda de unos universales estéticos ni por considerar que las respuestas habituales de grupos (relativamente pequeños) de sujetos sean representativas de unas actitudes generales. En su lugar, los algoritmos pueden rastrear preferencias y comportamientos individuales sin necesidad de modelizar unas respuestas estéticas basadas en promedios agregados. *El bigdata no nos obliga a presuponer la existencia de un sujeto estético humano universal.*

A pesar de estas ventajas, una estética artificial que se centre en las preferencias estéticas sigue teniendo que enfrentarse a los retos metodológicos que caracterizan a todos los enfoques experimentales. Mencionaremos brevemente dos de ellos, relativos a 1) la dificultad de aislar las características vinculadas a nuestra evaluación estética y 2) la dificultad de determinar qué tipo de respuesta estamos tratando de describir.

En lo tocante al primer punto, las características de los objetos estéticos son difíciles de aislar. Por ejemplo, para estudiar cómo influyen en la apreciación estética las variaciones en la forma de un objeto, un experimento debe utilizar un entorno controlado que analice el efecto de modificaciones mínimas en dicha forma y no mezcle múltiples variaciones a la vez (p. e., cambios de forma y color, o de forma y textura, etc.). Sin embargo, las variables estéticas también pueden interactuar entre sí. Por consiguiente, este montaje no nos permitiría establecer una correspondencia unívoca entre una característica y las respuestas estéticas a esa característica en ese objeto concreto. No cabe duda de que es posible determinar tendencias generales en las preferencias de la gente: por ejemplo, podríamos observar que un estilo musical es más popular que otro en un grupo demográfico concreto en un país determinado. Sin embargo, no siempre es fácil alcanzar una mayor granularidad y aprehender el papel preciso de cada factor en el efecto estético final: ¿qué es exactamente lo que hace que un estilo musical sea más atractivo que otro? Para alcanzar este nivel de comprensión, necesitaríamos un gran número de artefactos estéticos similares que presenten sólo pequeñas variaciones entre sí.

En algunos casos, las plataformas digitales nos permiten estudiar el inmenso número de estímulos diferentes pero no demasiado heterogéneos que la web pone a nuestra disposición. Por ejemplo, en un estudio de 2014[18], los autores utilizaron cientos de características de microvídeos (de hasta seis segundos de duración) en Vine, una antigua plataforma para compartir formatos multimedia, con objeto de predecir si la gente los juzgaría «creativos» o «no creativos». El estudio utilizó una plataforma de *crowdsourcing* en la que 284 personas valoraron 3.800 vídeos. Cada vídeo fue evaluado por varias personas, con un promedio de concordancia de 84%. Las características iban del contenido de la escena, las técnicas cinematográficas o las técnicas fotográficas a la composición, el efecto visual, el efecto sonoro y la novedad. Todas se definieron matemáticamente y se calcularon de forma automática a partir de los vídeos mediante un análisis de sus fotogramas y su banda sonora. Los autores precisan el porcentaje alcanzado por cada grupo de características, y concluyen: «Los mejores resultados se obtienen cuando combinamos características innovadoras con otras de valor estético, lo que pone de manifiesto la utilidad de esta definición dúplice de creatividad». Por separado, composición y técnicas fotográficas superan al contenido (77% *vs.* 73%), mientras que las innovaciones de vídeo están por encima de las sonoras (74% *vs.* 63%). Para obtener este tipo de resultados, es necesario disponer de un conjunto de datos suficientemente amplio cuyas características sean manejables (como una película corta de seis segundos), algo que no siempre ocurre con la producción cultural humana.

En cuanto al segundo punto, las respuestas estéticas humanas (es decir, las variables dependientes en un experimento psicológico) también plantean sus propios retos. ¿Qué medimos cuando preguntamos a un sujeto por su experiencia estética? Nuestras relaciones con los objetos estéticos tienen muchas capas y dimensiones. Pueden

---

[18] M. Redi, N. O'Hare, R. Schifanella, M. Trevisiol y A. Jaimes, «6 seconds of sound and vision: Creativity in micro-videos», *IEEE Conference on Computer Vision and Pattern Recognition,* 2014, 4272-4279. Doi: [https://doi.org/10.1109/CVPR.2014.544].

ir desde reacciones fisiológicas subpersonales hasta complejas formulaciones críticas, desde un «me gusta» dado a una imagen en una red social hasta un juicio crítico elaborado, pasando por hábitos de consumo reales. La respuesta será diferente según preguntemos si le «gusta» una película o si la considera una obra maestra, o si simplemente observamos sus reacciones fisiológicas mientras está viendo esa película. Más aún, debemos distinguir entre juicio de valor y mera preferencia/deseo subjetivos: en general, podemos decir que los juicios de valor son más estables que el deseo o las preferencias momentáneas que sentimos por un determinado objeto. Puedo considerar que la canción X es una obra maestra (y mejor que la canción Y), pero no tener ganas de escucharla en ese momento y, sin embargo, sí muchas de escuchar Y, tal vez debido a mi estado emocional o porque he escuchado X demasiadas veces.

Esto significa que mis hábitos de consumo pueden revelar unas preferencias que no expresan necesariamente mi idea general de valor estético: puedo ser un ávido consumidor de películas de acción y, sin embargo, considerar estéticamente superiores las de arte y ensayo, aun cuando las vea más de vez en cuando. Los sistemas artificiales que recopilan datos sobre el consumo estético humano deben tener en cuenta estas cuestiones si queremos evitar modelos demasiado simplistas de la experiencia y el juicio estéticos humanos, ambos utilizados en algoritmos valorativos y generativos artificiales.

2

¿Quién es un «artista» en la era del *software*?

Lev Manovich

El test de de Turing para la IA artística

¿Cuál sería el equivalente del test de Turing para un sistema de IA capaz de crear nuevas canciones, juegos, música, arte visual, diseño, arquitectura, películas? Parece una pregunta sencilla con una respuesta fácil. Si un sistema puede crear automáticamente nuevas obras en los distintos medios o géneros, y no podemos distinguir entre esas obras y las creadas por seres humanos, pasaría el test de Turing.

Las mismas respuestas, o parecidas, han sido habituales en muchos debates sobre IA y creatividad artística. Por ejemplo, Margaret Boden, una reconocida investigadora en el campo de la creatividad computacional, propuso en 2010 los siguientes criterios para un test de este tipo: un programa tiene que producir una obra de arte que sea «indistinguible de una hecha por un ser humano y/o que se considere que tiene tanto valor estético como la producida por un ser humano»[1]. Entre 2015 y 2018, un grupo de investigadores del Dartmouth College llevó a cabo los «Turing Tests in the Creative Arts» («Tests de Turing en las artes creativas»), una competición anual que

---

[1] Margaret A. Boden, «The Turing Test and Artistic Creativity», *Kybernetes* 39, 3 (2010), pp. 409-413 [https://www.researchgate.net/publication/ 220626152_The_Turing_test_and_artistic_creativity.].

ponía a prueba «si las máquinas son capaces de generar sonetos, relatos cortos o música de baile que *sean indistinguibles de las obras creadas por seres humanos*»[2] (el uso de estos criterios, antes circunscritos a los debates académicos, pasó a generalizarse a partir de 2022, a medida que los nuevos modelos y herramientas de IA generativa comenzaron a emplearse de manera habitual tanto por creadores profesionales como por usuarios ocasionales).

Esta interpretación del test de Turing también se ha utilizado en muchas publicaciones que analizan los sistemas computacionales y la creación artística. Ya en 1966, Michael Noll informó del siguiente experimento en una revista de psicología:

> Se utilizó una computadora digital y un trazador de microfilmes para producir una imagen semialeatoria de composición similar a *Composición de líneas* (1917) de Piet Mondrian. Se presentaron reproducciones de ambas imágenes a 100 personas que debían identificar cuál era la realizada por computadora e indicar cuál preferían. Sólo el 28% fue capaz de identificar correctamente la imagen generada por computadora, mientras que el 59% era la que prefería[3].

¿Hemos respondido a nuestra pregunta sobre un test de Turing para las artes? No del todo.

Si pensamos un poco más, enseguida nos damos cuenta de que el asunto es más complejo. Para empezar a responderla, puede que tengamos que tener en cuenta ideas procedentes de diversos campos, como la estética filosófica, la psicología experimental del arte, historias de las artes, la teoría de los medios y los estudios de *software*. Los debates en torno a un test de Turing para la creatividad artística no han solido recurrir a los enfoques y puntos de vista de las dos últimas

---

[2] Michael Casey y Daniel Rockmore, «Looking for Art in Artificial Intelligence», *The Conversation,* 3 de mayo de 2016 [https://theconversation.com/looking-for-art-in-artificial-intelligence-56335].

[3] Michael A. Noll, «Human or Machine: A Subjective Comparison of Piet Mondrian's "Composition with Lines" and a Computer-Generated Picture», *The Psychological Record* 16, 1 (1966), pp. 1-10 [http://noll.uscannenberg.org/ Art%20 Papers/Mondrian.pdf].

disciplinas; sin embargo, en mi opinión, son muy importantes para reflexionar sobre todo lo tocante a la IA y la creatividad. Este capítulo explora *los retos a la hora de definir un test que ponga a prueba la IA artística en nuestra era,* en la que los creadores humanos recurren habitualmente a recursos digitales y a software creativo, que ya lleva tiempo ofreciendo apoyo de tipo IA. En otras palabras: ¿qué significaría para una «genuina IA artística» competir con artistas contemporáneos que ya utilizan implícitamente la IA implementada hace tiempo en todas sus herramientas digitales favoritas (p. e., Photoshop, Premiere, After Effects, Blender, Unreal Engine, etcétera)?

Fig. 2.1. Dibujo en blanco y negro basado en una pintura de Mondrian de 1917 (izquierda) y una composición en el estilo de Mondrian generada por ordenador (derecha) utilizados por Michael Noll en su experimento (ilustraciones de la publicación original de 1966).

La creatividad en la era del *software*

Para empezar, debemos tener en cuenta que todo el actual trabajo creativo en los ámbitos de los medios técnicos y el diseño tiene lugar en un entorno digital, es decir, implica el uso de *software,* servicios y recursos en línea adecuados. Aunque es pertinente considerar los modelos de IA generativa dentro de la historia más amplia de la inteligencia artificial, en términos prácticos *las herramientas de IA fun-*

cionan como parte del ecosistema más amplio del software creativo. Esta perspectiva queda reflejada en el título del capítulo, «¿Quién es un "artista" en la era del *software*?», que reconoce el *software* como la categoría general y las herramientas y funciones de la IA como un componente relevante[4].

Los creadores tienen acceso instantáneo a numerosas obras realizadas por otros a través de las redes sociales y páginas especializadas donde compartir arte, fotografía, vídeo y música (p. e., DeviantArt, ArtStation, Behance, SoundCloud), así como a sitios web con plantillas, efectos y archivos multimedia (p. e., Shutterstock, Adobe Stock, Storyblocks, Pexels y muchos más). Pueden ver las tareas que realizan otros creadores y acceder a los archivos multimedia de sus proyectos, que incluso pueden visualizarse en la aplicación utilizada por el creador. Por ejemplo, Photoshop permite ver todas las capas de ajuste del proyecto de otra persona. También puedes aplicar directamente a tu proyecto las opciones y decisiones creativas tomadas por otro (por ejemplo, modificaciones de color y tono).

Cuando los creadores escriben código para hacer obras interactivas, generativas o animadas, este método es aún más importante. Tanto los estudiantes como los profesionales suelen empezar copiando el código informático de otra persona y luego proceden a modificarlo. Los tutoriales de lenguajes de programación populares y bibliotecas de aplicaciones creativas, como Processing, pueden ofrecer ejemplos de código para realizar diversas tareas y pedir a los alumnos que los modifiquen.

Mientras que la enseñanza tradicional de arte y oficios también se basaba en copiar las obras de otros maestros, los *medios digitales* modifican cualitativamente esta práctica. *Exterioriza/externaliza* el pensamiento y el proceso creativo de la persona para convertirlo en una *secuencia de operaciones discretas con parámetros numéricos* que definen sus detalles (por ejemplo, «aumentar la saturación un 5%» o «aplicar un filtro de desenfoque gaussiano con una intensidad del 30% y un radio de 3 píxeles», etc.). El *software* guarda cada acción

---

[4] Para el análisis histórico y teórico del *software* creativo, véase mi libro *Software Takes Command,* Londres, Bloomsbury Academic, 2013.

por separado y el usuario puede estudiarlas y aplicarlas a su propio trabajo. Incluso cuando los medios digitales simulan materiales artísticos físicos, como «pintar» con varios «pinceles», este proceso de creación aparentemente continuo se convierte en discreto: por ejemplo, algunos programas de pintura llevan la cuenta de cada pincelada y permiten deshacerlas una a una[5].

Si te dedicas al código creativo, también puedes copiar, examinar y luego modificar el pensamiento de otra persona tal como figura condensado en el programa que escribió. Por ejemplo, el sitio web comunitario openprocessing.org te invita a «Unirte a 100.000 codificadores creativos y seguir su trabajo». Puedes ejecutar cada programa que manipule o genere imágenes, texto, *inputs* de cámara, sonidos (estos programas se llaman *sketches* en Processing), examinar su código completo y también «bifurcarlo» al instante, es decir, hacer una copia y empezar a modificarlo.

Sigamos explorando las formas en que los medios digitales han cambiado el proceso artístico. Los creadores contemporáneos disponen de tecnologías que pueden crear muchos «efectos» visuales, sonoros, espaciales, multimedia e interactivos que no eran posibles con las anteriores tecnologías artísticas y mediales. Algunos ejemplos son el uso del vídeo *mapping,* los sistemas de partículas en la animación, la robótica en el ámbito de la *performance* y las instalaciones, o los nuevos materiales en arquitectura. Incluso cuando las nuevas tecnologías utilizan otras más antiguas, estas últimas presentan diferencias cualitativas respecto de sus versiones previas. Piensa en grabar un vídeo con tu teléfono a una resolución de 8k: la resolución será unas 50 veces superior a la que tenían los cineastas hace 100 años. Aunque nos refiramos como «películas» tanto a las películas analógicas de los años 20 del pasado siglo como a las películas digitales realizadas con un teléfono hoy día, se trata de diferentes tipos de medios visuales.

---

[5] Para un análisis detallado de Photoshop y After Effects, véanse los capítulos correspondientes en *Software Takes Command.*

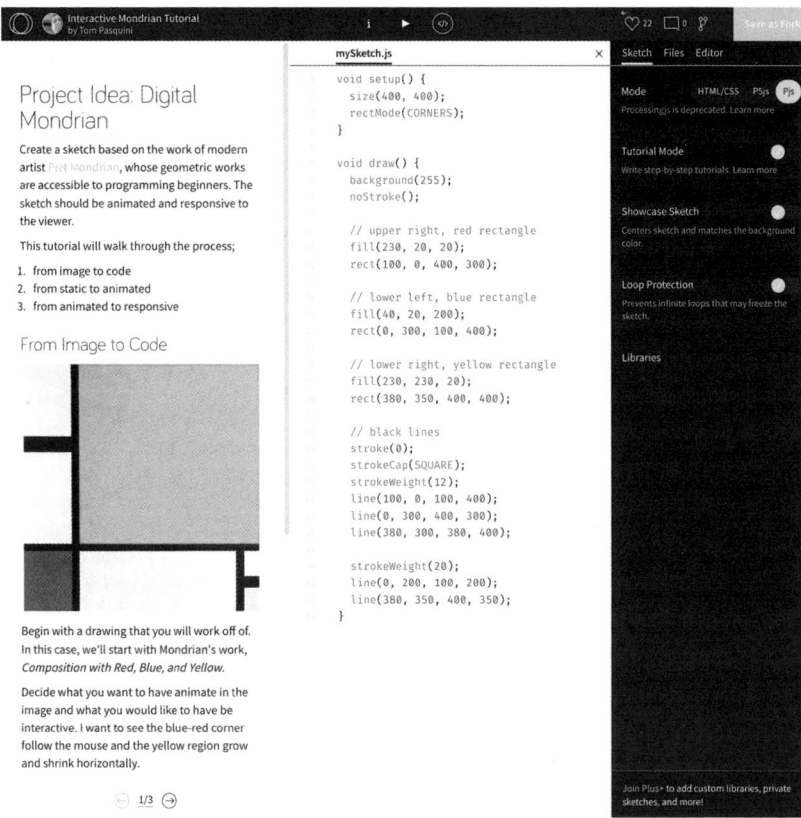

Fig. 2.2. Tom Pasquini, *Interactive Mondrian Tutorial* [https://openprocessing. org/sketch/843344/], consultado el 25 de septiembre de 2024. Un ejemplo de uno de los numerosos tutoriales *online* para aprender Processing, un popular lenguaje de programación y entorno de desarrollo para las artes y el diseño visual. En este tutorial, se enseña a escribir código que genera imágenes interactivas animadas en el estilo de Mondrian. El texto del tutorial y el código figuran en el cuadro de la izquierda. El del centro muestra el código que puedes modificar directamente, ejecutar y ver como una nueva imagen. El de la derecha muestra todas las bifurcaciones (nuevas versiones) de este *sketch* creadas por otros colaboradores en openprocessing.org.

También debemos tener en cuenta *la nueva escala de creación* en fotografía, arte, multimedia, diseño, arte digital y otros ámbitos creativos del siglo xxi. Como ejemplo de la escala de la producción fotográfica, consideremos estas estadísticas: según una estimación de

2021, «las industrias creativas generan alrededor de 30 millones de puestos de trabajo y representan el 3% del PIB global, dando empleo a más jóvenes (de 15 a 29 años) que cualquier otro sector»[6]. Y si nos fijamos en los objetos elaborados por no profesionales, como las fotografías, el nivel es asombroso: en noviembre de 2020, «Google anunció que hay más de 4 billones de fotos almacenadas en Google Photos, y que cada semana se suben 28.000 millones de nuevas fotos y vídeos»[7].

¿Con quién competirá la IA?

Este nuevo entorno digital, que me he limitado a describir brevemente, plantea cuestiones cruciales que deben tenerse en cuenta a la hora de definir un test de Turing para «máquinas creativas»:

- ¿Qué significa «crear» hoy día, cuando hay innumerables medios audiovisuales, plantillas, filtros, efectos, estilos y tutoriales a disposición tanto de creadores ocasionales como profesionales? ¿Trataremos de imitar esta «creatividad digital» contemporánea? ¿O queremos igualar los logros artísticos y los procesos creativos de una era predigital, pre-*software* y pre-red?
- ¿Queremos que, en nuestro test, la IA sea capaz de generar nuevas obras desde cero, al tiempo que sólo tiene acceso a ejemplos de obras de un determinado género, tipo de técnica o medio, lugar o periodo histórico? ¿Podría tener acceso a todo el patrimonio cultural humano digitalizado? (Hoy día, el aprendizaje automático supervisado sólo utiliza conjuntos de datos de artefactos culturales muy específicos, por lo que se trata del primer caso). ¿O tal vez pueda utilizar también todas las potencialida-

---

[6] Economist Intelligence Unit, *Trade challenges and opportunities in the post-pandemic world* [https://impact.economist.com/perspectives/sites/default/files/eiu_dit_creative_industries_2021.pdf].

[7] Ben-Yair, Shimrit «Updating Google Photos' storage policy to build for the future», *The Keyword Google Blog*, 1 de noviembre de 2020.

des del entorno cultural digital de que disponen en la actualidad los creadores humanos? En otras palabras: ¿queremos imitar a un artista del siglo XIX, XX o XXI?

• ¿Queremos que los artistas humanos compitan con un sistema de IA que pueda realizar una obra completa de principio a fin? ¿O deberíamos probar también cualquier herramienta de creación digital que tenga funciones de IA? Desde aproximadamente 2017, la utilización de la tecnología que ofrece la IA para ayudar en el proceso creativo humano se ha convertido en la norma. He aquí unos pocos ejemplos de estas herramientas que utilizan cientos de millones de personas cada día: «mejora automática» de fotos (disponible en Apple Photos, Google Photos, Lightroom y un sinfín de aplicaciones de edición fotográfica); selección automática de rostros humanos, figuras y otros objetos en fotografías y vídeos para que puedan editarse con independencia del fondo (algo que ofrecen Photoshop, Premiere, etc.); selección automática de las mejores fotos de la biblioteca multimedia de un usuario (Lightroom); simulación de movimiento de cámara y paralaje utilizando una sola foto (Google Photos); reorganización y edición automáticas de elementos de diseño para generar nuevos diseños (Adobe Spark) (estos ejemplos apenas se limitan a unas pocas aplicaciones populares de software; existen funciones similares de mejora con IA en innumerables herramientas).

En el guion original del test de Turing, un ser humano mantiene una conversación con un ente al que no puede ver. Dicho ente puede ser otro humano o un ordenador. El test no presupone que el ser humano tenga competencia o habilidad alguna. Los seres humanos tienen capacidades perceptivas y cognitivas muy sofisticadas, y crear un ordenador con unas capacidades similares se consideró el objetivo de la investigación en IA desde su irrupción en la década de 1950.

En otras palabras, los investigadores querían que la IA fuera capaz de hacer lo mismo que cualquier ser humano normal: comprender la información captada por sus sentidos, generar frases y textos gramaticalmente correctos y con significado desde un punto de vista semántico, entender lo que dicen otros seres humanos, emplear una lógica y un razonamiento básicos, y elaborar planes para alcanzar unos objetivos. (En psicología, lingüística y ciencias cognitivas, los investigadores debaten sobre los orígenes de las capacidades cognitivas humanas: ¿son innatas o se adquieren a través de interacciones sociales y con el entorno? Esta cuestión es importante para nuestro tema, pero la dejaremos para otro momento.)

Si queremos comparar la creación de la IA con los creadores humanos, no nos podemos limitar a invitar a cualquier persona a que realice un acto creativo en una habitación, y luego pedir a otro humano en otra habitación que juzgue si las obras han sido creadas por ese humano o por un ordenador. No nacemos con plena capacidad de dibujar, componer música, escribir poesía, tejer telas con patrones de colores, tallar figuras y rostros humanos, o crear intrincados adornos y ornamentos con distintos materiales. (También sabemos que, en todas las culturas humanas de los últimos 7.000 años, ha habido ciertas personas muy dotadas para todas estas artes. ¿Cómo adquirieron estas habilidades, antes de que se desarrollara la tradición del aprendizaje? ¿Por qué se dio algo así en todas y cada una de las culturas tradicionales?)

La investigación psicológica apoya la hipótesis de que sólo algunos niños tienen talentos que les ayudarán a convertirse más tarde en muy hábiles en algunas cosas:

Las investigaciones en psicología respaldan la hipótesis de que solo algunos niños tienen talentos que les ayudarán a desarrollar unas habilidades excepcionales en determinadas áreas:

> Se dice que los talentos que facilitan de forma selectiva la adquisición de altos niveles de destreza y competencia están presentes en unos niños y no en otros. Entre las pruebas que lo demuestran hay correlatos biológicos de determinadas habilidades, ciertas habilidades raras en autistas con síndrome del sabio y la aparición aparentemente espontánea de habilidades excepcionales en niños pequeños, pero también hay pruebas en contrario que indican una ausencia de antecedentes previos de altos niveles de cualificación[8].

---

[8] M. J. Howe, J. W. Davidson y J. A. Sloboda, «Innate talents: reality or myth?», *Behavioral Brain Science* 21, 3 (1998), pp. 399-407. Doi: [10.1017/

Los psicólogos también han descubierto que los genes tienen una gran influencia en las habilidades de niños y jóvenes para dibujar figuras. Las han evaluado en miles de niños y jóvenes de entre 4 y 14 años, y han visto que, a ambas edades, la genética guarda relación con la precisión en el dibujo de figuras[9].

Estos y otros estudios sugieren que, a la hora de adquirir habilidades artísticas, el cerebro humano no es una *tabula rasa*. Si no todos los adultos humanos desarrollan de manera natural una buena cualificación artística, significa que la IA programada para tener dicha cualificación no está simulando unas capacidades cognitivas universales, sino *unas habilidades que se han aprendido,* ya sea imitando ejemplos vistos en otros lugares, recibiendo una formación formal o a través de un aprendizaje, siguiendo tutoriales en línea o por cualquier otra vía.

Muchas personas tienen facilidad para adquirir determinadas aptitudes creativas como el baile. Con métodos de formación adecuados, también pueden aprender a dibujar, cantar y utilizar la retórica. Sin embargo, no todo el mundo puede llegar a ser un consumado cantante de ópera o un hábil artesano.

¿Quiénes son los «profesionales»?

¿Cuál es el nivel de aptitudes artísticas que queremos que simule la máquina? ¿La capacidad media de cualquier humano que haya recibido cierta formación? ¿O las de unos niños superdotados? ¿O queremos que compita con un profesional del arte?

---

s0140525x9800123x], PMID: 10097018, [https://www.researchgate.net/publication/13194220_In- nate_talents_Reality_or_myth].

[9] Rosalind Arden *et al.,* «Genes influence young children's human figure drawings and their association with intelligence a decade later», *Psychological Science* 25,10 (2014), pp. 1843-1850. Doi: [10.1177/0956797614540686], [https://www.researchgate.net/publication/264939641_Genes_Influence_Young_Children's_Human_Figure_Drawings_and_Their_Association_With_Intelligence_a_Decade_Later].

Pero, *¿cómo decidimos quién es un profesional?* ¿Seleccionamos a las personas que han recibido un diploma tras años de estudio en la universidad o en una escuela de arte? ¿O deberían haber recibido ya cierto reconocimiento en su campo? Sin embargo, el reconocimiento depende de muchos factores y no se corresponde necesariamente con los niveles de talento y aptitudes artísticas. En algunos campos, como la música clásica, esta correlación puede ser bastante fuerte, mientras que en otros, como el arte contemporáneo, será mucho más débil. La razón es que, en el primer caso, hay varios criterios compartidos por quienes forman parte del mundo de la música clásica (intérpretes, profesores, críticos, jurados de concursos) que se utilizan para evaluar a todo el mundo. Pero, en el segundo, no hay unos criterios consensuados. En consecuencia, alguien puede adquirir cierta reputación como artista porque lo exponen y promocionan galerías y museos influyentes, realiza obras que se ajustan a una determinada hoja de ruta ideológica en boga, se graduó en una de las escuelas de arte más prestigiosas, etc. (véase el Capítulo 4).

Si la reputación de los creadores en la alta cultura y de sus obras individuales no siempre se corresponde con sus niveles de aptitud y talento, sino que viene determinada por factores económicos e ideológicos, resulta difícil aplicar una prueba de IA artística utilizando esas obras. ¿Y si en su lugar consideramos otros mecanismos más democráticos de evaluación estética en la cultura contemporánea? Estoy pensando en creadores actuales que no tienen una formación artística formal, publican sus creaciones en diversas redes sociales y sitios de arte en red como Behance, ArtStation, DeviantArt y otros, y reciben el reconocimiento de públicos *online* en forma de «me gusta», compartir, «respuestas», comentarios, etcétera.

¿Puede que las personas que han acumulado más muestras de reconocimiento (llámense «me gusta», favoritos, aplausos, votos, etc., dependiendo de la plataforma) sean los creadores profesionales más cualificados de la actualidad, y que sea con ellos con los que tiene que competir la IA? Algo similar se puede aplicar a las personas que, con una formación artística profunda, se ganan la vida como fotógrafos, montadores, compositores de canciones, diseñadores web, etc., y publican sus obras en sitios de arte en red donde otros pueden votar por ellas. Estos sitios, como Behance, presentan millones de proyectos creativos en docenas de campos. ¿Los proyectos con más «me gusta» representan el nivel más alto que se puede alcanzar hoy en cada uno de esos campos?

A finales de la década de 2000, los informáticos teóricos empezaron a utilizar datos de sitios pioneros como Dpchallenge.com y Photo.net, donde aficionados y profesionales de la fotografía compartían sus fotos y otros fotógrafos juzgaban la calidad estética de las mismas[10]. Analizando las puntuaciones de cientos de miles de fotos descubrieron que, en las mayoría de los casos, los juicios de fotos muy flojas y de fotos muy potentes (1-3 y 7-10 en una escala de 1-10) coincidían bastante. En otras palabras, diferentes fotógrafos estaban de acuerdo sobre las peores y las mejores fotos, pero las que se situaban en el centro de la escala recibían puntuaciones muy diversas. Este estudio indica que promediar las evaluaciones en cualquier red social o profesional no es el mejor método para seleccionar obras para una prueba de IA artística.

Tal vez sería mejor utilizar las obras que han recibido premios en los principales certámenes y concursos internacionales que existen en muchos campos creativos, como los festivales de cine o los premios literarios. Sin embargo, como ahora hay millones de creadores profesionales que generan miles de millones de obras cada año, podemos estar seguros de que estos premios tampoco son el mejor método evaluativo. A menudo, los participantes deben pagar para entrar en un concurso, y el coste de la inscripción hace que muchos no se presenten.

---

[10] En cuanto a ejemplos tanto de las primeras publicaciones como de otras más recientes sobre este asunto, véanse Ritendra Datta, Dhiraj Joshi, Jia Li y James Z. Wang, «Studying Aesthetics in Photographic Images Using a Computational Approach», *European conference on computer vision,* Springer, 2006 [https://www.researchgate.net/publication/221304720_Studying_Aesthetics_in_Photographic_Images_Using_a_Computational_Approach]; Won-Hee Kim, Jun-Ho Choi y Jong-Seok Lee, «Objectivity and Subjectivity in Aesthetic Quality Assessment of Digital Photographs», *IEEE Transactions On Affective Computing* 11, 3 (julio-septiembre de 2020) [https://ieeexplore.ieee.org/document/8302852].

Independientemente de cómo los definamos, el número de profesionales de las artes ha aumentado espectacularmente en el siglo XXI. Disponen de muchos mecanismos y plataformas para compartir su trabajo y recibir reconocimiento. Ninguno de los mecanismos evaluativos disponibles hoy día –ya sean «me gusta», premios en concursos, juicios de otros profesionales o expertos académicos– puede abarcar suficientes obras y ser lo suficientemente objetivo. En resumen, si queremos que un creador de IA compita con las mejores obras creativas que se hacen en la actualidad, definir qué es lo mejor resulta todo un reto.

¿Y qué pasa si limitamos nuestro test de Turing para la IA creativa únicamente a las obras maestras del pasado, es decir, a aquellas obras que constituyen logros excepcionales en la historia cultural de la humanidad? Pero, hasta cierto punto, esto también resulta arbitrario. Los estudiosos que se ocupan de los cánones artísticos (los autores y obras del pasado que se considera que representan el máximo logro artístico de la humanidad) ponen de manifiesto cómo, con el tiempo, estos cánones sufren cambios significativos.

En un momento dado, periodos históricos enteros pueden considerarse poco interesantes, sin importancia o decadentes, para más tarde ser contemplados con admiración. Algunos de los conceptos más básicos de la historia cultural europea, como la Edad Media y el Barroco, son buenos ejemplos de cómo nuestra valoración de una cultura histórica puede cambiar drásticamente con el tiempo.

Basarse en los cánones históricos de los mejores artistas, compositores, escritores, etc., o en las listas de obras maestras concretas de estos creadores es problemático. La reputación de los creadores individuales ha ido cambiando a lo largo del tiempo y lo sigue haciendo en la actualidad. Los creadores que fueron famosos en algún momento puede que caigan en el olvido, mientras que otros a los que no se tenía en mayor consideración o que eran simplemente desconocidos pasan a formar parte de esos cánones décadas o siglos después. Este tipo de cambios también se pueden dar con las propias obras de arte.

Por ejemplo, en su libro *Impressionism and its Canon*[11], James Cunning ha analizado meticulosamente la formación del canon del Impresionismo francés a lo largo de todo el siglo xx. En este caso, recoge las obras de los impresionistas que más se suelen reproducir y comentar en los libros de historia del arte. Se calcula que 13 artistas produjeron aproximadamente 11.600 pinturas y pasteles a lo largo de sus vidas. Cunning seleccionó 95 libros de historia del arte de la biblioteca de la Universidad de Cornell que trataban del Impresionismo. Él y sus estudiantes encontraron que, de todas esas 11.600 obras, sólo 1.400 aparecen en esos 95 libros al menos una vez y únicamente 138 lo hacen más de 10. En otras palabras, sólo el 1,1% de las obras creadas por los impresionistas se reproducen con suficiente frecuencia, formando así lo que llamamos el «canon del Impresionismo». Su libro demuestra que resulta ingenuo pensar que estas obras reproducidas con mayor frecuencia son objetivamente mejores que muchas otras pinturas o pasteles de estos artistas; al contrario, la formación del canon llevó décadas e incluyó muchos sucesos diferentes, sin que ninguno dominara el proceso.

El test de Lovelace para la IA artística

Hago todas estas observaciones no porque quiera poner trabas a los desarrolladores de herramientas de IA creativa. Al contrario, el objetivo de este análisis es ayudarles a elaborar mejores herramientas de IA para la creación de medios, el diseño y las artes. Para generar una inteligencia artificial más creativa, debemos comprender los matices, significados e historias de conceptos como *creatividad, artista, profesional, obra maestra, juicios expertos* y *formación del canon* (en el Capítulo 4 me ocuparé de la historia de algunos de ellos).

No debemos dar por sentadas las interpretaciones contemporáneas de los mismos ni los juicios y cánones que se han vuelto habituales. Esto equivaldría a simular un número muy selectivo y limita-

---

[11] James Cunning, *Impressionism and its Canon*, Lahnham, Mar., University Press of America, 2005.

do de ejemplos de la cognición humana, para luego afirmar que hemos simulado todas las capacidades cognitivas humanas.

Aunque el test de Turing es de sobra conocido, no es el único que se ha ideado para evaluar la inteligencia artificial[12]. En 2001, unos investigadores publicaron un artículo en la revista *Minds and Machines* en el que proponían un test con cuyo nombre rendían homenaje a Ada Lovelace (1815-1852). Hija del poeta Lord Byron, Ada era la matemática inglesa a la que hoy conocemos por su trabajo con el *lenguaje analítico* de Charles Babbage y la lucidez para vislumbrar que las computadoras tienen un potencial que va mucho más allá del mero cálculo. Escribió: «Suponiendo, por ejemplo, que las relaciones fundamentales de los sonidos tonales –en la ciencia de la armonía– y de la composición musical fueran susceptibles de tales expresiones y adaptaciones, la máquina podría componer piezas musicales elaboradas y científicas de cualquier grado de complejidad o extensión»[13].

Los inventores del test de Lovelace resumieron uno de sus argumentos de esta manera: «Las computadoras no pueden crear nada. Pues la creación requiere, como mínimo, originar algo. Sin embargo, las computadoras no originan nada; se limitan a hacer lo que les ordenamos mediante programas»[14]. El test de Lovelace fue definido por los autores de la siguiente manera: *«un agente artificial diseñado por un humano genera algo (por ejemplo, un relato corto); este agente puede repetir este proceso; el humano que diseñó a este agente no puede explicar cómo el agente produjo ese algo».*

En 2014, otro investigador propuso una versión diferente del test de Lovelace[15]. En esta nueva versión 2.0, un agente artificial necesita

---

[12] Selmer Bringsjord, Paul Bello y David Ferrucci, «Creativity, the Turing Test, and the (Better) Lovelace Test», *Mind and Machines* 11 (2001), pp. 3-27 [https://philpapers.org/rec/BRICTT-3].

[13] Citado en Rowan Hooper, «Ada Lovelace: My Brain Is More Than Merely Mortal», *New Scientist,* 15 de octubre de 2012 [https://institutions.newscientist.com/ article/dn22385-ada-lovelace-my-brain-is-more-than-merely-mortal/].

[14] Bringsjord, Bello y Ferrucci, «Creativity, the Turing Test, and the (Better) Lovelace Test», cit., p. 3.

[15] Mark O. Riedl, «The Lovelace 2.0 Test of Artificial Creativity and Intelligence», *arxiv.org,* 22 de diciembre de 2014 [https://arxiv.org/pdf/1410.6142.pdf].

crear un artefacto de un tipo particular (p. e., «pinturas, poesía, historias, etc.») que se ajuste a un conjunto de condicionantes «expresables en lenguaje natural». Un evaluador humano confirma que este artefacto se ajusta a dicho tipo y cumple los condicionantes que se habían definido. Además, un revisor humano confirma que la combinación de tipo y condicionantes «resulta verosímil para un humano medio».

Como he comentado antes, un humano medio no puede crear muchos tipos de artefactos artísticos sin un aprendizaje o una formación especial. Este es uno de los problemas de un test de este tipo. El segundo problema lo constituye la idea de los condicionantes que deben expresarse en lenguaje natural. ¿Cómo expresar en inglés o ruso los condicionantes exactos de una pintura abstracta compleja? ¿O la supuesta «disposición» de las pinceladas de una figurativa? Aunque los investigadores hayan analizado todas y cada una de las pinceladas de unos pocos artistas famosos, las descripciones resultantes son matemáticas (algebraicas o estadísticas) y no un texto en un lenguaje humano cualquiera. Y en el paradigma del uso de un entrenamiento maquínico supervisado (es decir, la IA generativa) para enseñar a las computadoras estilos de artistas o compositores, la «descripción» que produce un modelo de IA está aún más alejada de algo que podamos expresar como frases escritas. En su lugar, esta descripción se distribuye a través de millones o miles de millones de conexiones entre neuronas artificiales, cada una con sus pesos numéricos (es decir, parámetros) aprendidos por la red. El modelo de IA GPT-3 (2020) tenía 175.000 millones de parámetros, y se calcula que GPT-4 (2023) tendrá unos 1.800.000 millones (la empresa no dio a conocer la cifra exacta).

El test de Turing para la IA artística es demasiado fácil

Como hemos visto, la idea de un test de Turing para la IA artística así como las alternativas propuestas plantean muchos interrogantes y parecen tener serios problemas. Sin embargo, aún no he mencionado el principal: las computadoras que hacen arte superaron este test hace mucho tiempo. Ya en 1966, el experimento organizado por Michael Noll que he descrito anteriormente, puso de manifiesto que la gente prefería un dibujo *á la* Mondrian generado por computadora a un Mondrian original (para ser justos, deberíamos señalar que en el experimento no se utilizó una reproducción en color de una pintura de Mondrian, sino un dibujo en blanco y negro hecho a partir de una pintura de dicho artista).

Hoy día, nuestros dispositivos computacionales pasan con éxito el test de Turing miles de millones de veces cada día. ¿Te has percatado de que, en el lapso de unos pocos años –aproximadamente 2013-2018–, la calidad de las imágenes tomadas por las cámaras de los teléfonos móviles ha tenido una mejora espectacular? En parte se debió al aumento de la resolución de los sensores, a las mejoras del *hardware* y a la integración de múltiples objetivos o lentes en las cámaras de los teléfonos, pero también a la incorporación de la IA a dichas cámaras. Cuando contemplo mis fotografías de principios de la década de 2010, veo que la mayoría son inservibles. Pero, más o menos en torno al año 2020, se hizo muy difícil hacer una foto que no se pudiese utilizar. En prácticamente cualquier situación, la foto tiene una exposición perfecta (es decir, con bastantes detalles en las partes oscuras, medias y claras) y el asunto principal está enfocado.

Como las actuales cámaras fotográficas profesionales no tienen el mismo *software* que las de los teléfonos, a menudo me cuesta hacer una foto decente con una de ellas. Aunque me pase un par de minutos probando varios ajustes, no funciona. Pero cuando hago una foto con mi teléfono, casi todas son aprovechables, lo que significa que cada vez que hago una foto con mi teléfono, pasa el test de Turing. De hecho, su rendimiento es mucho mejor que el de cualquier humano: dicho a las claras, con mi cámara cara y menos inteligente no puedo hacer tantas fotos buenas como con la más inteligente de mi teléfono (por ejemplo, esta última puede hacer unas cuantas fotos en un instante, seleccionar automáticamente las partes de cada una de ellas que presentan una mejor exposición, y combinarlas sin que se note).

Podría añadir más ejemplos, pero creo que con estos dos es suficiente. Desde 1966 hasta hoy, los dispositivos computacionales que generan, editan o plasman medios han superado el test de Turing en innumerables ocasiones. Por tanto, utilizar dicho test para la IA artística no sirve. Necesitamos uno diferente.

Los tests que se han utilizado tradicionalmente para juzgar el progreso de la inteligencia artificial puede que resulten apropiados cuando lo que queremos es simular funciones cognitivas humanas básicas, pero el mundo del arte, del diseño, del cine, de la arquitectura, etc. exige algo diferente. El test de Lovelace es una de esas posibilidades, pero, en mi opinión, sigue siendo demasiado fácil (aunque probablemente tuviera sentido en 2001, antes de los recientes avances de la IA).

¿Significa esto que tenemos que idear un test más difícil? Quizá sí. Pero, como sugiere el progresivo avance histórico de la IA, es probable que cualquier test de este tipo sólo tenga sentido durante un tiempo limitado. Tal vez sería mejor subir la apuesta y plantear preguntas que impliquen un mayor desafío. ¿Sigue teniendo sentido o incluso es necesaria la creación artística cuando la IA puede hacerlo tan bien o mejor que nosotros[16]? ¿Puede que, tras haber cumplido su función en nuestra evolución cognitiva y social, este tipo de conducta humana irá desapareciendo poco a poco de nuestras vidas, sustituida por nuevas actividades que aún no podemos imaginar? Aunque nos cueste concebir este nuevo mundo, es bastante factible desde un punto de vista lógico, dado el rápido progreso de la IA en cuanto a su capacidad generativa en los ámbitos del arte y la cultura.

---

[16] Aunque todavía no he encontrado artículos que demuestren que los modelos de IA superan a la mayoría de los artistas con una formación profesional en diversas actividades artísticas, confío en que estas pruebas no tarden mucho en salir a la luz. En ciencias, sin embargo, ya hay testimonios convincentes que muestran una creatividad superior de la IA en diversos campos. Un estudio publicado en *Nature* indica que los modelos de IA pueden generar ideas más originales que los investigadores humanos en determinados ámbitos científicos: Aniket Kittur, Mohit Bansal, Lydia Chan, Markus Krause, Jonathan Bragg, Andrew Wang, Yue Yu *et al.,* «AI Models Generate More-Novel Ideas Than Do People on Research Tasks», *Nature* 626, 7999 (21 de febrero de 2024), pp. 518–523. Doi: [https://doi.org/10.1038/s41586-024-07117-5]. En otro estudio relevante, se vio que los relatos cortos escritos por una IA eran más creativos que los humanos: Emma Stoye, «AI generates more original research ideas than scientists, study finds», *Nature,* 21 de febrero de 2024 [https://www.nature.com/articles/d41586-024-03070-5].

3

Tecnoanimismo y efecto Pigmalión

Emanuele Arielli

Imagina la siguiente situación: descubres que una obra de arte por la que sientes gran admiración y que crees que ha sido realizada por un humano es en realidad producto de una inteligencia artificial. ¿Cambiaría tu juicio estético? ¿Contemplarías, escucharías o leerías la obra con otros ojos? En caso afirmativo, ¿por qué? (Y, en caso negativo, ¿por qué no?)

Una situación semejante podría tener muchas y diversas implicaciones, dependiendo de las opiniones de la persona sobre el arte y la inteligencia artificial. Si alguien cree que el arte es producto de la emoción y la creatividad humanas, podría ver esta revelación como una devaluación del mundo artístico. Podría pensar que, si algo puede ser creado por una máquina, entonces no es realmente arte. Sin embargo, si alguien cree que el arte tiene que ver más con el proceso de creación y que el resultado final no importa tanto, entonces podría considerar que esta revelación es interesante, estimulante incluso. Podría pensar que, si la inteligencia artificial puede crear arte, las posibilidades de lo que el arte puede ser son infinitas. Algunos creen que la IA podría liberar a los artistas de la necesidad de trabajar en sus creaciones, mientras que otros temen que la IA acabe sustituyendo por completo a la creatividad humana. Lo que no se discute, sin embargo, es el hecho de que la IA ya se está utilizando para crear obras de arte y que esta tendencia sólo va a ir a más en el futuro.

Esto plantea una interesante cuestión en el ámbito de la teoría estética: por ejemplo, a menudo asumimos que sentir la «mente que hay detrás» de una obra de arte –sea un cuadro, una canción, una novela– es un componente crucial de nuestra apreciación estética. De ello se deduce que no apreciaríamos de verdad una obra si sabemos que es producto de una máquina sin intencionalidad autoral. Pero, ¿es realmente así? ¿Y si una canción o un guion emocionan y entretienen por sí mismos? ¿Necesitamos la ilusión de que haya una mente detrás de la obra[1]?

Probablemente tendríamos que distinguir entre artefactos que apreciamos meramente por sus cualidades formales y artefactos en los que, en esencia, entablamos un diálogo con el creador o el autor. El primer tipo no necesita que nos preguntemos por la intención del autor: es el caso de objetos estéticos como motivos o patrones decorativos, un tono de llamada o el bonito diseño de una taza o una silla. El segundo incluye canciones que emocionan, una pintura rica en significados simbólicos o una novela. Son objetos que expresan el mundo interior del autor y emociones humanas.

Los textos, en particular aquellos que son personales y emotivos como las novelas, son especialmente ricos en significados, ya que el lenguaje es una herramienta comunicativa entre un emisor y un receptor. Al leer una historia, nos sentimos directamente conectados con una presencia autoral. Al leer un texto así, «veo» al autor que hay detrás; proyecto su existencia mientras lo leo. Por esta razón, algunos consideran que los avances en la escritura de textos son la última frontera que debe superarse para que la IA alcance un nivel de actividad humano[2].

La inteligencia artificial está realizando avances progresivos a la hora de escribir textos. La tecnología está aún en sus primeras fases, pero mejora día a día. Algunos expertos creen que, con el tiempo, la inteligencia artificial será capaz de escribir textos indistinguibles de los humanos. Ya

---

[1] K. Terzidis, F. Fabrocini y H. Lee, «Unintentional intentionality: Art and design in the age of artificial intelligence», *AI & Society* (2022) [https://doi.org/10.1007/s00146-021-01378-8].

[2] R. Toews, «Language is the next great frontier in AI», *Forbes,* 13 de febrero de 2022 [https://www.forbes.com/sites/robtoews/2022/02/13/language-is-the-next-great-frontier-in-ai/].

hay algunos ejemplos de inteligencia artificial que escribe textos más que notables. En un caso, una computadora fue capaz de generar un artículo que se publicó en un periódico importante. Esto tendría un gran impacto en un amplio abanico de industrias, como la editorial, la publicitaria y la elaboración de textos académicos.

¿Qué ocurre si, de forma natural, tendemos a «ver una mente» detrás de un texto, pero también sabemos que un modelo de lenguaje complejo generó artificialmente el texto? En primer lugar, ver una mente y una intencionalidad en el texto no significa reconstruir el proceso real que produjo ese texto. A este respecto, la semiótica del texto y la teoría de la narrativa han distinguido entre autores reales y autores implícitos (este punto se tratará en el Capítulo 9). Mientras que el primero es el verdadero escritor del texto, el segundo es la voz que tiene su fundamento en el texto y que se expresa en su estilo. El autor implícito no tiene por qué coincidir con el autor material del texto. Por ejemplo, imagínate que escribes una «novela victoriana» utilizando el estilo de un novelista del siglo XIX: al hacerlo, estás construyendo en el texto una voz autoral virtual con la que se identificará el lector. El autor implícito se convierte así en un constructo creado por el lector que es diferente de quién (o qué) es el creador real: cuando leemos un texto, imaginamos cómo en la elección que ha hecho de palabras, expresiones y frases, surgen el escritor, sus pensamientos y su personalidad.

Incluso cuando sabemos que un texto está generado artificialmente, podemos interactuar con el autor implícito que se expresa en él, y sumergirnos en su mensaje. Por ejemplo, el párrafo en cursiva que figura al principio de este capítulo fue generado por el modelo GPT-3 Davinci de OpenAI a principios de 2022, tras pedirle que «escribiera un párrafo introductorio largo sobre esta situación». En aquel momento, Davinci era la versión más avanzada del modelo de lenguaje GPT-3. Se entrenó con miles de millones de páginas web recopiladas a lo largo de doce años de rastreo, junto con millones de libros digitalizados y artículos de Wikipedia. Volviendo a esos textos: ¿te suenan diferentes ahora?, ¿pierdes alguna conexión con un autor humano que consideras necesario para apreciarlo (aun cuando no se trate de una prosa especialmente literaria)? La respuesta parece subjetiva, dependiendo de nuestras actitudes, de factores culturales y personales, y no podemos asumir una perspectiva definitiva y universalmente válida.

Este ejemplo plantea otra cuestión importante: cuando se escribió a principios de 2022, meses antes del comunicado público de ChatGPT en noviembre, el texto de este modelo de lenguaje pretendía presentar algo inédito y que invitara a la reflexión, tal como les pareció a los lectores iniciales del primer borrador de este capítulo. Sin embargo, menos de un año después, este ejemplo antaño impactante suscitaría poco más que un encogerse de hombros. Este rápido cambio refleja no sólo la velocidad a la que se producen los avances tecnológicos, sino también la habitual evolución de las expectativas y percepciones de la gente: las personas se adaptan rápidamente a las nuevas tecnologías, incorporándolas a la vida cotidiana hasta normalizarlas.

Asimismo, como veremos en breve, los comportamientos que antes se consideraban «inteligentes» parece que impactan menos una vez automatizados. Existe un vínculo entre «maravilla» e «inteligencia» (un tema que analizaremos con más detalle en otro capítulo), sobre todo cuando se producen acontecimientos sorprendentes o inesperados. En cambio, lo que se torna familiar deja de parecernos particularmente inteligente.

¿Necesita la estética IA una inteligencia (artificial) general?

¿Qué grado de intencionalidad y procesos mentales esperamos que cumplan los artefactos culturales? Muchos problemas de IA se han resuelto mediante algoritmos que han demostrado cómo tareas que creíamos que necesitaban unas funciones cognitivas superiores podían replicarse en forma de problemas más sencillos: pensemos en juegos como el ajedrez o el go, o en tareas como el reconocimiento de objetos y de escenas. Podemos gestionar estas tareas a un nivel que no requiere ni conocimientos contextuales o culturales de carácter general ni una denominada «IA general», es decir, una inteligencia en toda regla similar a la humana.

Del mismo modo, cabe preguntarse si la generación de artefactos con valor estético –como las novelas– es viable en un nivel relativamente bajo de complejidad o requiere procesos afines a facultades humanas más elevadas (como la intuición, la conciencia, la con[s]ciencia situacional, la competencia cultural, la intencionalidad, etc.). Después de todo, muchos fenómenos con valor estético para nada requieren la existencia de una «mente». Por ejemplo, estructuras naturales como un copo de nieve o flores, una tela de araña o un paisaje. Todos ellos pueden ser objeto de admiración estética, pero lo que necesitan es un observador (humano).

Como se ha dicho, la producción de diseños decorativos para papel pintado requiere unos procesos diferentes a los de escribir una novela o una sinfonía. Un simple algoritmo podría generar un diseño para papel pintado y un sistema de aprendizaje podría seleccionar los que coincidan con las preferencias de los clientes, objeto de un análisis previo. Muchos fenómenos estéticos que dependen de su puro valor *hedónico* (placer y apreciación sensorial) puede que no necesiten ninguna interpretación simbólica o cultural compleja, ni presuponer un significado complejo inculcado por el creador. Otro ejemplo son las artes culinarias: un sistema de IA capaz de aprender todas las combinaciones admisibles de ingredientes, variantes de recetas y métodos de cocinado, así como la respuesta subjetiva de las personas en lo relativo al gusto y la satisfacción, podría, en teoría, generar platos sin recurrir a una inteligencia «de verdad».

Más aún, si una actividad estética requiere una «IA general», significaría que esta actividad no es específica de la estética. Más bien indicaría que, una vez alcanzada una inteligencia general, esta será capaz de abordar tareas típicamente humanas en un sentido amplio; la creación de artefactos estéticos sería una entre muchas de esas tareas. Dicho de otro modo, argumentar que, para su producción, un artefacto cultural requiere un nivel humano de habilidad significa que hay que *crear a una persona* para producir tal artefacto, incluyendo la percepción que una persona tiene del contexto cultural, la motivación, la intencionalidad y quizá, incluso, la (auto)conciencia.

Consideremos de nuevo la escritura de una novela: sin duda requiere la automatización del conocimiento, como la capacidad de componer frases en un idioma conforme a sus normas, algo que los sistemas actuales ya hacen. El siguiente paso es comprender las reglas de la narrativa y tener la capacidad de reproducir relatos que a la gente le guste leer, al aprehender su papel en la psicología y la cultura humanas. Mientras que la «antigua» IA suponía que los programadores tenían que enseñar a las máquinas todos estos conocimientos, los enfoques actuales presuponen que un sistema debería ser capaz de aprender por sí mismo recurriendo al inmenso conjunto de datos de textos humanos y novelas publicadas, para luego identificar los libros y las estructuras narrativas de más éxito e intentar a su vez generar un texto similar. En este caso, se entendería la inteligencia general como una capacidad universal de aprender, que prácticamente replicaría lo que hace un ser humano después de nacer: aprender un idioma, leer novelas y, si está dotado del talento y el estímulo adecuados, aprender a escribir sus obras.

¿Deberíamos asumir que hay tipos de artefactos culturales y estéticos que pueden generarse sin «inteligencia», mientras que otros requieren una IA general? Y si es así, ¿dónde deberíamos trazar la línea? ¿Qué pasa con la música o la pintura (o deberíamos decir: qué *tipos* de música y de pintura no necesitan una IA general y cuáles sí)? ¿Y la escritura automática surrealista?

Ahora bien, ¿y si, por otro lado, toda la idea de inteligencia general es en realidad superflua, puesto que siempre es posible desarrollar sistemas que *imiten* la creatividad humana, cualquiera que sea el nivel de complejidad? Pensemos de nuevo en las posibilidades de generación de texto de los sistemas GPT: no hay mente alguna, o al menos no estamos preparados para *atribuirle* una, pero el sistema sigue siendo capaz de producir un discurso similar al humano. Esto abriría otros interrogantes: la imitación de un proceso y el proceso en sí ¿son lo mismo? ¿O seguimos trazando una línea divisoria entre una simulación y lo real?

Si procesos simples y no humanos pueden generar un objeto estético, tal vez estemos dando demasiada importancia a la noción de «humano» (incluidas la intencionalidad y la conciencia). En resumen, quizá tengamos que superar la premisa de que sólo los seres humanos puedan crear productos culturalmente complejos.

¿Qué esperamos de las máquinas «estéticas»?

Ya hemos mencionado el proyecto de fin de grado presentado en 2020 por un estudiante de Princeton en el que una red generativa antagónica (GAN) realizó unas pinturas chinas de paisaje de estilo tradicional capaces de engañar a personas en un test de Turing visual. En su formulación original, el test de Turing constituía un criterio para decidir si un sistema artificial había alcanzado una inteligencia similar a la humana. Sin embargo, no diríamos que la GAN desarrollada por el estudiante de Princeton ha alcanzado una inteligencia de nivel humano: es sólo un programa lo suficientemente sofisticado como para generar imágenes que parecen hechas por una persona.

Por un lado, nociones como «inteligente» o «creativo» parecen intuitivas y directas, de modo que todo el mundo sería capaz de reconocer un comportamiento inteligente o creativo cuando se manifieste. Por otro, cuando intentamos dar una definición operativa y funcional de estas nociones, vemos lo escurridizas que son. Esta cuestión va a enfrentar a Alan Turing y Ludwig Wittgenstein (1889-1951), quien creía que, antes de entender lo que queremos decir con términos como «inteligencia», primero necesitamos aclarar nuestros hábitos lingüísticos y conceptuales. Turing asistió a las lecciones de Wittgenstein sobre filosofía de las matemáticas en 1939, y este último conocía sin duda la tesis de Turing sobre el pensamiento mecánico. Curiosamente, la opinión de Wittgenstein se expresa en pasajes como el siguiente, extraído de sus *Investigaciones filosóficas* (1953)[3]:

> ¿Podría pensar una máquina? ¿Podría tener dolor? Bueno, ¿debe llamarse al cuerpo humano una tal máquina? Seguramente que está lo más cerca de ser una tal máquina. ¡Pero seguro que una máquina no puede pensar! ¿Es esa una proposición empírica? No. Decimos sólo de seres humanos, y de lo que se les asemeja, que piensan. Lo decimos también de

---

[3] L. Wittgenstein, *Philosophical investigations,* trad. E. M. Anscombe, Blackwell, 1953, pp. 359-360. Cita a partir de la traducción de Alfonso García Suárez y Ulises Moulines para la edición de Crítica (Barcelona, 1988).

muñecas y sin duda también de espíritus. ¡Mira la palabra «pensar» como un instrumento!

Desde el punto de vista de Wittgenstein, puesto que las palabras son herramientas, tenemos que preguntarnos en qué condiciones –si es que las hay– utilizaríamos nociones como «pensar» (o «inteligencia» y «creatividad») para describir entidades artificiales, no humanas.

Como vimos en el capítulo anterior, el test de Turing es un método para verificar si una máquina que habla a través de una interfaz computacional pasaría por humana. Por lo tanto, el test considera que la imitación del comportamiento humano es un indicador de inteligencia, centrándose principalmente sólo en referencias verbales y generación de diálogos. Por un lado, el criterio de Turing parece razonable: si, en una conversación, hay algo no se puede distinguir de un humano, ¿por qué no atribuirle inteligencia? Por otro, sin embargo, los humanos se muestran reacios a conceder fácilmente la marca de la inteligencia a entidades no humanas. En el pasado, se pensaba que una máquina capaz de vencer a un gran maestro de ajedrez demostraría ser una verdadera IA. Esto ocurrió en 1997, cuando Deep-Blue venció al campeón mundial Garry Kasparov. En ese momento, el ajedrez se definió como un mero juego combinatorio y computacional, no como un verdadero test de inteligencia; se cambiaron las reglas y se pasó a otros juegos como el go, considerados más complejos y con una mayor base en intuiciones creativas. Sin embargo, en 2016 AlphaGo, de Google, venció al campeón mundial Lee Sedol (nacido en 1983) y aun así no nos apetece decir que se ha alcanzado una «verdadera» inteligencia. O pensemos en los *chatbots*. Según el artículo de Turing de 1950[4], a finales de siglo las máquinas serían capaces de engañar a un tercio de las personas tras cinco minutos de conversación. En 2014, el 33% de quienes lo juzgaron, consideraron que el *chatbot* «Eugene Goostman» era humano, superando así el test de Turing (hay que tener en cuenta que Goostman fue programado

---

4 A. M. Turing, «Computing machinery and intelligence», *Mind* 59, 236 (1950), pp. 433-460.

para simular la volubilidad y las peculiaridades de un adolescente de Odesa, Ucrania, de 13 años).

Cada vez que se alcanza un hito tecnológico, la meta parece alejarse. Desde un punto de vista wittgensteiniano, la razón no reside en el hecho de que los nuevos hitos tecnológicos no sean lo suficientemente persuasivos como para convencernos de que estamos ante una inteligencia real. De hecho, la cuestión no es en absoluto empírica, sino que guarda relación con las premisas de las que partimos al utilizar y atribuir conceptos como inteligencia y creatividad. Esto nos lleva a lo que se ha dado en llamar el *teorema de Tesler,* que afirma que inteligencia artificial es todo lo que aún no se ha hecho (o, a la inversa, inteligencia es todo lo que las máquinas aún no han hecho)[5]. Hoy día, una aplicación como Siri puede ser capaz de mantener diálogos similares a los humanos. Como vimos con los ejemplos iniciales, un generador de texto basado en la GPT de OpenAI puede escribir artículos complejos que no se distinguen de los textos generados por humanos. Sin embargo, precisamente porque sabemos que son producto de una programación sofisticada, seguimos pensando que no hay una inteligencia real, y mucho menos atribuimos intencionalidad o conciencia a esos sistemas. Dicho de otro modo, no nos sentimos inclinados a utilizar la palabra *inteligencia* en un caso así; la empleamos habitualmente cuando nos referimos a personas y, como decía Wittgenstein, las palabras son *herramientas* de uso específico al que estamos acostumbrados. Por tanto, otro corolario del teorema de Tesler es que todo uso del término «IA» en contextos como el reconocimiento facial, los filtros de *spam,* la visión artificial, la generación de voz, etc., *no* es, por definición, IA, sino tecnología que hace uso de complejos algoritmos de optimización. Sólo se llama «IA» por razones de *marketing.*

Si atribuir inteligencia es un horizonte que se vuelve inalcanzable, cabe preguntarse si, más allá de ese horizonte, hay alguna habilidad humana: cada vez que las máquinas «resuelven» una competencia

---

[5] El autor de esta definición es Larry Tesler, un conocido ingeniero informático que trabajó en Xerox PARC, Apple y Amazon.

humana específica, esta deja de ser inteligencia real, pues resulta ser más mecánica de lo que parecía. Y esto podría tener consecuencias en nuestra comprensión de la propia inteligencia humana.

Si nos atenemos a la definición tradicional del test de Turing, en el ámbito estético se reduciría a la posibilidad de producir un artefacto (ya sea un texto, un diálogo o una obra de arte) que sea capaz de engañar a un humano. Ya vimos en el capítulo anterior, y en el ejemplo con que abríamos este, que esto es algo *demasiado fácil* para las máquinas: imitar artefactos humanos consiste básicamente en tipos sofisticados de *(re)producción técnica*. Pero, ¿por qué hay que tomar como referencia la semejanza con el arte humano? ¿Qué hay de los diseños o expresiones artísticas innovadores, bellos o atractivos que parecen claramente *no humanos*? Un test de Turing cuyo objetivo sea engañar a un observador sería, en este caso, improcedente.

Por lo tanto, tal vez queramos revisar el objetivo de dicho test más allá del simple «juego imitativo» en el que se basa originalmente y definir sus propósitos de otra manera. Por ejemplo, podríamos decir que una máquina supera el test si se cumple alguna de estas condiciones:

1) Alcanza un rendimiento humano *superior* (es decir, produce algo con un mayor grado de belleza, deleite, «asombro», etc.), sin tener en cuenta similitud alguna con el comportamiento cultural humano.
2) Manifiesta la capacidad de ser *creativo*, es decir, de generar algo nuevo.
3) Muestra un comportamiento *autónomo,* en el que la máquina parece capaz de producir algo inesperado, alejado de los parámetros e *inputs* introducidos inicialmente por los programadores.

En lo tocante al rendimiento superior (1), una calculadora de bolsillo ya es superior a los humanos en cuanto a velocidad de cálculo, o una memoria digital también lo es respecto a la precisión y la capacidad de almacenamiento. Un ejemplo notorio de rendimiento superior en IA son los programas que ganan a los humanos en juegos como el ajedrez o el go. Pero puede que no esperemos que una máquina tenga un rendimiento superior en el ámbito estético, a pesar de que en el capítulo anterior vimos cómo, en 1966, el público juzgó estéticamente más agradables los cuadros «de» Mondrian generados por algoritmos que los lienzos reales del mismo artista. En una situación futura, estaríamos hablando de unos sistemas que producen algo que se clasifica en un nivel más alto de belleza, deleite o, por qué no, impacto y relevancia culturales, y son capaces de conmovernos o involucrarnos de un modo mucho más eficiente que los humanos. En dicha situación, los sistemas artificiales producirán música superior, mejores libros, guiones más convincentes, no necesariamente desde la perspectiva de un crítico de arte, sino desde la de la industria cultural: es decir, sistemas cuyos artefactos disfruten de un gran éxito de público y comercial. Teniendo en cuenta la relación coste/ingresos, los algoritmos que generan melodías o letras de canciones (o pintan al estilo de Mondrian o de otro artista famoso) superarían a la producción humana también desde una perspectiva puramente económica; además, no existe protección de marca en el caso de un estilo musical o pictórico imitado[6].

En cuanto a la creatividad (2), se trata en sí misma de una noción escurridiza y objeto de largos debates en los campos de la filosofía y las ciencias cognitivas. En un «test de Turing de la creatividad» (o, como mencionamos en el Capítulo II, un *test de Ada Lovelace*) mostraríamos un artefacto generado por una máquina y pediríamos al público que juzgara si es creativo (y en qué medida)[7]. Pero juzgar la creatividad y lo nuevo es, en parte, una cuestión subjetiva, que a menudo depende de cómo nosotros, en tanto que humanos, *atribuimos* creatividad a un comportamiento. Por ejemplo, una interpretación restrictiva implica que sólo los humanos estarían capacitados para la creatividad y que únicamente podemos hablar de comportamiento creativo cuando uno es consciente de sí mismo y de lo que está haciendo. Esto abriría la gran cuestión de qué es la conciencia o,

---

[6] Véanse plataformas como aiva.ai que permiten generar nueva música libre de derechos en el estilo de canciones ya existentes.

[7] M. O. Riedl, «The Lovelace 2.0 Test of Artificial Creativity and Intelligence», *arXiv*, 24 de diciembre de 2014 [https://arxiv.org/pdf/1410.6142v3.pdf].

al menos, la autorreflexividad. Sin embargo, también solemos utilizar este concepto de forma más liberal y metafórica cuando, por ejemplo, decimos que «la naturaleza es creativa» (cuando surge un nuevo organismo o un nuevo virus). En este caso, nos limitamos a aplicar la noción de creatividad a un fenómeno *inesperado*, es decir, que, hasta donde sabemos, no existía antes.

Desde esta perspectiva, cualquier proceso aleatorio y sorprendente que no sea fácilmente predecible debería considerarse creativo; no es casualidad que algunas vanguardias del siglo xx como los dadaístas experimentaran con procesos estocásticos. Sin embargo, los procesos aleatorios no bastan por sí mismos para calificar algo de creativo: esperamos que algo creativo también tenga sentido, como una solución novedosa a viejos problemas o una forma superior de abordar alguna tarea o cuestión.

De modo similar a los retos que se plantean a la hora de definir la creatividad, tampoco es fácil definir la *autonomía* (3). Una máquina parece autónoma si muestra un comportamiento independiente de su programación original, es decir, otra vez si se comporta de forma inesperada e impredecible para el observador. Por un lado, no existe un criterio bien definido de autonomía: ¿es autónomo un organismo unicelular? ¿Y un insecto? ¿Son agentes autónomos los rastreadores automáticos o las IA de autoaprendizaje? Hay factores subjetivos y culturales que determinan nuestra predisposición a atribuir autonomía.

La IA como espejo crítico de las facultades humanas

El filósofo Ludwig Wittgenstein, que discutió con Alan Turing la posibilidad de mecanizar la computación y el pensamiento, ofreció una interpretación diferente de su famoso test. Según Wittgenstein, no se trata de un método para ver si una máquina puede engañar a un observador y pasar por humana. Al contrario, el test mostraría hasta qué punto *los humanos pueden ser mecánicos* en sus procesos y comportamientos. Si vemos las cosas desde esta perspectiva, el desarrollo de aplicaciones que simulen la creatividad humana tendría un efecto aleccionador. Por ejemplo, un programa capaz de generar melodías pegadizas o guiones que enganchen, revelaría en qué medida la «mecánica» forma parte intrínseca de esos procesos que, por lo demás, consideramos intuitivos y libres. Una consecuencia sería que, con independencia de cómo definamos el objetivo de un test de Turing, las máquinas que lo superen demostrarían que los humanos somos mucho más mecánicos de lo que pensamos. Como resultado, la creatividad podría estar sobrevalorada como facultad humana simplemente porque no comprendemos su funcionamiento.

El hecho de que determinados procesos humanos parezcan más mecánicos y procedimentales de lo que suponemos pone en entredicho la concepción típicamente romántica de la intuición creativa. Conviene recordar cómo la idea de una creatividad pura tiene su origen en una exaltación de la autonomía individual que no se estableció hasta la modernidad. Esto resultaba inconcebible en la Antigüedad, donde la visión dominante consideraba que las personas sólo eran capaces de recordar (en el sentido de la *anamnesis* platónica), reconstruir y reproducir cosas que ya existían. El artista, en este sentido, era un descubridor, no un creador; el arte no era un ámbito de invención pura, sino de oficio y diestra imitación de la realidad. La verdadera creatividad, en el sentido antiguo y medieval de *creatio (ex nihilo),* era prerrogativa exclusiva de lo divino[8].

El desarrollo histórico de los estilos artísticos se considera producto de saltos creativos impredecibles que podemos reconstruir con carácter retrospectivo, pero no predecir con antelación. Sin embargo, algunas aplicaciones de los algoritmos evolutivos parecen insinuar un panorama diferente. Por ejemplo, en relación con las artes visuales, Lisi *et al.* (2020)[9] plantearon la posibilidad de predecir el desarrollo estilístico en las artes pictóricas entrenando un sistema que extrapolase unas leyes evolutivas concretas mediante el análisis

---

[8] W. Tatarkiewicz, *A history of six ideas: An essay in aesthetics,* La Haya, Martinus Nijhoff, 1980 [ed. cast.: *Historia de seis ideas,* trad. Francisco Rodríguez Martín, Madrid, Tecnos, 2015].

[9] E. Lisi, M. Malekzadeh, H. Haddadi, F. D.-H., Lau y S. Flaxman, «Modelling and forecasting art movements with CGANs», *Royal Society Open Science* 7, 191569 (2020) [http://dx.doi.org/10.1098/rsos.191569].

de grandes bases de datos de imágenes con objeto de generar imágenes en estilos nuevos y posteriores en el tiempo. Según los autores, el sistema sorprendentemente generó predicciones que reflejaban con fidelidad las evoluciones reales que dichos estilos experimentaron en la historia de las artes visuales, poniendo de relieve el carácter «algorítmico» de ciertos desarrollos estilísticos; lo cual indica que no serían producto de contingencias históricas ni de invenciones espontáneas de artistas únicos, sino que más bien estaríamos ante la progresión –casi ineludible– de unas leyes formales intrínsecas[10]. Además, un sistema de este tipo también podría predecir *futuros* estilos en las artes visuales. Estas evoluciones no tienen por qué ser deterministas, pero serían producto de una serie de combinaciones finitas que los sistemas de análisis de datos podrían detectar y reproducir.

Estos ejemplos parecen concluir que «ser creativo» es una etiqueta que un observador atribuye a fenómenos cuyos procesos subyacentes desconoce. Por ejemplo, cuando Lee Sedol, campeón mundial de go, fue derrotado por AlphaGo en 2016, afirmó que el programa podía realizar jugadas increíblemente imaginativas, revelando cómo ciertos movimientos o estrategias de juego que los humanos pensaban que eran creativos y originales, en realidad eran bastante predecibles. En la segunda partida, AlphaGo realizó un movimiento (n.º 37) que muchos comentaristas describieron como inusualmente imaginativo y que pilló desprevenido al jugador, lo que permitió que ganara la computadora. Si los espectadores consideraron que se trataba de un movimiento original e insólito, fue porque jugadores y expertos no comprendían cuál era la estrategia subyacente de AlphaGo. Desde el punto de vista de la máquina, de hecho, ese movimiento fue el producto de una evaluación que siguió los mismos procesos de optimización con los que el sistema seleccionaba el resto de movimientos. En este sentido, decir que algo es creativo constituye a menudo una medida de nuestra falta de comprensión: lo que sabemos es ordina-

---

[10] Kubler sugirió una idea similar de una lógica interna de la forma; G. Kubler, *The shape of time: Remarks on the history of things,* New Haven, Yale University Press, 1962 [ed. cast.: *La configuración del tiempo,* trad. Jorge Lujan Muñoz, San Sebastián, Nerea, 1988].

rio, normal; lo que no sabemos se considera extraordinario. Mientras el comportamiento de un sistema se oculte tras lo que para nosotros es una caja negra, tenderemos a conceder creatividad al sistema. En otras palabras, *si pensamos que los humanos son creativos y las IA no, es porque entendemos mejor cómo funciona la IA, mientras que aún no entendemos suficientemente cómo funcionan los humanos.* Los avances tecnológicos a menudo parecen poner de manifiesto que fenómenos supuestamente extraordinarios son producto de procesos ordinarios[11].

No hay fantasma, ¿mera fachada?

Supongamos que la creatividad humana pudiera reproducirse mediante procesos mecánicos. En ese caso, nos enfrentaríamos a una encrucijada: o bien podríamos renunciar en general a utilizar el concepto de creatividad, o bien, si nos atenemos a nuestra idea común de lo que es la creatividad, podríamos acordar aplicar este concepto también a fenómenos no humanos, como hizo el campeón mundial Lee Sedol al valorar el desempeño de AlphaGo.

Sin embargo, la idea de que la creatividad artificial revela la naturaleza mecánica de la creatividad humana también debería recibirse con cierto distanciamiento crítico, sobre todo si consideramos el caso específico de las artes. De hecho, las reproducciones artificiales de artefactos humanos no siguen los mismos procesos con los que los humanos los produjeron. Nadie piensa que Mondrian siguiera procedimientos similares al algoritmo utilizado en 1966 que generó pseudomondrians, aunque la gente valorara más las imágenes artificiales que las originales. No podemos ignorar los significados simbólicos, históricos y conceptuales que subyacen a la innovación estilística del pintor, ni su papel dentro del desarrollo de la pintura en relación con la abstracción, el arte figurativo, el Expresionismo y el

---

[11] La creatividad consiste en obtener «resultados extaordinarios de procesos ordinarios»; R. J. Sternberg y T. I. Lubart, «Investing in creativity», *American Psychologist* 51, 7 (1996), pp. 677-688.

Minimalismo. En otras palabras, el algoritmo no reprodujo el *proceso cultural* por el que Piet Mondrian llegó a sus pinturas abstractas. En su lugar, los programadores imitaron el producto final sólo a nivel formal. Admiramos los cuadros de Mondrian como la expresión final del recorrido que le llevó a realizarlos, el papel de los mismos en la historia de la pintura. Sin estos factores, veríamos sus pinturas como meros patrones geométricos interesantes pero sin valor artístico. De igual modo, un lienzo de Lucio Fontana con sus característicos cortes sólo sería un lienzo con un corte que un brazo mecánico equipado con un cuchillo (como los que ya se utilizan en cirugía robótica) y guiado por un programa reproduciría fácilmente. Lo sencillo que resulta producir esas obras revela que hay en ellas algo más que su apariencia, mostrando la separación entre valor estético y artístico propia del arte contemporáneo.

En nuestra evaluación estética de estas obras, vemos en el objeto una dimensión histórica, conceptual y simbólica, y atribuimos al creador unas intenciones específicas, más allá de lo que podemos ver en la superficie formal del lienzo. Un conjunto de significados simbólicos, evocaciones afectivas y referencias culturales enriquece el artefacto; sólo estamos dispuestos a hacerlo si vemos que tiene su origen en un sujeto al que atribuimos plena conciencia de estos significados. A la inversa, somos reacios a conceder importancia a lo que produce un algoritmo porque lo consideramos carente de alma.

Más aún, muchos artefactos culturales se juzgan en función de la historia de su creación, la biografía del autor, su reputación o fama, y el papel que pueda tener dentro de la dinámica del gusto de una clase social concreta. Por ejemplo, un artefacto puede evaluarse de forma completamente distinta si se atribuye a un artista concreto en lugar de a otro: imaginemos que aparece una obra perdida de Duchamp, quizá un rudimentario *objet trouvé,* como un trozo de madera. Desde una perspectiva histórico-artística, este objeto adquirirá una importancia considerable, se convertirá en el centro de un análisis crítico y se incluirá en los textos. En cambio, ese mismo objeto encontrado en un contexto cotidiano (o atribuido a un artista desconocido) atraerá poca o ninguna atención. Este ejemplo no debe interpretarse como una devaluación del papel cultural de las estrategias del arte contemporáneo: conferimos al objeto una capacidad real para atender algunos significados complejos *mediante* su atribución a un autor importante como Duchamp, visto como un punto de referencia cultural autorizado.

Por tanto, la aceptación cultural y social de los artefactos generados por IA dependerá también de cuánto *capital cultural* (por utilizar la terminología de Pierre Bourdieu) atribuyamos a los medios sintéticos de este tipo o al artista que experimente con ellos. No importará lo que estos sistemas sean capaces de generar, sino el significado simbólico que se atribuya a sus producciones. Como ocurrió en la historia de la fotografía, *la aceptación social de la estética generada por la IA dependerá del cambio en la evaluación cultural humana de estas tecnologías.*

La perspectiva antropocéntrica y actuar como si hubiera alma

Nuestra tendencia natural a atribuir intencionalidad a los fenómenos es lo que permitiría reconocer que una máquina es inteligente o incluso consciente. Los niños lo hacen con los juguetes y otros objetos; a veces, los adultos también atribuyen una agencia de tipo humano a, por ejemplo, plantas o animales pequeños. Muchas culturas actuales y pasadas mantienen una profunda actitud animista ante acontecimientos naturales para los que no podrían ofrecer una explicación causal y fisicalista. En estas cosmovisiones, los agentes no humanos pueblan profusamente la realidad, ya sean plantas, animales o fenómenos meteorológicos o geológicos. ¿Cómo interpretaría alguien procedente de la Edad de Piedra, por ejemplo, el comportamiento de las actuales puertas automáticas que se abren cada vez que alguien se pone delante? Probablemente pensaría que poseen inteligencia y un propósito. Sería ingenuo definir esas visiones animistas simplemente como algo erróneo: dada la falta de una explicación mejor, los modelos basados en la intencionalidad suelen tener una buena capacidad para explicar esos fenómenos. Para el hombre o la mujer prehistóricos, esa puerta *quiere* abrirse y dejar pasar a la persona. Del mismo modo, nuestra percepción de la IA depende en gran medida de cómo proyectamos y atribuimos agencia a las entidades artificiales no humanas.

Aunque la predisposición a atribuir un alma a las entidades no humanas depende de nuestro bagaje cultural, sensibilidad religiosa y creencias individuales, hoy día la premisa dominante es que sólo los humanos (y, en menor medida, algunos animales) tienen intencionalidad y agencia *reales*. Siempre que atribuimos intencionalidad a otras entidades (una puerta, un juguete, un asistente virtual, el tiempo), decimos que lo hacemos sólo en sentido *metafórico*, como una especie de actitud ficticia en la que nos comportamos «como si» la entidad tuviera algún tipo de agencia, pero sin creerlo realmente. Lo mismo ocurre cuando nos relacionamos con los personajes de una película o novela «como si» fueran reales, aun sabiendo que no lo son[12]. Sin embargo, habría que tener en cuenta que la frontera entre la percepción de una agencia real y una imaginaria es fluida. Por ejemplo, consideramos que mascotas como perros y gatos tienen verdadera intencionalidad. Para muchos, esto también vale para los insectos o las bacterias, aunque para algunos ya no. Otros, por el contrario, proyectan personalidad incluso en las plantas, si bien algunos lo hacen exclusivamente en forma de «como si». Las diferencias individuales y culturales determinan dónde se traza la línea entre las atribuciones real y ficticia de intencionalidad.

En lo que respecta a los dispositivos tecnológicos, nos encontramos en el terreno de una actitud «ficticia» hacia ellos: aprendemos a interactuar con asistentes virtuales como Alexa, hablando «como si» la tecnología nos estuviera escuchando como un humano. A medida que aumenten la complejidad y la flexibilidad de estos dispositivos, tal vez comencemos a verlos como entidades de pleno derecho dotadas de agencia. Si esto ocurre, una de las razones del cambio será sin duda el avance de esas tecnologías. Sin embargo, otra será la superación cultural de los prejuicios: hoy día, seguimos prefiriendo atribuir intencionalidad a un insecto antes que a Alexa, por mucho que la complejidad de esta última, su acceso al conocimiento y su capacidad para interactuar con nosotros superen con creces a las de un bicho. Además, tal vez deberíamos cuestionar la idea de que la inten-

---

[12] K. Walton, *Mimesis and make-believe: On the foundations of the representational arts,* Cambridge, Mass., Harvard University Press, 1980.

cionalidad «como si» (aplicada a cosas, animales y entidades no humanas) no es más que una derivación metafórica de la «verdadera» intencionalidad. Podría ser al revés: la concepción limitada de una verdadera intencionalidad (aplicada sólo a los humanos) derivaría de la intencionalidad «como si» que surge de nuestra inclinación natural y profunda a atribuir agencia a una amplia gama de fenómenos[13].

En este debate, a veces observamos dos posturas aparentemente opuestas: una considera que la verdadera intencionalidad sólo se da en los humanos (y en algunos animales), y la otra atribuye agencia a entidades no humanas, «humanizándolas» mediante una especie de animismo ingenuo. Sin embargo, ambas posturas comparten la misma visión antropomórfica de la agencia y la intencionalidad, que en un caso se niega y en el otro se concede a entidades no humanas. Un punto de vista alternativo consiste en desarrollar una noción de agencia para los procesos subpersonales, las entidades no humanas y los fenómenos mecánicos. Así pues, no se trata de humanizar lo que no es humano, sino de tratar de comprender una agencia no humana y no antropocéntrica. En este sentido, un cambio en nuestra percepción de la IA también tendría como resultado la superación de una perspectiva antropocéntrica de la agencia y la creatividad. Esto seguiría la dirección ya esbozada por las teorizaciones poshumanas clásicas, como las de Donna Haraway y Rosi Braidotti, o por la propuesta de Bruno Latour de «reensamblar lo social» mediante la inclusión de entidades humanas y no humanas, abarcando no sólo a los agentes naturales no humanos (animales o vegetales) sino también a los artificiales.

Podríamos añadir que la cuestión de atribuir agencia e intencionalidad parece importante en ciertas formas de producción cultural, pero no necesariamente en otras. Como argumentábamos al principio de este capítulo, un diseño decorativo, un mueble o un coche no (siempre) requieren profundidad autoral; no necesitamos ver significados ni razonar sobre los pensamientos del autor. Incluso una canción pegadiza que nos enganche puede llevarnos a ignorar la presencia o ausencia de intenciones autorales en ella. Del mismo modo, una

---

[13] Esta es particularmente la idea defendida por Daniel Dennett. Véase D. Dennett, *The intentional stance*, Cambridge, Mass., MIT Press, 1987.

película puede evaluarse positivamente por el simple hecho de que engancha y entretiene por sí misma, sin que tengamos que pensar en lo que el guionista o el director querían decir. La generación de arte con IA se convierte así en un interesante *test case* o caso de prueba para determinar en qué áreas sentimos la necesidad de reconocer a un agente tras un artefacto y en cuáles podemos prescindir de él. Por un lado, cabe pensar que una canción sólo puede tener éxito si satisface nuestra necesidad de proyectar intencionalidad en su autor e intérprete, permitiéndonos imbuirla de una profundidad simbólica, emocional y personal. Por otro, el éxito de las estrellas pop virtuales en las culturas de Asia oriental (como Hatsune Miku y varios grupos de K-pop «de avatares», algunos de ellos basados en IA) revelan cómo el público puede conectar emocionalmente con un intérprete ficticio, seguirlo en sus redes sociales, acudir a sus conciertos y comprar artículos con su imagen[14]. Podríamos llegar a decir: *los fans no los adoran a pesar de, sino en realidad porque son claramente falsos.* Ninguna persona real se interpone en su necesidad de proyectar sus deseos y su imaginación en la superficie de un avatar virtual.

Como en el mito de Pigmalión, el artista que desdeñaba a las mujeres reales pero se enamoró de una idealización escultórica de las mismas, podemos encontrar una profunda satisfacción en relacionarnos con una máquina cuya despersonalización nos permite infundirle nuestra idea de un alma perfecta. Por lo tanto, se produce una transición fluida de la atribución «como si» a la atribución «real» de un alma: nos interesa conectar con un personaje virtual del mismo modo que nos encariñamos con el personaje de una serie (o de unos dibujos animados) o nos obsesionamos con el protagonista de una novela. Lo mismo ocurre con el artista que produce esas canciones o historias: dejamos de preocuparnos de si el proceso creativo es resultado de un algoritmo o ha sido obra humana, siempre y cuando establezcamos una relación emocional.

---

[14] M. Lawton, «Will K-pop's AI experiment pay off?», *BBC News,* 16 de julio de 2024 [https://www.bbc.com/news/articles/c4ngr3r09l4o].

Post Scriptum

Veamos cómo «responde» el modelo de lenguaje GPT-4 (el más avanzado a mediados de 2024) al pedirle que «escriba un párrafo sobre cómo la inteligencia artificial podría tener intencionalidad»[15]:

La inteligencia artificial podría exhibir intencionalidad no por tener una conciencia subjetiva o estados mentales, sino mediante un comportamiento guiado por objetivos integrado en su diseño. Aunque carezca de comprensión consciente, la IA puede simular intencionalidad conforme a unos algoritmos que le permiten perseguir objetivos predefinidos, ajustarse a unas acciones basadas en la retroalimentación y tomar decisiones en línea con esos objetivos. Esta «intencionalidad» es una proyección externa más que una característica intrínseca, que surge de una programación y percepción humanas. La capacidad de la IA para adaptar y perfeccionar su comportamiento en pos de estos objetivos puede dar la impresión de tener un propósito, aunque carezca de una auténtica comprensión o una intención autónoma.

---

[15] El texto fue generado en agosto de 2024.

4

IA Y MITOS DE CREATIVIDAD

Lev Manovich

Fig. 4.1. *The Next Rembrandt (El próximo Rembrandt),* pintura con impresión 3D creada mediante algoritmos de IA, 2016. El equipo de The Next Rembrandt estaba formado por 20 científicos de datos, desarrolladores y expertos en IA e impresión 3D. Utilizando un algoritmo de reconocimiento facial, los investigadores identificaron y clasificaron los patrones característicos de Rembrandt en la representación de rasgos humanos. A continuación, la IA empleó esta información para imitar el estilo del artista, creando nuevos rasgos faciales y elementos adicionales para esta pintura de nueva creación.

Los debates en torno al uso de la IA en las artes visuales, la arquitectura, la música, el cine y otros campos culturales se basan a menudo en premisas sobre el arte y la creatividad que gozan de un amplio consenso. Entre estas ideas figuran las siguientes: «el arte es el ámbito humano más creativo», «el arte y la creatividad no se pueden medir» y «los artistas no siguen reglas». También se suele asumir que «las computadoras sólo siguen reglas» y, por tanto, «no pueden hacer cosas nuevas y originales». Tomadas en conjunto, estas ideas llevan a una nueva premisa: «La generación de un arte original es el mejor test del progreso de la IA».

¿Dónde tienen su origen estas populares ideas sobre el arte y su conexión única con la creatividad? Históricamente, son bastante recientes. Todas las civilizaciones humanas han producido artefactos que hoy mostramos en museos y veneramos como gran arte. Pero sus creadores no contaban con los conceptos modernos de arte, artista y creatividad.

El objetivo de este capítulo es examinar los orígenes históricos de las creencias más extendidas sobre la creatividad y las artes, y sugerir que estas ideas limitan nuestra visión de cómo puede utilizarse la IA en el ámbito de la cultura. En la actualidad son varias las concepciones populares que predominan sobre el «arte», y cada una de ellas ha evolucionado en contextos históricos distintos. Si se examinan con detalle, estas visiones generalizadas revelan diferencias fundamentales en sus implicaciones y premisas básicas. De hecho, pueden resultar contradictorias desde un punto de vista lógico. A pesar de ello, estas perspectivas diversas suelen coexistir en debates y análisis, dando por sentado que son igualmente válidas.

Esta aceptación simultánea de conceptos contradictorios puede provocar una sensación de disonancia conceptual. Lidiar con estas incoherencias tal vez nos haga sentir confusos, sobre todo cuando nos enfrentamos a nuevos retos en los ámbitos del arte y la cultura, como la adopción de la IA creativa.

La invención del «arte» en el Romanticismo

Nuestro concepto dominante del arte tiene su origen en el Romanticismo europeo: finales del siglo XVIII y primeras décadas del

XIX. De acuerdo con él, los artistas son diferentes de la gente normal. Ocupan un lugar especial en la sociedad. Su arte surge de su interior, de su imaginación, y no de ninguna regla o ejemplo. No es el resultado de decisiones racionales. Más bien transmite sentimientos y se guía por la intuición.

Estas ideas las podemos encontrar en muchos artistas y filósofos de dicho periodo. Caspar David Friedrich (1774-1840), pintor romántico alemán, afirmaba que «el artista no sólo debe pintar lo que ve ante sí, sino también lo que ve en su interior»[1]. También decía que «el *sentimiento* del artista es su ley»[2]. Estas afirmaciones enfatizan la primacía de la intuición y la visión interior en el arte. El crítico literario alemán Friedrich Schlegel (1772-1829) también destacó el papel crucial de la intuición en la poesía, cuando escribió que «todo buen poema debe ser totalmente intencional y totalmente *instintivo*»[3].

En esencia, esta es también la forma en que la mayoría de la gente ve las artes en la cultura contemporánea. Aunque la sociedad, la economía y la tecnología han cambiado drásticamente en los últimos dos siglos, la idea que el público tiene de las artes se ha mantenido relativamente constante.

Esta visión romántica del arte, que sigue siendo la norma hoy día, es muy diferente de la que se tenía en épocas anteriores. Los antiguos griegos no tenían conceptos comparables a los nuestros de «arte», «creación» o «creador». En su lugar, utilizaban el término *téchne (τέχνη)* para referirse al conjunto de las habilidades y técnicas utilizadas para hacer algo. La carpintería, la medicina, la retórica, la pintura, la música y la escultura se consideraban formas de *téchne*. Este concepto también abarcaba otras habilidades como la construcción de barcos, la elaboración de calzado, la geometría, el pastoreo y la alfarería. Todos quie-

---

[1] William Vaughan, *German Romantic Painting,* New Haven, Yale University Press, 1994, p. 68.

[2] Richard Friedenthal, *Letters of the great artists – from Blake to Pollock,* Londres, Thames and Hudson, 1963, p. 32. La cursiva es mía.

[3] Keren Gorodeisky, «19th Century Romantic Aesthetics», en *The Stanford Encyclopedia of Philosophy,* edición otoño de 2016, ed. Edward N. Zalta [https://plato.stanford.edu/archives/fall2016/entries/aesthetics-19th-romantic], consultada el 24 de agosto de 2024. La cursiva es mía.

nes las practicaban seguían reglas y métodos aprendidos. No había creatividad en el sentido moderno de la palabra.

Durante el posterior periodo cristiano, el término *creatio* se empleó para referirse al acto divino de «creación *ex nihilo*», esto es, de la nada. En la religión cristiana, sólo había un Creador: Dios. Y, por supuesto, los humanos no podían competir con Dios. Así que los «artistas» en el sentido moderno no podían existir. Sólo había artesanos que creaban cosas siguiendo unas reglas.

Hasta el Renacimiento no empezó a establecerse una conexión conceptual entre arte e invención. Poco a poco, la percepción que se tenía de las artes visuales comenzó a pasar de la artesanía y el seguimiento de una reglas a una actividad más intelectual. Alberti, Vasari y Leonardo da Vinci, entre otros, expresaron de distintas maneras la idea de que el arte no sólo imita a la naturaleza, sino que, además de crear cosas nuevas, puede llegar incluso a mejorarla. El destacado poeta y teórico del siglo xvii Maciej Kazimierz Sarbiewski (1595-1640) fue más lejos al escribir que un poeta «inventa» y «crea *ex novo*», «a la manera de Dios»[4].

Por último, la visión moderna, que hoy seguimos dando por sentada, surgió en el periodo romántico. Durante muchos siglos, a los artistas se los vio como meros creadores de objetos hechos conforme a unas reglas, y el arte estaba divorciado de las ideas, el intelecto y la educación liberal. Ahora, esta tradición se invirtió. El artista romántico es superior a los demás. Se sitúa entre Dios y la humanidad. De hecho, a medida que la influencia de la religión disminuía a finales del siglo xix y principios del xx, el artista fue ocupando el lugar de Dios.

También pasó a considerársele un intelectual: no sólo un creador de objetos bellos, sino un pensador que expresa ideas importantes. Esta nueva concepción presentaba al artista como alguien que desafiaba las normas establecidas, a menudo a la vanguardia del pensamiento progresista, que utilizaba su obra para provocar una reflexión crítica e inspirar cambios sociales. Por ejemplo, el cuadro de Gustave Courbet *Los picapedreros* (1849) encarnaba ideales socialistas al re-

---

[4] Tatarkiewicz, *A History of Six Ideas*, cit.

presentar con decidido realismo a unos obreros (Courbet calificó esta obra de «pintura socialista»[5]). Otro ejemplo lo ofrece la posterior generación de artistas modernos, como Wassily Kandinsky, Piet Mondrian y Hilma af Klint, que crearon sistemas únicos de arte abstracto inspirados en los movimientos de la teosofía y la antroposofía en los que participaron.

Durante el siglo XIX, la apreciación, compra y exhibición de obras de arte se convirtieron en importantes indicadores del prestigio social que buscaba la creciente clase burguesa. En una época en la que los artistas modernos eran elevados a un estatus casi divino, la capacidad de relacionarse con sus obras e interpretarlas pasó a ser un medio de mejorar la posición social y acumular capital cultural. Si un artista coetáneo es un dios, venerar sus creaciones aumenta el capital simbólico y puede acelerar el ascenso en sociedad.

El uso del arte como símbolo de estatus persiste en nuestros días. Los actuales iconos de la cultura popular, a pesar de contar con la adoración de millones de personas, se siguen sintiendo obligados a reunir y presumir de sus colecciones de arte contemporáneo. Consideremos el ejemplo de Jay-Z y Beyoncé: estas superestrellas mundiales han reunido impresionantes colecciones, no sólo como inversión, sino como muestra tangible de su sofisticación y capital culturales. Es una paradoja fascinante: artistas que son venerados por sus innumerables fans buscan elevar aún más su estatus adquiriendo obras de «arte elevado» de otros artistas.

Este uso del arte elevado como símbolo universal de prestigio y distinción no se limita a individuos concretos. Muchas grandes empresas globales también han adoptado esta estrategia. Firmas como Goldman Sachs y Deutsche Bank utilizan colecciones de arte cuidadosamente seleccionadas para proyectar una imagen de riqueza, distinción y prestigio tanto a clientes como a empleados. Esta práctica se extiende mucho más allá de las corporaciones occidentales. Consorcios coreanos como Samsung, LG y Hyundai también ofrecen un entusiasta respaldo a exposiciones en museos tanto nacionales como internacionales, entre ellos

---

[5] Albert Boime, *Art in an Age of Civil Struggle, 1848-1871*, Chicago, University of Chicago Press, 2008.

algunos como el MoMA de Nueva York y la Tate de Londres, y patrocinan prestigiosas ferias de arte como Frieze Seoul, lo que demuestra el alcance global del mecenazgo artístico corporativo.

El uso de las bellas artes como símbolo de prestigio no se limita a particulares y corporaciones. También es crucial para ciudades y países enteros. Pensemos en lo que ocurrió a partir de 1990, cuando el mundo entró en una nueva era de globalización. Los antiguos países comunistas iniciaron la transición a economías de mercado, y muchas economías asiáticas experimentaron un rápido crecimiento, lo que contribuyó a una espectacular expansión de la clase media mundial, que, según una estimación, contaba con 1.000 millones de personas en 1985, pero en 2016 había crecido hasta los 3.200 millones[6].

Como resultado de este crecimiento, asistimos a una rápida proliferación de estructuras para la producción y exposición de «arte contemporáneo» en todo el mundo, incluidos museos, bienales y programas de educación artística. Aunque una nación carezca de universidades de primer nivel o de investigación científica puntera, acoger prestigiosas bienales de arte puede impulsar significativamente su poder blando. De hecho, la creación y gestión de una bienal es mucho menos compleja y requiere menos recursos que la construcción de universidades y laboratorios de investigación de categoría mundial, lo que la convierte en una estrategia atractiva para mejorar la reputación mundial en el ámbito de la cultura.

En 2020, junto con mi colaboradora de investigación Alise Tifentale, realicé un análisis cuantitativo de cómo han ido crecido las bienales con el paso tiempo[7]. La primera bienal internacional de arte tuvo lugar en 1895 en Venecia. En 1990 había 36 bienales que se celebraban con regularidad, en 2010 ya eran 68 y, en 2019, 200.

---

[6] Homi Kharas, «The Unprecedented Expansion of the Global Middle Class», *Global Economy & Development Working Paper* 100 (febrero de 2017), Brookings [https://www.brookings.edu/wp-content/uploads/2017/02/global_20170228_global-middle-class.pdf].

[7] Lev Manovich y Alise Tifentalle, *Examining the growth of art biennales from 1895 to 2019*, Cultural Analytics Lab, 2020 [https://manovich.net/content/04-projects/115-culture-in-the-pandemics-era-examining-the-growth-of-art-biennales-from-1895-to-2019/biennale-article-final.pdf].

Este rápido crecimiento en las últimas décadas vino acompañado de una expansión geográfica: aunque el número de nuevas bienales aumentó en todas las regiones, desde mediados de la década de 2000 el desarrollo más rápido se produjo en Asia. Esta tendencia corrió en paralelo a la expansión de las clases media y alta en estos países durante el mismo periodo.

El arte como encarnación de la creatividad

La idea más importante para nuestro análisis también surgió durante el Romanticismo: «El arte pasó a entenderse como dominio *exclusivo* de la creatividad humana»[8]. En otras palabras, no sólo los artistas son creativos *a priori,* sino que son el único grupo verdaderamente creativo de la sociedad. Ya no eran meros artesanos que seguían unas reglas: ahora se les veía como recipientes únicos de imaginación y emoción, al margen del resto de la humanidad.

El término *industrias creativas,* que surgió a principios de los años noventa del pasado siglo, demuestra cómo la ecuación romántica creatividad/arte sigue profundamente arraigada en la sociedad contemporánea. ¿Por qué la publicidad, el diseño gráfico, la arquitectura, los videojuegos, la producción televisiva y otros campos culturales incluidos entre las industrias creativas son necesariamente *más creativos* que las ciencias, la medicina, los negocios o la política? Sin duda, los antiguos griegos no estarían de acuerdo con esta idea.

En resumen, en la cultura contemporánea persisten las premisas románticas de que el arte, más que cualquier otro campo del quehacer humano, es el que mejor encarna la creatividad y condensa nuestra singularidad y carácter único como especie. Estas creencias tan arraigadas llevan a una conclusión aparentemente lógica, pero en realidad errónea: que la prueba definitiva del progreso de la IA es su capacidad para simular las habilidades artísticas de los mejores artistas humanos o para generar arte nuevo.

---

[8] Véase Aidan Day, *Romanticism,* Londres, Routledge, ²2012.

De este modo, nuestra premisa –tan profundamente asumida, aunque históricamente concreta– de que el arte es la mejor y más auténtica expresión de nuestra «naturaleza» humana también determina la percepción y los debates públicos sobre el progreso de la IA. Sin duda, el uso de herramientas de IA por parte de los científicos como ayuda para realizar nuevos descubrimientos también atrae la atención, pero no provoca la misma e intensa mezcla de fascinación y temor que la noticia de que, por ejemplo, una obra musical, de arte visual o literaria generada por IA ha ganado algún prestigioso concurso en estos campos.

El especialista en teoría literaria Hannes Bajohr también señaló el estatus excepcional del arte en la investigación de la IA. Observó que después de que la IA conquistara otros dominios humanos como el ajedrez y el go, «el arte y la literatura constituyen la última vara de medir: probablemente nada probaría mejor el rendimiento de los modelos de IA que una novela generada de forma convincente»[9].

Así pues, podemos hacernos una pregunta lógica: «¿Qué será lo siguiente?». Si la IA empieza a producir auténticas «obras maestras» artísticas, ¿qué otra proeza necesitaremos para demostrar que este campo sigue progresando? (Como vimos en el Capítulo 2, decidir lo que constituyen las mejores obras de arte y los mejores artistas –lo que se califica de «obras maestras»– no es, desde luego, nada fácil, y esto añade más dificultad a la hora de juzgar los avances de la IA por su capacidad para crear el «mejor» arte.)

El arte como concepto y como instrumento social

En el siglo xix y la primera parte del xx, todavía se daba por sentado que los artistas necesitaban formarse durante muchos años para adquirir unas habilidades especializadas en dibujo, perspectiva, composición y otros aspectos técnicos de su oficio. Pero, a medida que la

---

[9] Hannes Bajohr, «On Artificial and Post-artificial Texts: Machine Learning and the Reader's Expectations of Literary and Non-literary Writing», *Poetics Today* 45, 2 (2014), pp. 331-361.

ideología del arte moderno basada en las ideas románticas se fue imponiendo, también desapareció la exigencia de aprender dichas habilidades.

Desde 1970 aproximadamente, el mundo del arte contemporáneo se ha vuelto conceptual o centrado en la idea. La atención se ha desplazado de las tradicionales habilidades visuales a las lingüísticas. En este mundo, como demuestran las bienales de arte, las residencias artísticas y las becas, el éxito de un artista depende de su capacidad para captar y pronunciarse sobre ideas consideradas socialmente relevantes en los círculos culturales más selectos, elaborar declaraciones atractivas, contundentes, y conseguir financiación. Estas habilidades han sustituido en gran medida a la maestría visual o técnica tradicional.

Aunque el arte posterior a 1970 se centró en comunicar ideas que la sociedad considera importantes, durante un tiempo siguió valorando la ambigüedad del movimiento moderno y quiso que el público se esforzara en hacer su interpretación. Sin embargo, a principios del siglo XXI, cuando la creación contemporánea pasó a formar parte de la cultura *mainstream* –con artistas de primera fila convertidos en celebridades y grupos de escolares en visitantes habituales de los museos–, el arte ya no podía permitirse el lujo de ser «difícil» o ambiguo. Al igual que solía hacer antes del siglo XX en Occidente, hoy vuelve a cumplir funciones morales y políticas. Más que proporcionar experiencias sensoriales únicas, ofrecer belleza o ayudarnos a ver nuestra realidad de otra manera, el arte de nuestros días suele limitarse a ilustrar ideas e ideales muy extendidos en la sociedad contemporánea, como pueden ser la crítica al capitalismo global o la defensa de grupos marginados.

En muchas de las principales escuelas de arte y departamentos universitarios que ofrecen titulaciones profesionales (BFA [Bachelor of Fine Arts], MFA [Master of Fine Arts] y doctorado en práctica artística) necesarias para hacer carrera en el mundo del arte actual, se dice a los estudiantes que empiecen a «expresar su visión interior» y a «desarrollar su estilo único» de inmediato[10]. En lugar de adquirir

---

[10] Para quienes buscan una completa formación en técnicas artísticas tradicionales, los talleres privados y las academias especializadas ofrecen opciones alterna-

destreza técnica en diversos medios o técnicas artísticas tradicionales, los estudiantes aprenden un lenguaje verbal especializado (el llamado *artspeak*) que se utiliza en las declaraciones que hacen los artistas, las descripciones de museos y galerías, y la crítica de arte. Este lenguaje, similar a la jerga profesional en otros campos, tiene su propio vocabulario, patrones de estilo y convenciones[11].

Si eres un artista que trabaja o aspira a trabajar en el mundo global del arte, debes ser capaz de comunicarte y escribir en este lenguaje. No se necesitan conocimientos técnicos para crear objetos materiales o piezas multimedia, ya se trate de teoría del color, dibujo y pintura realistas, modelado y animación en 3D, programación informática o diseño interactivo. La creación real de los objetos que se muestran y venden con el nombre de los artistas puede subcontratarse a ayudantes, profesionales *freelance* o empresas especializadas.

Para ser justos, debo señalar que no todos los artistas profesionales actúan como meros redactores de declaraciones y gestores de proyectos, dejando su elaboración en manos de ayudantes u otros profesionales. Ciertamente, son numerosos los artistas que realizan sus obras, y muchos tienen conocimientos especializados comparables a los de los profesionales de las industrias creativas (por ejemplo, ilustradores, fotógrafos, programadores y otros). La mayoría de las escuelas de arte siguen ofreciendo clases independientes y programas completos centrados en las habilidades profesionales. Además, en el segmento del mercado artístico centrado en el coleccionismo privado, representado por miles de galerías de todo el mundo y grandes ferias anuales como Art Basel y Frieze, a menudo vemos un predominio de objetos materiales meticulosamente elaborados, apreciados por sus cualidades sensoriales y su estética, en los que los conceptos y los textos tienen mucha menos importancia, incluso ninguna.

---

tivas. En el ámbito internacional, los países de Europa del Este y Asia, como China y Rusia, todavía suelen prestar una mayor atención a las técnicas tradicionales en sus mejores escuelas de arte.

[11] Pascal Unbehaun, «Artspeak. The Bullshit Language of Art», *Polish Journal of Aesthetics* 4, 63 (2021), pp. 15-31 [https://philarchive.org/rec/UNBATB].

(De hecho, una diferencia clave hoy día entre las exposiciones de arte contemporáneo organizadas por museos o centros culturales, y lo que se muestra en las ferias de arte es la ausencia total de textos explicativos en estas últimas. En una feria, se espera que los visitantes tengan una relación directa con las obras, a diferencia de los museos, donde se han convertido en norma unas extensas cartelas que median la experiencia del espectador a través de explicaciones.)

En otras palabras, el «arte como concepto» –o «proyecto» más que «objeto»–, tal como estamos describiendo en este epígrafe, representa sólo un tipo de arte actual entre otros tantos. Sin embargo, en términos de prestigio e influencia cultural, es el que domina sobre todos los demás. En los últimos años, los pabellones nacionales de la Bienal de Venecia o el «Power 100» de la revista *ArtReview* –una lista anual de las personas más influyentes en el mundo del arte– rara vez han incluido a pintores o escultores entre sus seleccionados. En cambio, la lista de 2023 destaca a muchos artistas con claros programas sociales[12]. He aquí las frases utilizadas para describir la obra de quienes ocupan los primeros puestos de la misma: «pronunciamientos políticos», «revolucionar la práctica social», «arrojar luz sobre historias ocultas», «el arte y el cine como herramientas de concienciación» e «investigar violaciones de los derechos humanos».

El arte como estilo visual

A pesar del prestigio que los principales museos y medios de comunicación conceden al arte centrado en ideologías progresistas y comentarios sociales, este tipo de obras constituyen sólo una pequeña fracción de la producción total de los artistas profesionales. En un sinfín

---

[12] *ArtReview,* «Power 100», 2023 [https://artreview.com/power-100?year=2023], consultado el 26 de agosto de 2024. Para el análisis de las tendencias en las bienales de arte, tomando como base las 221 que tuvieron lugar en 2017- 2022 y los 1.599 artistas que participaron en más de una de estas muestras, véase Ben Davis, «What Does It Mean to Be a "Biennial Artist"? Anyway? Here Are the Traits That Unite the Most Successful Practitioners», *Artnet.com,* 2022 [https://news.artnet.com/art-world/what-mean-biennial-artist-2124996], consultado el 26 de agost de 2024.

de galerías, museos más pequeños, sitios web y redes sociales seguimos viendo imágenes figurativas, semifigurativas y abstractas. Estas obras no contienen comentarios sociales ni comunican ningún otro contenido lingüístico explícito. En su lugar, se adhieren a la idea previa de las artes visuales característica del movimiento moderno, priorizando la implicación y relación sensorial sobre el significado explícito.

Dichas obras se basan en todo el espectro de lenguajes visuales desarrollados durante los siglos anteriores, desde el naturalismo y el realismo hasta la abstracción total. Sin embargo, ciertos estilos que vieron la luz entre las décadas de 1870 y 1920 –a saber, el Impresionismo, el Posimpresionismo y el Expresionismo– dominan cuantitativamente la producción actual, eclipsando al naturalismo decimonónico. En cualquier caso, estas obras de arte no innovan visualmente, ya que la era moderna (1870-1970) agotó por completo las posibilidades de invención visual[13] (por eso carece de sentido la idea de que la IA puede servir para inventar nuevos lenguajes en las artes visuales. Podemos esperar esa novedad en las interfaces o la interactividad que la IA pueda permitir, pero no en los tipos de imágenes).

Hoy día, este tipo de arte visual está muy extendido en la web y las redes sociales, mientras que el mundo del arte elevado, más especializado, sigue siendo menos visible para el gran público. La mayoría de la gente se siente demasiado intimidada para acercarse siquiera a los museos de arte contemporáneo y no tiene conocimientos de ese mundo artístico profesional. En cambio, son las «imágenes artísticas» que ve a su alrededor, por lo general en internet, las que conforman principalmente su idea del arte visual. Por eso el «arte actual», para la mayor parte de las personas, se equipara a imágenes bidimensionales que representan algo de forma detallada o esquemática utilizando lenguajes visuales propios del realismo del siglo xix o de la modernidad de principios del xx. Esta concepción popular del arte, centrada en imágenes y estilos modernos, contrasta con las prácticas

---

[13] Los nuevos efectos posibilitados por Photoshop y otros programas informáticos, así como los gráficos por ordenador de las décadas de 1990-2000 (por ejemplo, imágenes de redes complejas o sistemas de partículas), ya han pasado a formar parte del legado moderno.

diversas y a menudo conceptuales que se encuentran en el mundo artístico profesional de nuestros días.

Aunque los investigadores de IA poseen conocimientos especializados en su propio campo, suelen carecer de educación formal en arte contemporáneo e historia del arte. En consecuencia, su comprensión del arte suele coincidir con la del público general y refleja la concepción popular del arte visual que acabamos de describir. De ahí que la investigación sobre las aplicaciones de la IA en el campo artístico se centre a menudo en perfeccionar métodos para generar imágenes en los estilos de célebres artistas clásicos y modernos. Este enfoque refleja la idea común del «arte» que comparten tanto el público como los científicos de la IA, centrada en gran medida en estilos histórico-artísticos reconocibles más que en prácticas artísticas contemporáneas.

Tanto para los investigadores de IA como para el público, estas imágenes generadas por la IA se equiparan a menudo con el arte propiamente dicho. Se supone que la semejanza visual con lo que la cultura popular etiqueta como «arte visual» es suficiente para calificarlas de arte. Esta concepción limitada explica por qué el uso de métodos de IA en el arte interactivo o la música experimental rara vez capta la atención de los medios de comunicación o de la gente. Estas formas de arte siguen gozando de menor popularidad entre el público general, salvo que sean promovidas por grandes empresas tecnológicas como Google como lo último en arte de la IA o cumplan una función de puro entretenimiento.

El arte como realismo

Como han demostrado muchas investigaciones en el ámbito de las ciencias sociales, para la mayoría de la gente «arte» significa de hecho «imágenes» y las habilidades especiales que se necesitan para crearlas[14].

---

[14] Véase, por ejemplo, Roger Batt *et al.*, «Style and Spectral Power: Processing of Abstract and Representational Art in Artists and Non-Artists», *Perception* 39, 12 (2010), pp. 1659-1671.

Por «artista» se entiende alguien que posee unas habilidades especializadas para crear imágenes en diversos estilos, con especial énfasis en lograr un realismo detallado; habilidades que incluyen, entre otras, la producción de imágenes figurativas 2D, fotografías de aspecto profesional, modelos 3D animados de figuras humanas, dibujos manga y otras imágenes representacionales. Adquirir estas capacidades requiere años de formación y práctica. Busca «arte» en Instagram o en YouTube, y te encontrarás con un sinfín de tutoriales, guías y cursos sobre cómo lograrlas.

Esta idea de unas habilidades especializadas que hay que dominar también define todas las áreas de la industria cultural: fotografía profesional, manga, anime y animación, diseño de juegos, diseño web e interactivo, cinematografía, edición de vídeo, *acting,* dirección de televisión y cine, producción musical, etc. A menudo, cuando se evalúa a los profesionales de la industria cultural, la idea de aprender unas habilidades y lograr una maestría técnica se combina con la de una creatividad excepcional. Por ejemplo, si a un muy exitoso profesional de dicha industria se le califica de «verdadero artista», se da por sentado que no sólo tiene una visión artística original, sino también un soberbio dominio del oficio.

Esta visión del arte, que goza de una amplia aceptación, explica por qué las imágenes realistas, similares a las de grandes artistas del pasado, generadas por la IA suelen recibir la mayor atención mediática (nótese, sin embargo, que el atractivo no reside en un realismo genérico, sino en la capacidad de la IA para emular los estilos figurativos característicos de artistas de renombre, combinando así las nociones de arte como técnica especializada y como creación de un genio). La gente se queda muy impresionada cuando un equipo de investigación ha utilizado la IA para recrear partes perdidas de *La ronda nocturna* de Rembrandt (2021)[15] o, cuando en los inicios de la IA generativa, un estudiante de Yale utilizó esta tecnología para realizar imágenes virtuales de pinturas chinas clásicas de paisaje que el 55% de quienes participaron en el experimento no pudieron distin-

---

[15] Cristina Criddle, «Rembrandt's *The Night Watch* painting restored by AI», *BBC News,* 23 de junio de 2021 [www.bbc.com/ news/technology-57588270].

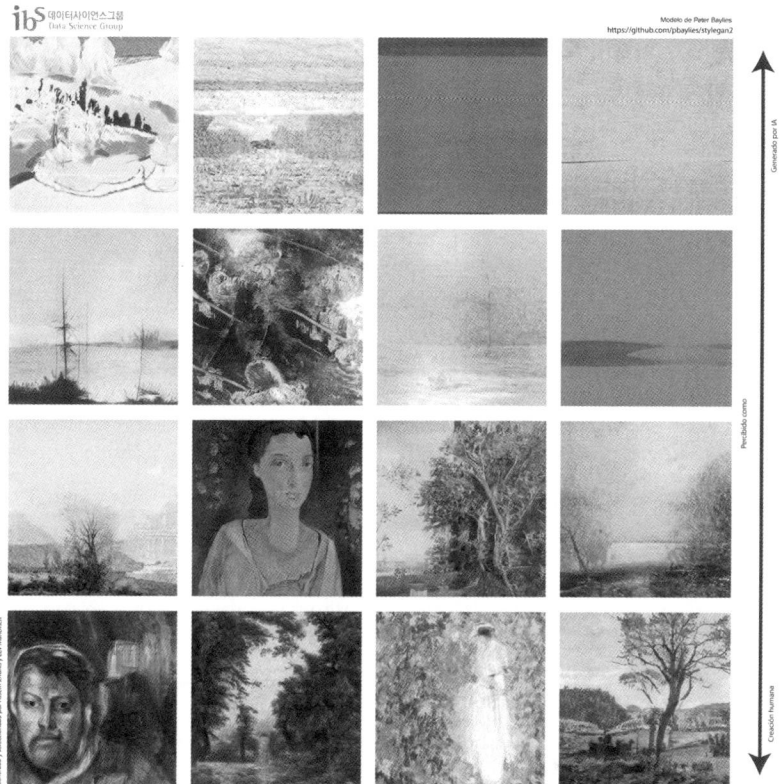

Fig. 4.2. Assem Zhunis y Lev Manovich, ejemplos de imágenes generadas por el modelo de IA StyleGAN2 entrenado con 81.000 pinturas de wikiart.org. Estas imágenes se utilizaron en un experimento en el que se pedía a la gente que adivinara cuál había sido creada por un artista humano y cuál por una IA. La mayoría de los encuestados supuso que las imágenes realistas de la fila inferior habían sido creadas por artistas humanos, mientras que las abstractas de la fila superior lo habían sido por IA.

guir de las obras auténticas (2020)[16]. Otro ejemplo de esta fascinación por las «habilidades artísticas» especializadas de la IA es el proyecto de 2016 *The Next Rembrandt,* en el que un equipo de 20

---

[16] Alice Xue, «End-to-End Chinese Landscape Painting Creation Using Generative Adversarial Networks», 11 de noviembre de 2020 [http://arxiv.org/pdf/2011.05552v1.pdf].

personas de Microsoft, TU Delft y los museos Mauritshuis y Rembrandthuis analizaron 346 cuadros del artista holandés para crear un nuevo «Rembrandt», con pinceladas y texturas convincentes[17]. Sin embargo, una IA capaz de hacer arte abstracto no es noticia.

En un experimento realizado por el Data Science Lab en el Institute for Basic Science (IBS) de Daejeon (Corea del Sur) en la primavera de 2021, se mostraron imágenes realistas y abstractas a un grupo de personas sin formación artística y se les pidió que juzgaran si cada una de ellas había sido creada por un artista humano o por una IA. Como investigador visitante de este laboratorio, participé directamente en la realización del experimento: utilicé el modelo de IA más avanzado para generar imágenes en muchos estilos artísticos y seleccioné ejemplos de imágenes realistas y de otras más abstractas para utilizarlos en los experimentos. Los participantes en el estudio asumieron con mayor frecuencia que las imágenes con un nivel significativo de detalle habían sido realizadas por artistas humanos, mientras que tendían a atribuir las imágenes abstractas a la generación por IA[18] (en realidad, todas las imágenes de los experimentos se generaron utilizando un modelo de IA StyleGAN2 que fue entrenado por los científicos con decenas de miles de pinturas históricas del sitio wikiart.org).

Creatividad y economía global

Otra idea clave sobre la creatividad que hoy se da por sentada es relativamente reciente y no se popularizó hasta principios de la década de 2000. Con el cambio de siglo, la competencia mundial y una mayor facilidad para acceder a los mercados foráneos, impulsada por la

---

[17] «The Next Rembrandt», *Microsoft News* [https://news.microsoft.com/europe/features/next-rembrandt], consultado el 24 de septiembre de 2024.
[18] Gabriel Lima *et al.,* «On the Social-Relational Moral Standing of AI: An Empirical Study Using AI-Generated Art», *Frontiers in Robotics and AI* 8, 5 de agosto de 2021 [https://www.frontiersin.org/journals/robotics-and-ai/articles/10.3389/frobt.2021.719944/full].

globalización económica, dieron lugar a un nuevo paradigma en los negocios. En este novedoso panorama, tu empresa necesita ser «creativa» e innovar constantemente. El éxito mundial de Apple, LG y Samsung en la primera parte de dicha década, basado en sus estrategias innovadoras, se convirtió en un ejemplo para todas las compañías y negocios.

El influyente libro de Richard Florida, experto en Teoría urbana, *The Rise of the Creative Class* (2002), también desempeñó un papel importante. Según Florida, la función económica de esta clase es «crear nuevas ideas, nueva tecnología y/o contenido creativo»[19].

Florida definió la clase creativa como un grupo socioeconómico de profesionales de campos como la ciencia, la ingeniería, la educación, la programación informática y la investigación, así como las artes, el diseño y el contenido multimedia. En su análisis, la clase creativa ya incluía al 30% de la población activa estadounidense a principios de los años 2000[20]. Florida sostenía que las ciudades que puedan atraer a esta clase prosperarán. Su trabajo tuvo un gran impacto. Por ejemplo, los dirigentes de Berlín se vieron influidos por sus ideas y en la década de 2000 implantaron políticas para atraer a la ciudad a profesionales del diseño, el *software* y los medios de otros países.

En la década de 2010, la creatividad pasó a considerarse algo muy deseable tanto para la sociedad como para los individuos, emergiendo como un nuevo valor social universal. *Todo el mundo debería ser creativo* y las tecnologías informáticas están aquí para ayudarnos (lo que significa que todos, en cierta medida, deberíamos convertirnos en artistas). El nuevo término *tecnólogo creativo,* que se popularizó en los mencionados años, es un ejemplo de estas tendencias.

Esta idea también dio lugar a una nueva premisa: la IA y la tecnología en general deberían ayudar a las personas y a las empresas a ser creativas e innovadoras. Ahora ya no queremos que la IA se limite a

---

[19] Richard Florida, *The Rise of the Creative Class: And How It's Transforming Work, Leisure, Community, and Everyday Life,* Nueva York, Perseus Book Group, 2002, p. 8.

[20] Richard Florida, *The Rise of the Creative Class – Revisited,* edición con motivo de su décimo aniversario, Nueva York, Basic Books, 2012, p vii.

simular funciones cognitivas humanas como la visión, el habla y el razonamiento, o a realizar búsquedas rápidas entre millones de documentos, o a hacer traducciones. Esto era suficiente en el siglo XX, pero no en el XXI. Ahora queremos que la IA genere soluciones creativas e innovadoras automáticamente o que nos ayude a hacerlo, porque la sociedad asume que la creatividad es el motor de la economía.

Disociar los conceptos de IA y creatividad

Todo esto significa que *en el futuro, cuando cambien nuestras ideas sobre el arte, los artistas y la creatividad* (y no hay razón para que sigan siendo las mismas para siempre), el vínculo entre la IA y las artes que ahora parece obvio también puede *debilitarse o desaparecer*. Y esto será bueno. Personalmente, lo estoy deseando. Según mi experiencia vital, la proporción de gente creativa en las artes no difiere de la de cualquier otro campo de la actividad humana. Aunque los ejemplos, estrategias y plantillas conceptuales que utilizan muchos artistas, diseñadores, arquitectos y otros creativos actuales puede que no sean tan explícitos como los preajustes de Lightroom o los temas de Word-Press, no son menos reales. En todos los campos profesionales, incluidas las artes, sólo un pequeño porcentaje son verdaderos innovadores, mientras que la mayoría tiende a seguir tendencias establecidas y a aplicar técnicas consolidadas.

Como hemos visto en este capítulo, la asociación de las artes y la creatividad que hoy damos por sentada, y la preeminencia de la creatividad sobre otras consideraciones son invenciones relativamente recientes. Así pues, en lugar de obsesionarnos con la pregunta «¿Puede la IA ser creativa?», deberíamos explorar otras ideas sobre lo que la IA puede hacer por el arte, el diseño, la arquitectura, el cine y todos los demás campos artísticos.

5

DE LA REPRESENTACIÓN A LA PREDICCIÓN: TEORIZAR SOBRE LA IMAGEN CREADA POR LA IA

Lev Manovich

En este capítulo describiré varias características de los *medios generativos visuales* en la fase actual de su desarrollo que considero especialmente significativas o novedosas. Algunos de mis argumentos también se pueden aplicar a los medios generativos en general, pero me centraré sobre todo en las imágenes creadas por la IA. Mi enfoque sobre los medios de la IA se nutre no sólo de mi trabajo teórico y artístico previo con medios digitales, sino también de la experiencia práctica de utilizar casi a diario, desde agosto de 2022, herramientas populares de creación de imágenes con IA, como Midjourney.

Las teorías de las imágenes de la IA que se ofrecen en el capítulo sintetizan ideas y perspectivas de varios campos: historia del arte contemporáneo, historia de los medios digitales, teoría de los medios y estudios de *software*. Examino los paralelismos entre las prácticas actuales de la IA y los movimientos artísticos históricos. También contextualizo el arte de la IA dentro de la historia más amplia de la creación medial, examinando cómo se basa en y difiere de métodos anteriores de generación de imágenes. Como parte de mi metodología investigadora figuran la comparación de los medios de la IA con las prácticas artísticas tradicionales, la realización de experimentos exhaustivos con herramientas de generación de imágenes con IA y el examen y comprobación de las capacidades y limitaciones de estos sistemas.

Los términos

Empecemos por definir los términos. Los términos *medios generativos, medios sintéticos, medios de la IA, IA generativa, GenAI* son intercambiables. Hacen referencia al proceso de creación de nuevos artefactos mediáticos con herramientas de *software* que utilizan ciertos tipos de redes neuronales artificiales (por ejemplo, *modelos de IA*) entrenadas en vastas colecciones de objetos mediales ya existentes. Entre los artefactos que pueden generar estos modelos figuran imágenes, animación, vídeo, canciones, música, texto, modelos y escenas en 3D, código, datos sintéticos y otros tipos de medios. Aunque la generación de nuevos objetos multimedia ha recibido mucha atención pública desde 2022, en la actualidad (mediados de 2024) el uso más común de estas herramientas en las industrias creativas se centra en la edición de medios digitales. Por ejemplo, un escritor puede pedir ayuda a ChatGPT o similar para editar un artículo o generar su resumen, mientras que un fotógrafo puede utilizar la herramienta de *relleno generativo* en Photoshop para reemplazar cualquier área de una imagen con un contenido que se ajuste visualmente con el que se encuentra fuera de esa área.

Este capítulo se centra en un tipo particular de medios generativos: las imágenes. Las imágenes creadas con herramientas de IA también pueden denominarse con otros términos como *imágenes generativas, imágenes sintéticas, imágenes de IA* u *objetos visuales de IA*. Nótese que la propia palabra *generativo/a* puede utilizarse de distintas formas para referirse a la creación de artefactos culturales mediante cualquier proceso algorítmico (en contraposición a los modelos generativos de IA) o, de forma más general, a cualquier proceso basado en reglas que no utilice computadoras. Así es como las expresiones *arte generativo* y *diseño generativo* se suelen utilizar hoy día en los discursos culturales y los medios de comunicación generalistas. En este capítulo utilizo *generativo/a* de forma más restrictiva para designar los modelos de IA y las aplicaciones GenAI para la generación y edición de medios que utilizan estos métodos.

La «IA» como percepción cultural

No existe una tecnología específica ni un único proyecto de investigación llamado «IA». Sin embargo, podemos seguir cómo ha ido evolucionando nuestra percepción cultural de este concepto a lo largo del tiempo y a qué se refería en cada época. En los últimos cincuenta años, cada vez que una habilidad o destreza que se supone exclusivamente humana se automatiza mediante tecnología informática, nos referimos a ella como «IA». Sin embargo, tan pronto como esta automatización es perfecta y plenamente exitosa, tendemos a dejar de hablar de ella como un «caso de IA». En otras palabras, «IA» alude a las tecnologías y metodologías que automatizan las capacidades cognitivas humanas y que están empezando a funcionar pero aún no han cumplido su objetivo. La «IA» ya estaba presente en las primeras herramientas informáticas. El primer sistema interactivo de dibujo y diseño, el Sketchpad de Ivan Sutherland (1961-1962), tenía una función que terminaba automáticamente cualquier rectángulo o círculo que empezabas a dibujar. En otras palabras, sabía lo que intentabas hacer. En el sentido más amplio que acabamos de dar, esto ya era, sin duda, «IA».

Mi primera experiencia con un programa de escritorio para pintar que funcionaba en un Apple II fue en 1984, y era realmente asombroso mover el ratón y ver cómo aparecían en la pantalla pinceladas simuladas de pintura. Sin embargo, hoy día ya no lo consideramos «IA». Otro ejemplo sería la función de Photoshop que selecciona automáticamente el contorno de un objeto. Esta función se añadió hace muchos años y también es «IA» en el sentido amplio del término, aunque en la actualidad nadie la llamaría así. La historia de los sistemas y herramientas de medios digitales está llena de estos «momentos IA»: sorprendentes al principio, luego se dan por sentados y al cabo de un tiempo se olvida que son «IA» (en los estudios académicos sobre la historia de la IA, este fenómeno se denomina *efecto IA*). Así pues, hoy la *IA creativa* se refiere únicamente a métodos de reciente desarrollo en los que las computadoras transforman algunos *inputs* en nuevos *outputs* mediales (p. e., modelos de texto a imagen) y en técnicas específicas

(p. e., ciertos tipos de modelos de IA). Sin embargo, debemos recordar que estos métodos no son ni los primeros ni los últimos en la larga –y futura– historia de la simulación de las capacidades artísticas humanas o de la asistencia a los humanos en la creación de medios. Preveo que, al cabo de cierto tiempo, la tecnología GenAI se dará por sentada, se hará omnipresente y, por tanto, invisible, y será algún otro uso cultural de las computadoras el que pasará a considerarse «IA».

«Haz algo nuevo» : IA y modernidad

Tras entrenarse con billones de páginas de texto o miles de millones de imágenes tomadas de la web, los modelos de IA pueden generar nuevos textos y objetos visuales a la altura de escritores, artistas, fotógrafos o ilustradores profesionales muy competentes. Estas capacidades de los modelos de IA se distribuyen en billones de conexiones entre miles de millones de neuronas artificiales, en lugar de estar determinadas por algoritmos estándar. En otras palabras, hemos desarrollado una tecnología que, en cuanto a complejidad, es extremadamente similar al cerebro humano. No comprendemos del todo cómo funciona nuestra tecnología de IA, igual que no comprendemos del todo el intelecto y la creatividad humanos.

La actual generación de modelos y herramientas de imagen de IA generativa, como Midjourney y Stable Diffusion, se han entrenado con conjuntos de datos muy grandes y diversos que contienen cientos o miles de millones de imágenes y sus descripciones textuales. Sin embargo, es igualmente interesante limitar el conjunto de datos de entrenamiento a un área concreta dentro del espacio más amplio de la historia cultural humana o a un conjunto específico de artistas de un determinado periodo histórico. *Unsupervised* de Refik Anadol Studio (2022) es un proyecto de arte de IA que ejemplifica estas posibilidades. Utiliza modelos de IA entrenados con decenas de miles de obras de arte de la colección del MoMA, que, en mi opinión, es una de las mejores representaciones del periodo más creativo y experimental de la historia visual de la humanidad –cien años de arte contemporáneo (1870-1970)–, además de contar con muchos ejemplos importantes de exploraciones artísticas en las décadas posteriores. Capta los febriles e incesantes experimentos de los artistas modernos para crear nuevos lenguajes visuales y comunicativos, y «renovarlos».

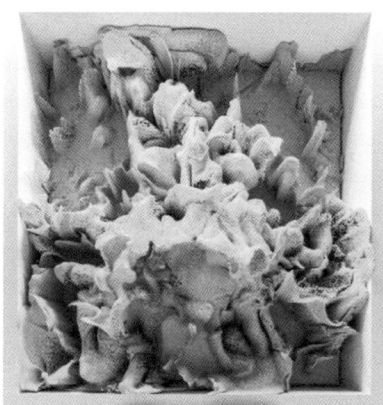 

Fig. 5.1. Refik Anadol Sudio, *Unsupervised,* 2022. Fotogramas seleccionados de la animación.

A primera vista, *la lógica del movimiento moderno parece diametralmente opuesta al proceso de entrenamiento de sistemas de IA generativa.* Los artistas modernos anhelaban alejarse del arte clásico y de las características que lo definían, como la simetría visual, las composiciones jerárquicas y el contenido narrativo. En otras palabras, su arte se basaba en un rechazo fundamental de todo lo que le había precedido (al menos en teoría, como se expresa en sus manifiestos). Los modelos de IA se entrenan de manera opuesta: aprender de la cultura histórica y del arte creado hasta el momento. El modelo de IA es como un artista muy conservador que estudia en el «meta»-*museo sin paredes* que alberga arte histórico.

Pero todos sabemos que la teoría y la práctica artísticas no son lo mismo. Los artistas modernos no rechazaron por completo el pasado y todo lo que les precedió. Al contrario, *el arte moderno se desarrolló reinterpretando y copiando imágenes y formas de antiguas tradiciones artísticas,* como las estampas japonesas (Van Gogh), la escultura africana (Picasso) y los iconos rusos (Malevich). Así pues, los artistas sólo rechazaban los paradigmas dominantes del arte elevado de la época, el arte realista y de los Salones, pero no el resto de la historia del arte humano. En otras palabras, fue profundamente historicista: más que inventarlo todo desde cero, innovó adaptando ciertas estéticas más antiguas a contextos artísticos contemporáneos. (En el caso del arte abstracto geométrico creado en la década de 1910, estos artistas utilizaron imágenes que ya eran ampliamente utilizadas en la psicología experimental para estudiar la percepción y las sensaciones visuales humanas[1].)

En lo que respecta a la IA artística, no debemos dejarnos cegar por la forma en que se entrenan estos sistemas. Sí, los modelos de IA se entrenan con artefactos artísticos y culturales humanos previos. Sin embargo, los resultados que generan no son réplicas o simulaciones mecánicas de lo ya creado. En mi opinión, con frecuencia se trata de artefactos culturales *auténticamente nuevos,* con *contenidos, estéticas o estilos nunca vistos.*

Por supuesto, el mero hecho de ser novedoso no hace que algo tenga automáticamente interés o importancia cultural o social. De hecho, muchas definiciones de la «creatividad» coinciden en este punto: es la creación de algo que es a la vez original y valioso o útil.

Sin embargo, estimar qué porcentaje de todos los artefactos novedosos producidos por la IA generativa son también útiles y/o relevantes para una cultura más amplia no es un proyecto viable en este momento. Por un lado, no tengo constancia de ningún empeño ni iniciativa sistemáticos para utilizar estos sistemas para «rellenar», por así decirlo, una matriz masiva con todas las posibilidades estéticas y de contenido mediante millones de *prompts* concebidos específicamente para ello. En cambio, es probable que, al igual que en cualquier otro ámbito de la cultura popular, sólo un pequeño número de posibilidades sean aprovechadas una y otra vez por millones de usua-

---

[1] Para un análisis detallado de estas relaciones entre arte moderno y psicología experimental, véase Paul Vitz y Arnold Glimcher, *Modern Art and Modern Science: The Parallel Analysis of Vision,* Nueva York, Praeger, 1983 [https://muse.jhu.edu/pub/1/article/403181/pdf].

rios, dejando una larga lista sin explotar. Por tanto, si en la práctica sólo se realiza una pequeña fracción del vasto universo de artefactos potenciales de la IA, no podemos hacer afirmaciones generales sobre la originalidad o utilidad del resto de ese universo.

Medios generativos y arte de bases de datos

Algunos artistas de la IA como Anna Ridler[2], Sarah Meyohas[3] y Refik Anadol[4] han utilizado en sus obras modelos de IA entrenados en conjuntos de datos específicos. Muchos otros artistas, diseñadores, arquitectos y tecnólogos hacen uso de modelos de otras empresas o instituciones de investigación entrenados con conjuntos de datos muy amplios (por ejemplo, Stable Diffusion) y luego los ajustan y afinan con sus propios datos.

Por ejemplo, Lev Pereulkov perfeccionó el modelo Stable Diffusion 2.1 utilizando 40 cuadros de conocidos artistas «inconformistas» que trabajaron en la URSS a partir de los años 60 (Erik Bulatov, Ilya Kabakov y otros). Su serie *Artificial Experiments 1-10* (2023)[5], creada con este modelo de IA personalizado, es una pieza original que refleja las características que definen a estos artistas, así como su singular semántica surrealista y lúdica, sin hacer una réplica fiel de ninguna de sus obras existentes[6], cuyo «ADN», sin embargo, captado por el modelo, posibilita nuevos significados y conceptos visuales.

---

[2] Anna Ridler, «Anna Ridler» [https://annaridler.com/], consultado el 28 de septiembre de 2024.

[3] «Sarah Meyohas», AI Artists [https://aiartists.org/sarah-meyohas], consultado el 28 de septiembre de 2024.

[4] Refik Anadol, «Refik Anadol» [https://refikanadol.com/], consultado el 28 de septiembre de 2024.

[5] Pereulye (@pereulye), Instagram [https://www.instagram.com/pereulye/], consultado el 28 de septiembre de 2024.

[6] Pereulkov, «Artificial Experiments 1-10», Instagram, 16 de enero de 2023 [https://www.instagram.com/p/CnezVZ9KHMV].

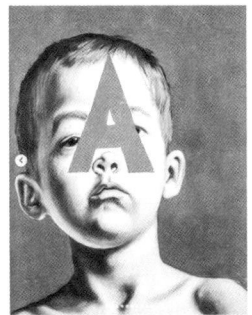

Fig. 5.2. Lev Pereulkov, *Artificial Experiments 1-10,* 2023. Tres imágenes de la serie de diez compartidas en Instagram.

La mayoría de los millones de personas corrientes y de profesionales creativos que emplean herramientas de medios generativos las utilizan tal cual, sin perfeccionarlas ni afinarlas. Es posible que esto cambie en el futuro, ya que las técnicas que perfeccionan los modelos de IA utilizando nuestros propios datos pueden acabar siendo más fáciles de usar y estar más disponibles. Pero, al margen de estas cuestiones concretas, todos los artefactos culturales de nueva creación producidos por modelos de IA tienen una lógica común.

A diferencia de los dibujos, esculturas y pinturas tradicionales, los artefactos realizados por medios generativos no se crean *desde cero*. Tampoco son resultado de *captar* algún tipo de fenómeno sensorial, como sucede con fotos, vídeos o grabaciones de sonido. Se construyen a partir de *grandes archivos de artefactos audiovisuales ya existentes*. Este mecanismo generativo vincula los medios generativos a géneros y procesos artísticos previos.

Podemos compararlo con el montaje de películas, que hizo su primera aparición en torno a 1898, o incluso con la anterior fotografía compuesta, que gozó de bastante popularidad en el siglo XIX. También podemos considerar obras de arte concretas de especial relevancia, como el *collage film* experimental *A Movie* (Bruce Conner, 1958) o muchas instalaciones de Nam June Park que presentan fragmentos de programas televisivos reproducidos en cientos de monitores de televisión.

Ver proyectos como *Unsupervised* o *Artificial Experiments 1-10* en el contexto de este método de creación medial y sus variaciones históricas nos ayudará a entender esta y muchas otras obras de arte de IA como objetos artísticos que dialogan con el arte del pasado y no como meras novedades tecnológicas u obras de entretenimiento.

Al repasar la historia del arte, la cultura visual y los medios en busca de otros usos destacados de este tipo de procesos, son muchos los momentos y periodos relevantes que encuentro. Lo son para los medios generativos actuales no sólo porque los artistas que trabajaban en esas épocas utilizaban ese procedimiento, sino también porque la razón de este uso era coherente en todos los casos. *Una nueva acumulación y accesibilidad de grandes cantidades de artefactos culturales llevó a los artistas a crear nuevas formas de arte impulsadas por estas acumulaciones.* Veamos algunos de estos ejemplos.

A finales de la década de 1990 y principios de los 2000, los artistas digitales y del *Net art* crearon una serie de obras en respuesta al nuevo universo en rápida expansión de la world wide web. *_readme* de Heatlh Bunting (1998), por ejemplo, es una página web que contiene el texto de un artículo sobre el artista, en el que cada palabra tiene un vínculo a un dominio web existente que se corresponde con dicha palabra. *Shredder 1.0* de Mark Napier (también de 1998) presenta un montaje dinámico de elementos que comprenden numerosos sitios web: imágenes, textos, código html y enlaces.

Si nos retrotraemos más en el tiempo, encontramos un gran paradigma cultural que también fue una reacción a la acumulación de artefactos histórico-artísticos y culturales en colecciones facilmente accesibles. Este paradigma se conoce como «posmodernidad». Los artistas y diseñadores posmodernos recurrían con frecuencia al bricolaje y creaban obras consistentes en citas y referencias al arte del pasado, rechazando el foco que la modernidad ponía en la novedad y en la ruptura con el pasado.

Aunque son muchas las posibles explicaciones sobre la aparición del paradigma posmoderno en las décadas de 1960 y 1980, hay una que resulta particularmente relevante para nuestro análisis. La acumulación de artefactos artísticos y mediales anteriores en colecciones estructuradas y accesibles, como bibliotecas de diapositivas, archivos fílmicos, manuales de Historia del arte profusamente ilustrados y otros formatos –en los que se yuxtaponían diferentes creadores, movimientos y periodos históricos– inspiró a los artistas para empezar a crear bricolajes a partir de esas referencias, así como a citarlas por extenso.

¿Y el movimiento moderno de las décadas de 1910 y 1920? Aunque el énfasis general se puso en la originalidad y la novedad, uno de los procedimientos que desarrolló en su búsqueda de lo nuevo fueron las citas directas del vasto universo de los medios visuales contemporáneos, en rápida expansión en aquella época. Los grandes titulares, por ejemplo, y la inclusión de fotos y mapas hicieron que los periódicos tuvieran un mayor impacto visual; también iniciaron su andadura nuevas revistas de fuerte componente visual, como *Vogue* y *Times,* en 1913 y 1923, respectivamente; y, por supuesto, siguió desarrollándose otro nuevo medio, el cine.

En respuesta a esta intensificación visual de la cultura de masas, a principios de la década de 1910 Georges Braque y Pablo Picasso empezaron a incorporar a sus cuadros fragmentos reales de periódicos, carteles, papeles pintados y telas. Unos años más tarde, John Heartfield, George Grosz, Hannah Höch, Aleksandr Ródchenko y un puñado de artistas más empezaron a desarrollar técnicas de *collage* y fotomontaje. El fotomontaje se convirtió en otro método de creación de nuevos artefactos a partir de imágenes existentes en los medios de comunicación.

Las obras de arte actual que emplean modelos de IA entrenados en bases de datos culturales, como *Unsupervised* o *Artificial Experiments 1-10,* continúan una larga tradición de nueva creación artística a partir de *acumulaciones de imágenes y otros medios.* De este modo, estas obras siguen abriendo nuevas posibilidades para el arte y sus técnicas, en particular las de lo que ya en 1998 denominé «database art» o «arte de base de datos»[7]. La introducción de nuevos métodos *para leer bases de datos culturales y crear nuevas narrativas a partir de ellas* forma parte de esta expansión.

---

[7] Véase mi artículo «Database as a Symbolic Form», 1998 [https://manovich.net/index.php/projects/database-as-a-symbolic-form].

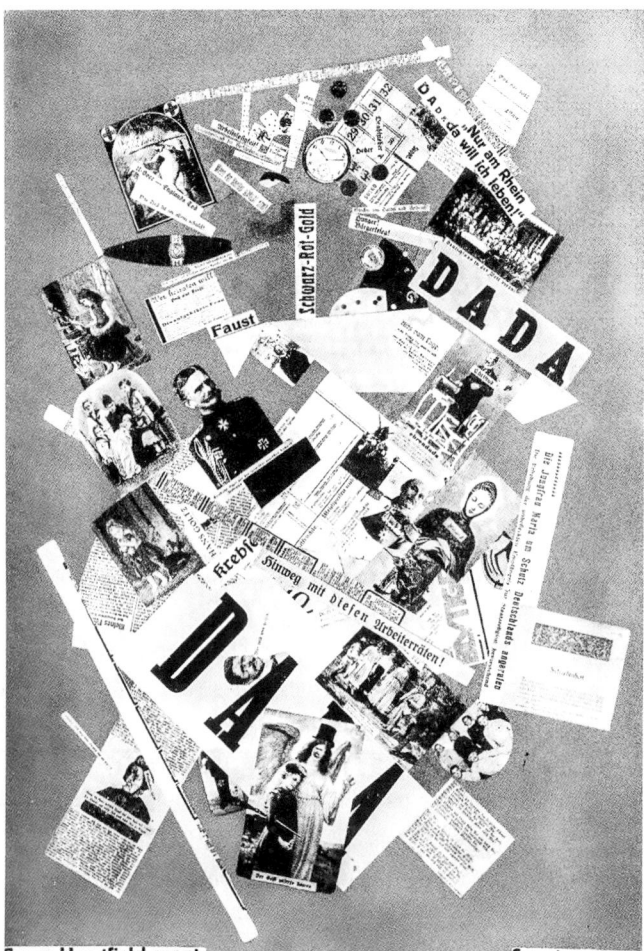

Fig. 5.3. Fotomontaje de John Heartfield, 1919.

Así, *Unsupervised* no crea *collages* a partir de imágenes existentes, como hicieron los artistas modernos de los años veinte del pasado siglo, ni las cita por extenso, como hicieron los artistas posmodernos de los ochenta. En su lugar, los miembros de Anadol Studio entrenan una red neuronal para extraer patrones de decenas de miles de obras de arte del MoMA. A continuación, la red entrenada genera nuevas imágenes que comparten los mismos patrones pero no se parecen a ningún cuadro en concreto. A lo largo de la animación, viajamos por el espacio de estos patrones (por ejemplo, el «espacio latente»), explorando diversas regiones del universo del arte contemporáneo[8].

En *Artificial Experiments 1-10,* Pereulkov utiliza una técnica diferente para generar nuevas imágenes a partir de una base de datos de imágenes existente. Eligió sólo cuarenta pinturas de artistas que comparten unas características clave. Desarrollaron su arte opositor en la sociedad tardocomunista (URSS, década de 1960-1980). También vivieron en la misma cultura visual. En mis recuerdos, esta sociedad estaba dominada por dos colores: el gris (que representaba la monotonía de la vida urbana) y el rojo de la propaganda.

Además, Pereulkov eligió pinturas que comparten algo más: «Elegí, por regla general, obras que conceptualmente se relacionan de algún modo con el lienzo o con el espacio que hay sobre él. Me hice con una fotografía de *New Accordion* de Kabakov, una pintura que presenta aplicaciones de papel sobre el lienzo»[9]. Pereulkov también elaboró descripciones textuales personalizadas de cada cuadro utilizadas para afinar el modelo de Stable Diffusion. Para enseñar al modelo los lenguajes visuales concretos de los artistas elegidos, añadió a estas descripciones términos como «pinceladas gruesas», «iluminación roja», «fondo azul» y «círculos planos».

Evidentemente, cada uno de estos pasos representa una decisión conceptual y estética. En otras palabras, la clave del éxito de *Artificial Experiments 1-10* es la creación de esa base de datos. Este trabajo demuestra cómo perfeccionar una red neuronal existente que se entrenó con miles de millones de parejas de imagen-texto (como Stable Diffusion) puede hacer que esta red siga las ideas de los artistas; los sesgos y el ruido de una red tan enorme pueden superarse y minimizarse, y no tienen por qué dominar nuestra propia imaginación.

---

[8] Para más información sobre los métodos de entrenamiento de redes GAN utilizados por Refik Anadol Studio, véase «Creating Art with Generative Adversarial Network: Refik Anadol's Walt Disney Concert Hall Dreams», 2022 [https://medium.com/@ymingcarina/creating-art-with-generative-adversarial-network-refik-anadols-wdch-dreams-159a6eac762d].

[9] Comunicación personal con Pereulkov, 16 de abril de 2023.

De la representación a la predicción

Históricamente, los humanos han creado imágenes de escenas existentes o imaginadas utilizando diversos métodos, del dibujo manual a los CG 3D (véase más adelante la explicación de los métodos). Con los medios generativos de IA, surge un método fundamentalmente nuevo. Las computadoras analizan patrones en grandes conjuntos de datos de medios existentes. A partir de estos patrones aprendidos, pueden crear nuevas e inéditas imágenes fijas y en movimiento que muestran características similares. Este proceso constituye el núcleo de la tecnología de la IA generativa.

Sin duda, se pueden proponer diferentes trayectorias históricas que conduzcan hasta los medios generativos visuales actuales, o dividir una línea de tiempo en diferentes etapas. He aquí una de esas posibles trayectorias:

1. Creación manual de representaciones (por ejemplo, dibujo con diversos instrumentos, tallado, etc.). Las etapas y partes más mecánicas a veces las realizaban ayudantes humanos que normalmente se formaban en el taller de su maestro, por lo que ya existe cierta delegación de funciones.
2. Creación manual pero con ayuda de determinados dispositivos (por ejemplo, máquinas de perspectiva, *camera lucida*). De *las manos* a *manos + dispositivo*. Ahora algunas funciones se delegan en dispositivos mecánicos y ópticos.
3. Fotografía, rayos X, vídeo, captura volumétrica, teledetección, fotogrametría. De *utilizar las manos* a *registrar/grabar la información mediante máquinas*. De los *ayudantes humanos* a los *asistentes maquínicos*.
4. Gráficos 3D por computadora (3D CG). Defines un modelo 3D en una computadora y utilizas algoritmos que simulan efectos de fuentes de luz, sombras, niebla, transparencia, translucidez, texturas naturales, profundidad de campo, desenfoque de movimiento, etc. Del *registro/grabación* a la *simulación*.
5. IA generativa. Utilización de conjuntos de datos *mediales* para predecir imágenes fijas y en movimiento. De la *simulación* a la *predicción*.

«Predicción» es el término que suelen utilizar los investigadores de IA en sus publicaciones a la hora de describir métodos de medios generativos visuales. Por tanto, aunque este término se puede emplear en un sentido figurado y evocador, también es lo que ocurre científicamente cuando se utilizan herramientas generativas de imágenes. Cuando se trabaja con un modelo de IA de texto a imagen, la red neuronal artificial intenta predecir las imágenes que mejor se corresponden con el texto introducido. Desde luego, no estoy sugiriendo que utilizar todos los demás términos ya aceptados, como «medios generativos», sea inapropiado. Pero si queremos entender mejor la diferencia entre los métodos sínteticos de medios visuales de la IA y otros métodos de representación desarrollados en la historia de la humanidad, emplear el concepto de «predicción» y, por tanto, referirnos a estos sistemas de IA como «medios predictivos» capta bien esta diferencia.

Traducciones de medios

Existen varios métodos para crear «medios de la IA». Uno de ellos consiste en transformar la información manteniendo el mismo tipo de medio. El texto introducido por el usuario, por ejemplo, puede resumirse, reescribirse, ampliarse, etcétera. Tanto el *output* como el *input* son un texto. Alternativamente, en el método de generación de imagen a imagen se utiliza un *input* de una o más imágenes para generar otras nuevas.

Sin embargo, existe otra vía igualmente interesante desde el punto de vista histórico y teórico. Los «medios de la IA» pueden crearse «traduciendo» automáticamente contenidos entre medios distintos. Esto es lo que ocurre, por ejemplo, cuando se utiliza Midjourney, Stable Diffusion u otro generador de imágenes con IA: se introduce un *prompt* de texto y la IA genera una o más imágenes como respuesta. El texto se «traduce» en una imagen.

Como no se trata de una traducción literal propiamente dicha, pongo la palabra *traducción* entre comillas. En su lugar, el *input* en un medio da instrucciones al modelo de IA para predecir el *output* adecuado en otro. También se puede decir que dicho *input* se «mapea» a algunos *outputs* en otros medios. El texto se mapea en nuevos estilos de texto, imágenes, animación, vídeo, modelos 3D y música. El vídeo se convierte en modelos 3D o en animación. Las imágenes se «traducen» a texto, y así sucesivamente. En la actualidad, la traducción mediante el método de texto a imagen está más avanzada que las demás, aunque con el tiempo varias se irán poniendo al día.

La traducción (o mapeo) entre un medio y otro no es un concepto nuevo. Este tipo de traducciones se han hecho manualmente a lo largo de la historia de la humanidad, a menudo con una intención artística. Se han adaptado novelas a obras de teatro y películas, cómics a series de televisión, se han ilustrado textos de ficción o de no ficción, etc. Cada una de estas traducciones era un acto cultural deliberado que requería habilidades profesionales, así como un conocimiento de los correspondientes medios. Hoy día, algunas de estas traducciones pueden realizarse automáticamente a gran escala gracias a modelos de IA, lo que los convierte en una nueva forma de comunicación y creación cultural. Por supuesto, no es lo mismo la adaptación artística de una novela al cine llevada a cabo por un equipo humano que la generación automática de elementos visuales a partir del texto de una novela por una red, pero en muchos casos más sencillos la traducción automática entre medios puede funcionar bien. Lo que antes era un acto artístico cualificado es ahora una capacidad tecnológica al alcance de todos. Podemos lamentarnos por todo lo que podría perderse como resultado de la automatización –y democratización– de esta operación cultural crucial: habilidades, algo que podríamos llamar «originalidad artística profunda» o «creatividad profunda», etcétera. Sin embargo, puede que cualquier pérdida de este tipo sólo sea temporal si las capacidades de la «IA cultural», por ejemplo, se mejoran aún más para generar contenidos más originales y comprender mejor el contexto.

Dado que la mayoría de las personas de nuestra sociedad saben leer y escribir al menos en un idioma, los métodos de conversión *de texto a otros medios* son los más populares en la actualidad. Entre ellos están los modelos de texto a imagen, de texto a animación, de texto a

3D y de texto a música. Estas herramientas de IA pueden ser utilizadas por cualquiera que sepa escribir o mediante algún *software* de traducción de fácil acceso para crear un *prompt* en cualquiera de los idiomas que estas herramientas entiendan mejor en un momento dado. Sin embargo, para los creadores profesionales pueden ser igualmente interesantes otros mapeos de medios. A lo largo de la historia cultural de la humanidad, son varias las traducciones entre medios que han llamado la atención: las de vídeo y música realizadas por VJ en clubes y discotecas; largos relatos literarios convertidos en películas y series de televisión; textos ilustrados con imágenes realizadas en diversos medios y técnicas como el grabado; números convertidos en imágenes (arte digital); textos que describen pinturas (*ekphrasis*, una tradición que tiene sus inicios en la Grecia antigua); mapeos entre sonidos y colores (especialmente populares en la creación artística del movimiento moderno), etcétera.

El constante desarrollo de los modelos de IA para el mapeo entre todo tipo de medios, sin privilegiar el texto, puede resultar extremadamente fructífero, y espero que cada vez sean más las herramientas que lo logren. Unas herramientas que serán muy útiles tanto para los artistas profesionales como para otros creadores. Sin embargo, en mi calidad de artista, no pretendo que la futura «IA cultural» sea capaz de igualar, por ejemplo, las innovadoras interpretaciones de Hamlet llevadas a cabo por directores de teatro revolucionarios como Peter Brook o las asombrosas películas abstractas de Oskar Fischinger que exploraban correspondencias musicales y visuales. Basta con que las nuevas herramientas de IA para el mapeado de medios estimulen nuestra imaginación, nos aporten nuevas ideas y nos permitan explorar numerosas variaciones de diseños concretos.

Lo estereotipado y lo único

Tanto el moderno proceso de creación humana como el de medios generativos de IA predictiva parecen funcionar de forma similar. El modelo de IA se entrena utilizando colecciones no estructuradas de contenido cultural, como miles de millones de imágenes y sus

Fig. 5.4. Ejemplos generados con la versión 4 de Midjourney utilizando el *prompt* «cielo matutino».

descripciones, o billones de páginas web y de libros. La red neuronal aprende asociaciones entre las partes constituyentes de estos artefactos (por ejemplo, qué palabras suelen aparecer juntas), así como sus patrones y estructuras comunes. A continuación, la red entrenada utiliza estas estructuras, patrones y «átomos culturales» para crear nuevos artefactos cuando se lo solicitamos. Dependiendo de lo que le pidamos, estos artefactos creados por la IA pueden asemejarse mucho o no a lo que ya existe.

De modo similar, nuestra vida es un proceso continuo de formación cultural supervisada y no supervisada. Hacemos cursos de arte e historia del arte, vemos páginas web, vídeos, revistas y catálogos de exposiciones, visitamos museos y viajamos para absorber nueva información cultural. Y cuando nos «solicitamos»[10] crear nuevos artefactos culturales, nuestras propias redes neuronales y biológicas (infinitamente más complejas que cualquier red de IA hasta la fecha) generan dichos artefactos basándose en lo que hemos aprendido hasta ese momento: patrones generales que hemos observado, plantillas y normas para hacer cosas determinadas y, a menudo, partes concretas de artefactos ya existentes. En otras palabras, nuestras creaciones pueden contener tanto réplicas exactas de artefactos previamente

---

[10] *prompt* en el original. *[N. del T.]*

Fig. 5. 5. Lev Manovich, imagen generada con la versión 3 de Midjourney (2022) a partir del siguiente *prompt:* «giant future 1965 modern airport in Siberia made from water and ice, *painted on large wood panel by Hieronymus Bosch, bright pastel colors with white highlights, 23f lens, very detailed* --ar 4:3 --s 1250 –test» («aeropuerto moderno gigante del futuro 1965 en Siberia hecho de agua y hielo, *pintado sobre una gran tabla de El Bosco, colores pastel brillantes con toques blancos, lente 23f, muy detallado* --ar 4:3 --s 1250 –prueba»).

observados como cosas nuevas que representamos recurriendo a normas que hemos aprendido, como la proporción áurea o el uso de colores complementarios.

Las herramientas de IA para la generación de imágenes suelen tener por defecto un *«estilo propio»* o *«house style»* (término utilizado por los desarrolladores de MidJourney). Si no se especifica un estilo, la herramienta de IA generará imágenes utilizando su estética por defecto. Cada una de las herramientas más populares para crear imágenes con IA, así como los *bots* de IA que también pueden generar imágenes (ChatGPT, Anthropic's Claude, Google Gemini, Microsoft Copilot, etc.), tienen su propio estilo por defecto; estilos que pueden cambiar de una versión a otra.

Fig. 5. 6. Lev Manovich, imagen generada con la versión 4 de Midjourney (2023) utilizando el siguiente *prompt:* «Photo of two Russian high-school students, clear skin, *very soft studio light, 50mm lens, monochrome, silver tones, high quality, ultra realistic* --v 4 --q 2» («Foto de dos estudiantes rusos de secundaria, piel clara, *luz de estudio muy suave, objetivo 50mm, monocromo, tonos plateados, alta calidad, ultrarrealista* --v 4 --q 2»). Esta imagen también ilustra el argumento que expongo más adelante en este capítulo: «La IA suele generar con frecuencia nuevos artefactos que son más estereotipados o idealizados de lo que pretendíamos».

Para alejarse de este estilo predeterminado, tienes que añadir a tus *prompts* términos que especifiquen una descripción del medio empleado, el tipo de iluminación, los colores y el sombreado, o una frase como «en el estilo de» seguida del nombre de un artista, ilustrador, fotógrafo, diseñador de moda o arquitecto conocido. Aquí tienes dos ejemplos de este tipo de *prompts* tomados de mi propio trabajo artístico, con las imágenes que Midjourney generó a partir de ellos (2022-2023). Los términos utilizados para definir determinadas características de estilo aparecen resaltados *en cursiva*.

Dado que *puede simular muchos miles de estéticas y estilos ya existentes y hacer interpolaciones entre ellos para crear nuevos híbridos,* GenAI ofrece mayor capacidad que cualquier creador humano en este sentido. Sin embargo, al menos hasta la fecha, los creadores humanos cualificados y con mucha experiencia también tienen una ventaja significativa. Tanto los humanos como la inteligencia artificial son capaces de imaginar y representar objetos y escenas inexistentes y existentes por igual. Sin embargo, a diferencia de los generadores de imágenes con IA, las imágenes creadas por humanos pueden incluir *contenidos únicos, detalles únicos* y una *estética única* que actualmente está más allá de las capacidades de la IA. En otras palabras, al menos por ahora, los creadores de imágenes humanos altamente cualificados pueden crear todo tipo de imágenes que hoy día ni siquiera pueden igualar los mejores modelos de IA.

«Único» en este contexto significa que ese contenido, esos detalles o esa estética visual concretos «nunca» antes se habían alcanzado. ¿Por qué he puesto la palabra «nunca» entre comillas? Porque, en la historia de la humanidad, ningún artefacto cultural es único al 100%; siempre podemos encontrar otros ejemplos con al menos parte de esos mismos detalles (o muy parecidos). Por lo tanto, si queremos ser más precisos, podemos decir lo siguiente: un «artefacto cultural único» significa que bastantes de sus detalles son originales, lo que hace que resulte lo suficientemente distinto como para parecer novedoso y diferente de todo lo demás.

Las herramientas de IA son mucho mejores generando imágenes de temas y estéticas populares que de temas desconocidos o poco comunes. Esto es un reflejo de lo mucho que abundan en la web dichos temas, que se han utilizado para el entrenamiento en la actual fase de desarrollo de la IA. ¿Y cómo se comportan estas herramientas cuando se les pide que hagan algo único, es decir, inexistente, raro o poco familiar para ellas? Basándome en mi exhaustivo uso de las mejores herramientas de IA disponibles durante 2022-2024, descubrí que reaccionan a tales peticiones de una de estas dos maneras, o de ambas:

1) La calidad de los resultados generados disminuye. La estética es inferior, aparecen errores y la escena generada no es coherente.
2) La herramienta sustituye el contenido y la estética deseados por alternativas más habituales. Se obtiene una escena cohe-

rente, figuras y rostros con una anatomía correcta, y una composición interesante, pero la imagen se compone de elementos más genéricos (clichés). Los parámetros estéticos se desplazan hacia valores más comunes.

En resumen, *los modelos de IA, o bien producen algo diferente de lo que pedimos, o pueden construir el contenido deseado a partir de detalles más estereotipados*[11].

¿Cuál es la causa de *esta brecha estética y de contenido entre la capacidad humana y la artificial para crear imágenes?* Los «átomos culturales», las estructuras y los patrones que aparecen con más frecuencia en los conjuntos de datos con que se adiestran, se aprenden mucho mejor durante el proceso de entrenamiento de una red neuronal artificial. En la «mente» de una red neuronal, adquieren más importancia. Por otro lado, los detalles y estructuras que son poco frecuentes en dichos conjuntos de datos o que apenas aparecen una vez, se aprenden con dificultad o ni siquiera se analizan. No entran dentro del universo de la cultura artificial que aprende la IA. Por consiguiente, cuando le pedimos que los sintetice, es incapaz de hacerlo.

Por esta razón, herramientas de IA de texto a imagen como Midjourney, Stable Diffusion, Leonardo.ai o RunwayML no son capaces en la actualidad de generar imágenes absolutamente nuevas en el estilo de mis dibujos a pluma técnica sobre papel (véase la Fig. 5.7), ampliarlos añadiendo partes nuevas o sustituir algunas secciones de los mismos por nuevos contenidos que repliquen mi estilo a la perfección (por ejemplo, en las fotos digitales de mis dibujos no pueden realizar *outpainting* o *inpainting* que resulten útiles).

En cambio, estas *herramientas de IA generan objetos más genéricos que los que suelo dibujar, o producen imágenes ambiguas y carentes de interés* (véase la Figura 5.8).

---

[11] Por ejemplo, en 2022-2023 los modelos de IA a menudo tenían problemas para generar manos realistas. En 2024 esto ya se ha resuelto, pero, mientras estoy escribiendo este texto, la IA sigue teniendo dificultades para generar composiciones muy complejas con docenas de figuras y rostros humanos realistas mostrados en detalle, algo que los artistas humanos cualificados han sido capaces de hacer al menos desde el Renacimiento.

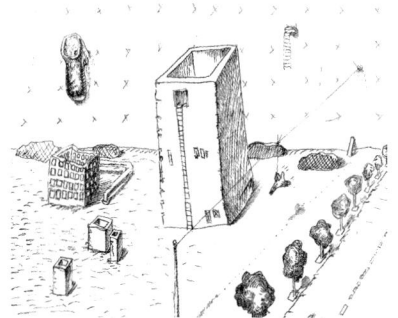 

Fig. 5.7. Lev Manovich, dibujo sin título, pluma técnica sobre papel, 1981.

Fig. 5.8. Uno de mis intentos de generar una nueva versión de la imagen de la Figura 5.7 con Stable Diffusion AI, otoño de 2022.

Desde luego, no pretendo que el estilo y el mundo que se muestran en mis dibujos sean completamente únicos. También son el resultado de encuentros culturales específicos que tuve, cosas que observé y otras que percibí. Pero como son poco comunes (y, por tanto, impredecibles), a la IA le resulta difícil simularlos, al menos sin un entrenamiento adicional que utilice mis dibujos.

Aquí nos encontramos con lo que considero *el principal obstáculo* al que se enfrentan los creadores cuando utilizan herramientas de IA generativa –y esto es válido tanto para las imágenes de IA como para cualquier otro tipo de medio–:

> La IA generativa suele generar medios que son más estereotipados o idealizados de lo que pretendíamos.

Esto puede afectar a cualquier dimensión de la imagen: elementos de contenido, iluminación, sombreado de trama, atmósfera, estructura espacial y detalles de formas tridimensionales, entre otros. A veces salta a primera vista, en cuyo caso puedes, o bien tratar de corregirlo, o bien ignorar los resultados. Muy a menudo, sin embargo, *estas «sustituciones» son tan sutiles* que no podemos detectarlas si no llevamos a cabo una observación exhaustiva o, en algunos casos, sin usar una computadora para analizar cuantitativamente numerosas imágenes.

En otras palabras, los nuevos modelos de medios generativos de la IA, al igual que la disciplina de la estadística desde sus inicios en el siglo XVIII y el campo de la ciencia de datos desde finales de la década de 2010, se las apañan bien con ítems y patrones que aparecen con frecuencia, pero no saben qué hacer con los menos frecuentes y poco comunes. Cabe esperar que los investigadores de IA serán capaces de resolver este problema en el futuro, pero parece tan fundamental que no deberíamos precipitarnos en anticipar una solución.

Tema y estilo

En las artes, la relación entre contenido y forma ha sido objeto de numerosos debates y teorías. Este breve epígrafe no pretende entrar en todos estos debates ni entablar polémicas con todas las teorías relevantes. A cambio, me gustaría analizar cómo se aplican estos conceptos a la «cultura generativa» de la IA. Sin embargo, en lugar de utilizar *contenido* y *forma*, emplearé otro par de términos que son más habituales en las publicaciones de investigación sobre IA y en las conversaciones en línea entre usuarios: *tema* y *estilo*.

A primera vista, las herramientas de IA parecen capaces de distinguir claramente entre el tema y el estilo de cualquier representación dada. En los modelos de texto a imagen, por ejemplo, se pueden generar innumerables imágenes del mismo tema. Basta con añadir nombres de artistas, técnicas, materiales y periodos histórico-artísticos concretos para que el mismo tema tenga una formulación diferente que se ajuste a estas referencias. Los filtros de Photoshop comenzaron a separar tema y estilo ya en los años 90, pero las herramientas de medios generativos de IA son más competentes. Por ejemplo, si en el *prompt* se especifica «pintura al óleo», las pinceladas simuladas variarán de tamaño y dirección en la imagen generada en función de los objetos descritos. Las herramientas multimedia de IA parecen «entender» la semántica de la representación, a diferencia de los filtros anteriores, que se limitaban a aplicar la misma transformación a cada zona de la imagen independientemente de su contenido. Por ejemplo, cuando utilicé «una pintura de Malevich» y «una pintura de El

Fig. 5.9. Lev Manovich, una imagen generada en Midjourney con el *prompt* «a painting by Malevich and a painting by Bosch («una pintura de Malevich y una pintura de El Bosco»), otoño de 2022.

Bosco» en el mismo *prompt*, Midjourney generó una imagen de un espacio que contenía formas abstractas a la manera de Malevich, así como muchas pequeñas figuras humanas y animales como las que pueblan las populares pinturas de El Bosco, con una reducción de tamaño adecuada en función de la perspectiva.

Además de representar lo solicitado, las herramientas de IA agregan habitualmente contenido a una imagen que no he especificado en mi *prompt,* algo que ocurre con frecuencia cuando el texto incluye «en el estilo de» o «de» seguido del nombre de un fotógrafo o artista visual de renombre. En un experimento, utilicé el mismo *prompt* con Midjourney 148 veces, añadiendo en cada ocasión el nombre de un fotógrafo diferente. El tema del *prompt* seguía siendo prácticamente el mismo: un paisaje vacío con algunos edificios, una carretera y postes de electricidad con cables que se perdían en el horizonte.

A veces, añadir el nombre de un fotógrafo no tenía ningún efecto sobre los elementos de una imagen generada que se ajustan a nuestro concepto intuitivo de estilo, como el contraste, la perspectiva y la atmósfera. Pero de vez en cuando Midjourney también modificaba el contenido de la imagen. Por ejemplo, cuando en las obras conocidas de un fotógrafo concreto aparecían figuras humanas en poses específicas, la herramienta a veces añadía esas figuras a mis fotografías (al igual que con Malevich y El Bosco, se transformaban para ajustarse a la composición espacial del paisaje en lugar de plasmarse mecánicamente). Midjourney también ha cambiado en ocasiones el contenido de mi imagen para que se correspondiera con un periodo histórico en el que un fotógrafo de renombre creó sus fotografías más conocidas.

Según he podido observar, cuando pedimos a Midjourney o a una herramienta similar que cree una imagen en el estilo de un artista concreto, y el tema que describimos en el *prompt* está relacionado con los temas típicos del artista, los resultados pueden ser muy satisfactorios. Sin embargo, cuando el tema de nuestro *prompt* y el universo iconográfico de ese artista son muy diferentes, la «representación» del tema en este estilo falla con frecuencia.

El uso del *prompt* «decaying peonies by Caspar David Friedrich» («peonías marchitándose de Caspar David Friedrich») en Midjourney genera imágenes que simulan características importantes del estilo del artista, como las combinaciones de colores fríos y una atmósfera dramática. Pero, en otros aspectos, las imágenes generadas *se alejan significativamente*. El tipo de líneas, la plasmación de los detalles y las composiciones simétricas de estas imágenes hechas por la IA nunca aparecerían en los cuadros reales de Friedrich. La IA también puede insertar objetos de aspecto genérico, como las formaciones rocosas de la esquina superior derecha de la segunda imagen.

En resumen, para simular con éxito un estilo visual determinado utilizando las herramientas actuales de IA, es posible que tengas que cambiar el contenido que pretendías representar, o aceptar el hecho de que la IA va a insertar algunos detalles que no deseas. En otras palabras, no todos los «temas» pueden plasmarse con éxito en cualquier «estilo». Y lo que la IA puede aprender exactamente también

Fig. 5.10. El uso del *prompt* «by Caspar David Friedrich --v5» («obra de Caspar David Friedrich» en Midjourney genera imágenes que captan bastante bien el estilo del artista. Fuente de la imagen: [https://www.midlibrary.io/styles/caspar-david-friedrich].

Fig. 5.11. Imágenes generadas con Midjourney v5 utilizando el *prompt* «decaying peonies by Caspar David Friedrich --v5» («peonías marchitándose de Caspar David Friedrich»). Fuente de las imágenes: [https://www.midlibrary.io/styles/caspar-david-friedrich].

varía de un caso a otro: en bastantes ocasiones saldrá airosa a la hora de aprender algunas características del estilo del artista, pero otras no. De hecho, después de utilizar herramientas de IA durante dos años y analizar un sinfín de imágenes generadas por otros, me di cuenta de que la idea generalizada de que GenAI puede extraer perfectamente un «estilo» de una colección de imágenes estéticamente similares no es correcta. Más bien parece que, en el proceso de entrenamiento, los modelos de IA visual *aprenden asociaciones entre las características visuales de las obras de un artista dado* (es decir, lo que solemos llamar un *lenguaje visual*) *y el contenido de sus obras* (a menos que se trate de obras totalmente abstractas), lo que pone en entredicho toda la idea de que estilo y contenido pueden separarse con nitidez.

Creo que estas observaciones hacen más compleja la oposición binaria entre los conceptos de «contenido» y «estilo». En el caso de algunos artistas, la IA puede extraer al menos ciertos aspectos de su estilo a partir de ejemplos de su obra y aplicarlos luego a distintos tipos de contenido. A veces son más los rasgos estilísticos de un artista determinado que se pueden aprender y utilizar para generar algo nuevo, y a veces menos. Pero, en el caso de otros artistas, parece que su estilo y su contenido no pueden separarse.

Para mí, este tipo de observaciones y reflexiones son una de las razones más importantes para utilizar nuevas tecnologías mediales como los medios generativos de IA y aprender cómo funcionan. Por supuesto, en mi calidad de artista y de teórico del arte, llevaba mucho tiempo pensando en las relaciones entre tema y estilo (o *contenido y forma*), pero ser capaz de llevar a cabo experimentos sistemáticos como el que he descrito, puede dar lugar a nuevas ideas y permitirnos ver de nuevas maneras *la historia cultural* y los *conceptos y teorías del arte y la cultura que nos son familiares*.

6

LA PERCEPCIÓN HUMANA Y LA MIRADA ARTIFICIAL

Emanuele Arielli

El ojo inocente

En el siglo XIX, el crítico e historiador John Ruskin, al hablar de cómo se debe disfrutar de un cuadro, nos dejó una célebre sentencia: «Todo el potencial técnico de una pintura depende de que recuperemos lo que podría llamarse la inocencia del ojo; es decir, una especie de percepción infantil de estas manchas planas de color, simplemente como tales, sin conciencia de lo que significan, como las vería un ciego si de repente pudiera ver»[1].

Si fuera por Ruskin, los sistemas artificiales que analizan imágenes habrían sido los espectadores y críticos perfectos de las obras de arte, ya que «no tienen conciencia de lo que significan». Desde esta perspectiva, las máquinas, a semejanza de los niños, poseerían un «ojo inocente» transparente y sin prejuicios, capaz de ver las cosas tal como son. Pero cabe preguntarse si, en realidad, alguna vez percibimos las cosas de este modo.

Examinemos la siguiente imagen (Fig. 6.1[2]): ¿qué vemos? Para muchos, pueden parecer simples formas en blanco y negro distribui-

---

[1] J. Ruskin, *The elements of drawing* [1857], Mineola, Nueva York, Dover Publications, 1971.

[2] Imagen tomada de L. F. Barrett, *How emotions are made: The secret life of the brain,* Boston, Houghton Mifflin Harcourt, 2016.

das de manera aleatoria. Pero si observamos la imagen original (al final de este capítulo, Fig. 6.9) y luego volvemos a esta, nuestra impresión perceptiva cambia drásticamente. Ahora somos capaces de «leerla». Cabría preguntarse si la impresión inicial de las manchas aleatorias sería un ejemplo de percepción «inocente» o si se trata simplemente de la condición de un «ojo despistado». Y si así fuera, ¿cómo podríamos mirar «inocentemente» cosas que son claramente reconocibles?

Fig. 6.1. ¿Qué ves?

Lo que reconocemos, lo que sabemos y lo que esperamos puede reconfigurar nuestra percepción. El caso de la Figura 6.1 se asemeja a la experiencia de oír una frase en una lengua extranjera desconocida y, tras adquirir las correspondientes competencias, volver a escucharla. Al principio la percibimos como un revoltijo de sonidos sin sentido, pero más tarde la entendemos como una frase estructurada. Gracias al aprendizaje de idiomas, no sólo clasificamos y reconocemos correctamente esos sonidos, sino que también experimentamos un cambio fenomenológico y perceptivo. Del mismo modo, nuestras experiencias, hábitos culturales, valores, necesidades o actitudes personales previos también determinan cómo percibimos las cosas. Un punto crucial es que, después de haber aprendido a reconocer un sonido o un objeto, resulta prácticamente imposible volver a un estado perceptual «en blanco» e inocente. No puedo ignorar que esa secuencia de sonidos es una frase en la lengua que ahora conozco, y no puedo «no ver» en la Figura 6.1 el objeto que vi al final de este capítulo.

El proceso de aprendizaje categorial tiene un desarrollo similar. En la primera infancia, nos encontramos con diversos objetos –perros, gatos, sillas, bicicletas– sin saber lo que son. A medida que aprendemos a categorizarlos, a menudo con la ayuda de etiquetas verbales, nuestra identificación de dichos objetos cambia. El primer encuentro con un gato es muy diferente de los posteriores, cuando lo reconocemos como parte de la categoría más amplia de *gatos*. Mientras que el *input* sensorial constituye los aspectos *ascendentes* de la percepción, al proporcionar datos en bruto de nuestro entorno, nuestros marcos cognitivos y el conocimiento que hemos acumulado a lo largo del tiempo actúan como factores *descendentes* de la percepción.

Las computadoras son cada vez más capaces de realizar tareas perceptuales similares a las humanas. En algunos casos, pueden incluso superar las competencias humanas a la hora de detectar detalles y patrones más sutiles, como demuestran muchas impactantes aplicaciones de procesamiento de datos, en las que las máquinas tienen una capacidad cada vez mayor para interpretar imágenes de rayos X en diagnósticos médicos, identificar rostros aunque estén enmascarados, identificar el modelo de un coche a partir del ruido de un motor o evaluar la autenticidad de una pintura. Sin embargo –y podríamos decir que afortunadamente–, muchas habilidades perceptuales humanas que damos por sentadas siguen constituyendo un reto para la visión artificial, algo especialmente evidente en los fallos ocasionales de los coches autoconducidos a la hora de detectar objetos. A pesar de estos retos, el progreso en este campo es notable. Otra consideración fundamental es hasta qué punto la visión humana y la visión artificial son o *deberían ser* similares, es decir, hasta qué punto la percepción maquínica y el análisis de datos sensoriales por parte de la IA son capaces de modelar la experiencia perceptual humana.

En 2015, un científico de Google dio a conocer una serie de imágenes producidas por una red neuronal convolucional de Deep Dream, y puso el código a disposición del público. Este anuncio despertó un gran interés, lo que llevó a la creación generalizada de imágenes similares. Estas imágenes, a menudo inquietantes paisajes biomórficos llenos de rasgos animales que emergen de escenas cotidianas, pusieron de manifiesto cómo la red neuronal identificaba formas específicas en su *input* visual. En esencia, el sistema visual de la red está programado para identificar y resaltar determinados elementos como, por ejemplo, perros u ojos. Modifica la imagen original, ajustándola a estos patrones predeterminados[3]. Este proceso revela los continuos esfuerzos de la máquina por interpretar las imágenes, moldeándolas según las formas que el programa le permite reconocer. Aunque estas imágenes puedan parecer «alucinatorias» para el espectador humano, es crucial no tomar demasiado al pie de la letra la afirmación de que la máquina «alucina» algo o que «ve» subjetivamente estas formas en las imágenes que procesa. No obstante, constituye un paso hacia el desarrollo de sistemas de visión artificial que integren mecanismos similares a los humanos, como la percepción por categorías y expectativas. Al estudiar cómo las máquinas procesan y modifican los datos visuales, nos adentramos en el intrincado proceso de la percepción visual, tanto en contextos artificiales como humanos.

Alguien podría argumentar que, en la mayoría de las aplicaciones de IA, la capacidad de las máquinas para imitar la vista o el oído humanos no es relevante; lo importante es su capacidad para ejecutar tareas específicas y resolver problemas. Sin embargo, este punto de vista podría pasar por alto aspectos clave relativos a las aplicaciones estéticas. En los casos en los que los sistemas de IA se encargan

---

[3] «Intuitivamente, esto significa cambiar la imagen en lugar de cambiar la red [...] de modo que la imagen resultante esté conformada por lo que la red "espera" ver». Además: «Una característica definitoria del algoritmo de Deep Dream es el uso de la retropropagación para alterar la imagen de entrada con el fin de minimizar los errores de categorización. Este proceso presenta afinidades intuitivas con la influencia de las predicciones perceptuales en las cuentas de procesamiento predictivo de la percepción», en K. Suzuki, W. Roseboom, D. J. Schwartzman y A. K. Seth, «A Deep-Dream Virtual Reality Platform for Studying Altered Perceptual Phenomenology», *Scientific reports* 7, 1 (2017), 15982. Doi: [https://doi.org/10.1038/s41598-017-16316-2]. Véase también A. Mordvintsev, C. Olah y M. Tyka, «Inceptionism: Going deeper into neural networks», *Google Research Blog*, 17 de junio de 2015 [https://research.google/blog/inceptionism-going-deeper-into-neural-networks/].

de generar contenidos destinados a la interacción humana, con el objetivo de suscitar respuestas estéticas, emocionales y sensoriales, resulta esencial que esos sistemas tengan un modelo de cómo perciben el mundo los humanos (véase el Capítulo 1, «Estudiar a los sujetos»). Esta tarea no es inalcanzable, pero es más compleja que la mera concepción de sistemas que vean el mundo «tal como es». Por un lado, lo que percibimos no alcanza a todo el espectro de datos sensoriales disponibles, ya que su complejidad y nuestras limitaciones cognitivas nos obligan a filtrar determinados elementos. Por otro, nuestra percepción va más allá del *input* sensorial, gracias a nuestra capacidad para organizar e interpretar esos datos. Este proceso nos permite extraer significados más profundos y discernir patrones que van más allá de una mera agregación de estímulos individuales. Consideremos las llamadas leyes de la Gestalt a la hora de reconocer objetos. A modo de ejemplo, estas leyes describen cómo reconocemos un zapato en una imagen como la de la Figura 6.2. Para los sistemas de visión artificial, replicar este tipo de percepción fue un obstáculo importante durante un largo periodo. Hasta 2019, las redes neuronales convolucionales (CNN) no empezaron a modelar con eficacia fenómenos análogos a los principios de la Gestalt[4].

Fig. 6.2. ChatGPT reconoce correctamente esta imagen como un zapato.

---

[4] B. Kim, E. Reif, M. Wattenberg *et al.*, «Neural Networks Trained on Natural Scenes Exhibit Gestalt Closure», *Computational Brain & Behavior* 4 (2021), pp. 251-263. Doi: [https://doi.org/10.1007/s42113-021-00100-7]; B. Kim, E. Reif, M. Wattenberg y S. Bengio, «Do Neural Networks Show Gestalt Phenomena? An Exploration of the Law of Closure», *arXiv* (marzo de 2019). Doi: [10.48550/arXiv.1903.01069].

En el momento de escribir estas líneas (principios de 2023), los sistemas avanzados de análisis de imágenes, entre ellos los incluidos en modelos de lenguaje como ChatGPT, tienen cada vez mayor capacidad para emplear estos principios de organización perceptual.

Los principios de la organización perceptual humana explican también muchas ilusiones visuales bien conocidas, como la ilusión de Müller-Lyer, en la que dos segmentos idénticos se perciben como si tuvieran longitudes diferentes, o la ilusión cromática de Beau-Lotto, en la que manchas de color idénticas se perciben como si tuvieran matices diferentes. Sin embargo, llamarlas ilusiones no hace justicia al hecho de que son la manifestación de procesos naturales de la visión humana responsables de la constancia perceptual, la detección de la profundidad, la distinción entre el color del objeto y la luminancia del entorno, etcétera. Si viéramos el mundo *tal como es,* como defendía Ruskin, no estaríamos sujetos a tales ilusiones perceptuales. Pero el punto crucial es que esos sesgos son parte integral de la forma en que percibimos el mundo y, en consecuencia, también forman parte del modo en que lo experimentamos estéticamente, lo que significa que los sistemas programados para analizar y generar contenidos que luego son experimentados y disfrutados por humanos, también deben integrar modelos de cómo perciben estos últimos.

Por poner otro ejemplo, consideremos estas dos versiones del rostro de Mona Lisa; una se ha modificado para darle una expresión más triste[5].

Los humanos podemos leer cambios sutiles en las expresiones faciales. En A, el semblante de Mona Lisa parece más triste que en la versión original (B): la expresión facial en la imagen A varía claramente de la B *en su conjunto;* esta diferencia es especialmente pronunciada en la boca y los ojos, que transmiten un aspecto disímil. Pero, si tapamos la boca en ambas imágenes, veremos que, en realidad, todos los rasgos de la cara son idénticos y que la única alteración se encuentra en la comisura de los labios[6]. Esencialmente, casi

---

[5] Basado en O. Schwartz, H. Bayer y D. G. Pelli, «Features, frequencies, and facial expressions», *Investigative Ophthalmology & Visual Science* 39 (1998), p. 173.

[6] Funciona mejor si cada imagen se ve por separado y no una al lado de la otra.

Fig. 6.3. Mona Lisa triste (A) y alegre (B).

«alucinamos» un cambio expresivo ilusorio que no existe. Este fenómeno se produce porque nuestra interpretación descendente de un estado emocional (feliz frente a triste) altera sutilmente nuestra percepción global de unas formas idénticas. Hoy día, los sistemas de visión artificial pueden clasificar (o generar) expresiones humanas y atribuirles etiquetas afectivas como «triste» o «alegre». Sin embargo, es posible que esos mismos sistemas no perciban el cambio global (ilusorio) de la expresión como lo hacemos nosotros en este caso. En cambio, un artista cualificado sabe que hasta la más mínima alteración de un rasgo, como la curvatura de la comisura de los labios, puede transformar el impacto perceptivo de toda la imagen. Esta interpretación surge de la propia experiencia perceptual del artista, que en la mayoría de los casos coincide con la del público. De modo similar, para que un sistema artificial sea eficaz, debe incorporar un modelo de percepción humana, incluidas sus peculiaridades y distorsiones. Esa integración es esencial para que el sistema comprenda y genere contenido que capte con éxito esos sutiles efectos sensoriales.

No sólo el procesamiento descendente puede matizar nuestra percepción, sino que las características afectivas y expresivas determinan en gran medida cómo vemos u oímos algo. Por ejemplo, una melodía en tono menor puede sonar «triste», un color brillante puede parecer «animado» y una línea irregular puede transmitir «nerviosismo». Estas cualidades, aunque no sean físicamente inherentes a los estímulos, se perciben de forma sistemática en todas las personas y culturas. Además, son muy difíciles de separar de nuestra experiencia perceptual global: no puedo escuchar la melodía «inocentemente», es decir, quitándole su tristeza; no puedo mirar la línea irregular sin percibir al mismo tiempo su nerviosismo. Los psicólogos de la Gestalt se refieren a esto como cualidades de «mirar y sentir» o «expresivas» *(Anmutungsqualitäten)*. Su aplicación a la comprensión de la estética y el arte es fundamental[7].

Ahora bien, la expectativa de que la IA replique «sentimientos» subjetivos humanos podría estar fuera de lugar. En la actualidad, debatir si los sistemas artificiales pueden experimentar cualidades perceptuales como los humanos no es especialmente fructífero. Plantearía la necesidad de atribuir a las máquinas experiencias subjetivas, estados particulares de conciencia y perspectivas individuales. El debate filosófico en torno a los «qualia» –las sensaciones únicas de la experiencia personal– ya es suficientemente complejo en el contexto de la conciencia humana; ampliarlo para incluir los sistemas artificiales ahora mismo no es necesario. Lo que sí resulta más pertinente es explorar la capacidad de los sistemas artificiales para modelar y predecir procesos experienciales humanos, especialmente los relacionados con la estética, el arte y las emociones.

Por ejemplo, el aprendizaje automático ya permite asociar las formas con sus cualidades afectivas, entrenando sistemas para categorizar, por ejemplo, las líneas «irregulares» como «nerviosismo» o la música en tono menor como «tristeza». La clasificación afectiva de imágenes ha avanzado en los últimos años. Los algoritmos pueden entrenarse con imágenes procedentes de fuentes como el International Affective Picture System (IAPS, Sistema Internacional de Imágenes Afectivas), cuyo impacto emocional se evalúa previamente con objeto de clasificar los atributos emocionales de nuevas imágenes. Hoy día, si pedimos a Midjourney que genere un paisaje «triste», el sistema generará alguna imagen que represente una escena que des-

---

[7] Como mostró Rudolf Arnheim en su libro seminal *Art and visual perception,* Berkeley, Cal., University of California Press, 1954 [ed. cast.: *Arte y percepción visual,* trad. María Balseiro, Madrid, Alianza, 1999].

tile tristeza. Si pedimos a GPT que analice una imagen alegre, el sistema añadirá en su descripción que la escena y los colores son alegres, y así sucesivamente. Asimismo, la informática o computación afectiva se centra en la creación de sistemas capaces de reconocer, interpretar y simular emociones humanas, utilizando tecnologías como los algoritmos de reconocimiento facial, el análisis de voz y otros sensores biométricos. En Historia del arte, la clasificación de las posturas corporales afectivas se utiliza para analizar la distribución de los distintos *Pathosformel* y su prevalencia en una tradición artística, lo que facilita el uso de métodos computacionales en la búsqueda de arquetipos afectivos en la iconografía occidental, un estudio que tiene sus raíces en la tradición warburgiana[8].

Expectativas perceptuales: la historicidad de la visión

Como acabamos de ver, la afectividad, los sentimientos y el estado de ánimo matizan nuestra forma de ver el mundo. Y el conocimiento y el bagaje cultural no sólo nos ayudan a clasificar lo que vemos, sino que enriquecen y cambian la impresión de lo que vemos[9]. Esto nos lleva al concepto de historicidad de la percepción: la idea de que las experiencias individuales y culturales conforman nuestra visión de la realidad. Las diferentes épocas y contextos dan lugar a distintas interpretaciones y percepciones estéticas de los artefactos culturales. Los estilos, como dijo el historiador del arte Michael Baxandall, reflejan un «ojo de la época». La cultura y la experiencia moldean el modo en que el cerebro procesa la información visual, determinan lo que es estéticamente relevante e influyen en la forma en que los artistas representan el mundo. El arte se convierte

---

[8] L. Impett y F. Moretti, «Totentanz: Operationalizing Aby Warburg's "Pathosformeln"», *Stanford Literary Lab: Pamphlets* 16 (2017) [https://litlab.stanford.edu/LiteraryLabPamphlet16.pdf].

[9] D. Stokes, «Cognitive penetration and the perception of art», *Dialectica* 68, 1 (2014), pp. 1-34; *id.*, «Rich perceptual content and aesthetic properties», en A. Bergqvist y R. Cowan (eds.), *Evaluative perception,* Oxford, Oxford University Press, 2018, pp. 19-41.

en un testigo clave de cómo una época percibía la realidad, y el análisis de la cultura visual de una época nos permite reconstruir su visión del mundo, donde los cambios estilísticos no sólo indican una evolución de las propiedades formales de los artefactos, sino también transformaciones en la percepción colectiva.

Consideremos cómo varían las reacciones contemporáneas a diseños de distintas épocas, como el diseño de interiores y la moda de los años setenta del pasado siglo. Hoy día, estos estilos suelen tacharse de «horteras», «anticuados» o «cargados», y rara vez se consideran «frescos», «modernos» o «elegantes». Sin embargo, un espectador de los años setenta podría estar en total desacuerdo con estas caracterizaciones. A pesar de ser materialmente idénticos, dichos diseños suscitan estados de ánimo y cualidades expresivas diferentes a lo largo del tiempo. Alguien de los años setenta los percibirá de forma diferente a un individuo de nuestros días.

Las diferencias perceptuales van más allá de la distancia temporal e incluyen también diferencias culturales. Dos personas con diferente bagaje artístico tendrán una reacción distinta —emocional pero también perceptualmente— ante la misma obra de arte. Esto nos lleva a lo mencionado en el Capítulo 1 sobre la importancia de una personalización precisa e individualizada de los gustos y preferencias estéticas mediante un análisis algorítmico del comportamiento del público. Esta personalización reconoce que cada sujeto percibe y reacciona al contenido de forma única, con variaciones que se agrupan en torno a diferencias temporales, espaciales y culturales.

Otro aspecto de la historicidad de la percepción es nuestra capacidad para rastrear la evolución estilística de los objetos. Tomemos, por ejemplo, portátiles/*laptops* o iPhones de distintos años. Cuando los comparamos, hacemos algo más que fijarnos en sus semejanzas. Ver un objeto como una variación o una evolución de su predecesor altera nuestra percepción del mismo: tendemos a ver los modelos más recientes como evoluciones de sus homólogos más antiguos. Nuestra comprensión de la historia del diseño influye en nuestros juicios estéticos de dichos cambios. Esta dinámica es similar a la forma en que percibimos una versión moderna de una canción antigua: escuchamos la nueva a través del filtro de la original. Sin embargo, esta percepción cambia si no estamos familiarizados con esta última. Por ejemplo, los niños que se acostumbran a la versión y no a la canción antigua, suelen percibir el original como una variación de lo que ya conocen. La historicidad y la secuencialidad temporal (y el diferente tipo de percepción que suscitan) añaden una capa de complejidad a la forma en que los sistemas artificiales pueden modelar lo que «ven» los humanos. Hay avances prometedores en el análisis de grandes conjuntos de datos sobre arte para abordar la influencia artística en la música[10] y la pintura[11]. Identificando pautas y teniendo en cuenta el orden cronológico de las obras, podemos rastrear los orígenes e influencias de nuevos patrones. Dado el potencial del aprendizaje automático, estos sistemas podrían incluso superar a los humanos a la hora de descubrir patrones de semejanza e influencias históricas. Al analizar las respuestas estéticas humanas, también deben integrar cómo la evolución estilística y formal influye en la percepción y la reacción emocional del espectador. Estos sistemas deben tomar en consideración los diversos matices afectivos y las interpretaciones propias de cada espectador.

Calibrar la imperfección humana

Aunque no esperamos que un sistema artificial vea y «piense» como un ser humano, dado su papel en el estudio y la generación de contenido destinado a la interacción humana, debe tener una idea de cómo perciben y reaccionan los humanos. Esto afecta a lo que en el Capítulo 9 se define como el problema de la «adaptación de la IA» en el contexto de la estética. También requiere comprender los *límites y sesgos* naturales de la percepción y la cognición humanas. Los

---

[10] X. Zhang, T. T. Ren, L. Wang y H. Xu (2022), «Music Influence Modeling Based on Directed Network Model», *arXiv Preprint* (2022) [https://arxiv.org/abs/2204.03588v1].

[11] B. Saleh, K. Abe, R. S. Arora y A. Elgammal, «Toward automated discovery of artistic influence», *arXiv Preprint* (2014) [https://doi.org/10.48550/arXiv.1408.3218].

sistemas artificiales pueden analizar datos más allá de las capacidades humanas, pero sigue siendo crucial que tengan en cuenta las modalidades características de dicha percepción.

Por ejemplo, cuando un sistema de IA entrenado en el reconocimiento de objetos no consigue discernir los detalles de una imagen, podríamos concluir que, o bien el sistema carece de sofisticación, o bien la imagen está excesivamente borrosa o tiene mucho ruido. Sin embargo, en el ámbito de la experiencia estética humana, los momentos de confusión no son necesariamente defectos que haya que corregir. A menudo, un objeto capta nuestro interés precisamente porque plantea un reto perceptual o cognitivo, como es el caso de la ambigüedad o la indeterminación. Eric Kandel escribe: «Al igual que el artista crea una obra de arte, el espectador la recrea respondiendo a su ambigüedad inherente. El alcance de la contribución de quien observa depende del grado de ambigüedad de la obra de arte»[12]. Técnicas artísticas como el extrañamiento *(ostranenie)* sacan partido de la incertidumbre y la inestabilidad interpretativa, despertando la curiosidad y la atención del espectador. *A diferencia de la inteligencia artificial, donde la ambigüedad puede ser un problema a resolver, en la estética la ambigüedad es una opción.* La riqueza estética de una obra reside a menudo en su resistencia a una interpretación singular, lo que la hace permanecer abierta a múltiples lecturas.

Consideremos, por ejemplo, el cuadro de George Braque *Violín y jarra* (1910), analizado por Michael Baxandall en 1994 (Figura 6.4)[13]. Esta pintura cubista mezcla elementos figurativos con otros abstractos, sobre todo en lo que Baxandall denomina «el misterioso flanco izquierdo». Esta sección del cuadro, difícil de procesar, crea una tensión perceptiva en la que el ojo oscila entre los elementos

[12] E. R. Kandel, *The age of insight: The quest to understand the unconscious in art, mind, and brain, from Vienna 1900 to the present,* Random House, 2012, p. 192.

[13] M. Baxandall, (1994), «Fixation and distraction: The nail in Braque's *Violin and Pitcher* (1910)», en J. Onians (ed.), *Sight and insight: Essays on art and culture in honour of E. H. Gombrich at 85,* New Haven y Londres, Yale University Press, 1994, pp. 401-413. Referencia en J. Onians, *Neuroarthistory,* New Haven y Londres, Yale University Press, 2007.

Fig. 6.4. Apreciar la confusión.

reconocibles (el violín, la jarra, el clavo) y las partes más enigmáticas. Baxandall lo denomina «bloqueo perceptivo», valorando el cuadro por su capacidad para desafiar y estimular la percepción del espectador, creando una «comezón cognitiva»[14].

En este contexto, la indeterminación surge tanto de la complejidad inherente a la obra como de las limitaciones cognitivas del observador humano a la hora de discernir formas y rasgos. Nuestra capacidad para reconocer patrones tiene sus límites y a menudo nos encontramos sumidos en la incertidumbre de una obra de arte, acep-

---

[14] *Ibid.*, p. 413.

tando y abrazando esta indeterminación como parte de la experiencia estética. Esto plantea un interesante dilema a la IA. Las máquinas destacan en el etiquetado y el reconocimiento de patrones, optimizando la detección de formas que podrían superar las capacidades humanas. Sin embargo, durante una experiencia estética, puede que este tipo de optimización no siempre sea deseable o relevante para comprender la forma humana de percibir y reaccionar.

En conclusión, para modelar eficazmente la percepción estética humana, los sistemas de IA deben realizar dos tareas: primero, reconocer configuraciones que puedan suscitar una sensación de ambigüedad en los observadores humanos; segundo, en el momento de generar imágenes u otros contenidos multimedia, emplear estratégicamente la ambigüedad o la incertidumbre para enriquecer la experiencia estética del espectador.

Reconocimiento de patrones aberrantes e «inconsciente de datos»

Imaginemos de nuevo un sistema de aprendizaje automático encargado del reconocimiento de objetos que ocasionalmente identifica de forma errónea lo que ve. Como hemos dicho, estos sistemas, utilizados en ciencias de la computación para la categorización, la detección y la predicción, aspiran a ser lo más precisos posible. Las competiciones anuales evalúan qué sistema identifica con mayor exactitud objetos en fotografías o vídeos. Los potenciales errores de identificación no sólo son signos de imperfección, sino que también suscitan preocupación por los sesgos que puedan reproducir estereotipos sociales y premisas culturales, con las consiguientes repercusiones adversas.

En cambio, en el ámbito humano de la experiencia estética, la interpretación *aberrante* de la información se reconoce desde hace tiempo como un catalizador de la creatividad. Así pues, la investigación en estética de la IA también debería considerar las clasificaciones atípicas no como meros errores, sino como potenciales ideas creativas. El Deep Dream de Google de 2015, en el que las imágenes se reinterpretan mediante capas de formas inesperadas, recordaba a los movimientos de vanguardia que, como los surrealistas y los dadaístas, adoptaron la asociación libre como herramienta para potenciar la innovación artística. Técnicas como la escritura automática, los sueños como fuente de inspiración y los procesos aleatorios les permitieron trascender las limitaciones de las estructuras categoriales convencionales configuradas por normas culturales y experienciales, fomentando así una creatividad serendípica.

Del mismo modo, cuando un sistema de aprendizaje automático clasifica erróneamente un objeto, puede descubrir sin querer una asociación entre dos entidades. Esta asociación, basada en una semejanza o conexión subyacente, podría haber pasado desapercibida antes y, aunque potencialmente incorrecta, no carece de sentido. Consideremos el ejemplo de la Figura 6.5, en el que la imagen de la

Fig. 6.5. Un sofisticado gorro de ducha (de Evans 2015).

reina de Inglaterra es analizada por una red neuronal rudimenta-ria[15]. La clasificación errónea de la corona regia como un «gorro de ducha» refleja esa fase inicial de los algoritmos de aprendizaje auto-mático a la hora de reconocer objetos. Aunque a primera vista este error puede provocar risa, también revela de forma sutil una analo-gía creativa. La corona y el gorro de ducha, aunque diametralmente diferentes en valor y función, comparten una semejanza visual que el algoritmo ha puesto de relieve sin darse cuenta. Más aún, como veremos brevemente, este error puede que tenga un impacto en nuestra percepción e interpretación de la propia imagen: si la mira-mos con más atención, la corona, al fin y al cabo, parece un gorro de ducha.

Otro ejemplo notable de un sistema de reconocimiento de imá-genes imperfecto es el que interpreta la fotografía de 1918 de Alfred Stieglitz que representa a Georgia O'Keeffe como «un hombre que sostiene un teléfono móvil» (Figura 6.6)[16]. Este evidente anacronis-mo, en el que un dispositivo tecnológico contemporáneo figura en una foto antigua, refleja nuestros modernos hábitos perceptivos arraigados en el sistema de reconocimiento de imágenes. De nuevo, hasta las personas familiarizadas con la fotografía pueden verse inca-paces de «no ver» esta nueva interpretación. Aunque erróneas, estas descripciones influyen en nuestra forma de ver dichas imágenes. Los mecanismos asociativos siempre han sido un factor crucial en el flu-jo de reinterpretaciones culturales e históricas.

Mientras que las computadoras están entrenadas para la precisión y la representación objetiva de la realidad, en el ámbito de la estética la IA puede facilitar el descubrimiento de asociaciones sutiles, tal vez carentes de fundamento histórico, desvelando así sugerentes conexio-

---

[15] J. Evans, *How to trick a neural network into thinking a panda is a vulture*, Code Words – Recurse Center, 2015. Recuperado el 8 de septiembre de 2024 de [https://codewords.recurse.com/issues/five/why-do-neural-networks-think-a-panda-is-a-vulture].

[16] J. Spratt, «Dream formulations and deep neural networks: Humanistic the-mes in the iconology of the machine-learned image», *kunsttexte.de* (2017) [https://edoc.hu-berlin.de/bitstream/handle/18452/19403/Spratt%20-%20final.pdf].

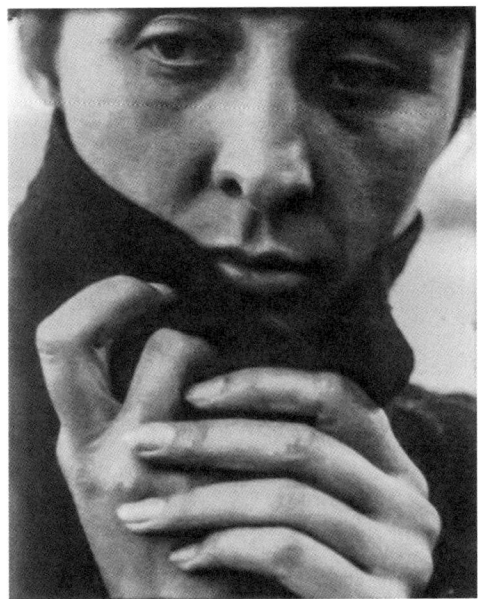

Fig. 6.6. La artista Georgia O'Keeffe (1887-1986) «sosteniendo su nuevo teléfono móvil».

nes. Ejemplos notables los constituyen proyectos como «MosAIc»[17] y «X Degrees of Separation»[18]. El primero consiste en un sofisticado algoritmo de IA creado por investigadores del MIT, diseñado para identificar paralelismos entre obras de arte procedentes de periodos históricos muy divergentes. Este algoritmo realiza análisis comparativos de piezas del Rijksmuseum y del Metropolitan Museum of Art. El segundo ejemplo es una colaboración artística entre Google y el artista Mario Klingemann. Esta innovadora aplicación *online* emplea inteligencia artificial para construir una transición fluida entre dos imágenes, garantizando que las intermedias supongan una progresión coherente y natural desde la imagen inicial hasta la final.

[17] R. Gordon, «Algorithm finds hidden connections between paintings at the Met», *CSAIL News,* 2019 [https://www.csail.mit.edu/news/algorithm-finds-hidden-connections-between-paintings-met].

[18] Google Arts & Culture Experiments (s. f.), «X degrees of separation» [https://artsexperiments.withgoogle.com/xdegrees/].

En particular, las redes neuronales no supervisadas pueden cribar vastos conjuntos de datos sin los límites que imponen unas directrices preestablecidas. Esta libertad permite la aparición de sistemas de clasificación alternativos que a veces son más avanzados o intrincados que los ideados por el ser humano. En el ámbito científico, por ejemplo, estos sistemas pueden poner orden en fenómenos complejos, como patrones meteorológicos en las formaciones de nubes, adoptando sistemas de clasificación innovadores que superan los métodos tradicionales[19]. En el ámbito del análisis cultural, plataformas como Spotify ejemplifican este enfoque. Analizan gustos, tendencias y estilos musicales, trascendiendo el limitado espectro de los géneros más conocidos mediante el procesamiento algorítmico de datos. Esta tecnología puede diferenciar miles de géneros, aumentando la granularidad de las clasificaciones. Las categorías pueden llegar a ser no sólo más precisas, sino también fluidas y continuas, reflejando el paso de las clasificaciones tradicionales y discretas a un marco más dinámico y expansivo[20].

Aunque los debates actuales se centran, con razón, en los riesgos de estos sistemas a la hora de extraer, reforzar y perpetuar estereotipos y sesgos humanos presentes en sus datos de entrenamiento, también merece la pena considerar su potencial imaginativo y exploratorio. Estos sistemas pueden descubrir nuevos patrones y ofrecer perspectivas inéditas. Surge entonces la pregunta: ¿puede una IA crear una nueva sensibilidad y, en caso afirmativo, podremos, en tanto que humanos, percibirla y comprenderla? Walter Benjamin introdujo el concepto de «inconsciente óptico», con el que sugería que tecnologías como la fotografía y el cine revelan capas de la realidad que normalmente no son accesibles a simple vista, del mismo modo que el psicoanálisis pone al descubierto pulsiones ocultas. Estos medios, mediante técni-

---

[19] Como señalan Kurihana *et al.*, «el aprendizaje no supervisado nos permite ir más allá de categorías artificiales derivadas de patrones históricos de clasificación de nubes, facilitando el descubrimiento de clasificaciones más matizadas»; M. Kurihana *et al.*, «Cloud classification with unsupervised deep learning», *arXiv Preprint* (2022) [https://arxiv.org/abs/2209.15585].

[20] Véase Every Noise at Once [everynoise.com].

cas como la ampliación, el montaje, la cámara lenta o el aislamiento de detalles, ofrecen nuevas perspectivas de una realidad perceptual a las que de otro modo no tendríamos acceso. El análisis de macrodatos y los avances del aprendizaje automático auguran un potencial similar. Estas tecnologías pueden descubrir patrones y conexiones nunca vistos en fenómenos culturales complejos, tanto históricos como actuales. El análisis de datos de IA es una poderosa herramienta para desenterrar un «inconsciente de datos» y descubrir patrones que a menudo escapan a nuestra percepción debido a las limitaciones perceptuales y cognitivas humanas. Esto plantea también la siguiente cuestión: ¿son estos patrones meros aspectos pasados por alto de nuestra realidad, son comparables a una especie de excavación «arqueológica» de nuestro material cultural? O, por el contrario, ¿se trata de un proceso similar a la imposición de patrones, como la forma en que diversas culturas percibieron y *construyeron* constelaciones a partir de estrellas dispersas al azar?

Las connotaciones y asociaciones libres en las experiencias estéticas conllevan una serie de resonancias emocionales y significados implícitos, moldeados por nuestros antecedentes culturales y personales. La asociación libre, la conexión espontánea de pensamientos y emociones, revela a menudo vínculos inesperados. Cuando los sistemas de IA clasifican erróneamente o generan «patrones extraños», pueden estar aprovechando este mismo impulso asociativo, descubriendo relaciones que escapan a la comprensión humana. Estos «deslices» algorítmicos nos desafían a considerar si esas asociaciones son simplemente aleatorias o si emanan de un orden más profundo, aún por comprender.

Platonismo artificial e imaginación contrafactual

Un rasgo capital de la inteligencia, ya sea natural o artificial, es la capacidad de abstracción. Los avances en inteligencia artificial conducen a la aparición de sistemas capaces de aprender de imágenes y canciones, extrayendo e interpretando la *esencia* de estilos, artefactos o motivos. Estos modelos de IA, alimentados por técnicas de aprendizaje profundo, analizan vastas colecciones de obras de arte visuales o auditivas, discerniendo patrones y matices estilísticos inherentes a distintos géneros o épocas. En el proyecto descrito en el Capítulo 1, se analizaron y extrajeron las características de cientos de rostros de cuadros de Rembrandt y luego se utilizaron para generar una nueva imagen en el estilo del pintor holandés. Del mismo modo, al entrenar una red con miles de corales de Bach, una red neuronal fue capaz de producir sus propios corales a la manera de Bach. En todos estos ejemplos hay que señalar que el sistema no se limita a generar una media de los cuadros (o de las obras musicales) analizados, ni a copiar partes de los distintos Rembrandts recombinándolas como una especie de *collage*. En su lugar, extrapola los patrones generales del estilo de Rembrandt, incluidos el tipo de pincelada y su uso del color. Lo que se reconstruye y reutiliza en clave generativa es la *quintaesencia* de la obra del pintor, la idea platónica de un Rembrandt. La pintura recién generada es un ejemplo materializado salido del *espacio latente* de todas las posibilidades determinadas por esta esencia.

Una consecuencia del desarrollo de esas «máquinas de quintaesencias» es la transformación de artefactos definidos por su unicidad en diversos ejemplos de una idea general, que potencialmente podría materializarse en una infinidad de variaciones. Podríamos verlo como un tipo avanzado de reproducción técnica, en la línea del famoso ensayo de Walter Benjamin. Sin embargo, difiere fundamentalmente del concepto de reproducción como mera copia de una obra específica. Se trata más bien de producir nuevas variantes reproduciendo el mismo estilo, los mismos motivos, las mismas «vibraciones»[21] de la obra de un autor. Se destila la esencia de la marca creativa del autor y luego se utiliza como plantilla para crear nuevas piezas que se hacen eco del estilo original, aunque divergen en su expresión individual.

También hay implicaciones legales, ya que sólo las obras concretas, individuales, están protegidas por derechos de autor, no el

---

[21] Lo tomo prestado de D. Grietzer, «A theory of vibe», *Glass Bead* (2017) [https://www.glass-bead.org/article/a-theory-of-vibe/].

estilo de un artista. Las reproducciones potencialmente infinitas en el estilo de Rembrandt, Bach o los Beatles por sistemas de aprendizaje automático no infringen los derechos de autor y permiten generar nuevas melodías en su estilo que todo el mundo es libre de utilizar. Esta es la razón por la que las plataformas comerciales ya ofrecen la posibilidad de subir canciones y pedir a un sistema de aprendizaje automático que genere nuevas melodías que imiten el estilo de la música de entrada, con lo que se evita cualquier posible problema de derechos[22].

La tradición de los plagios, *homenajes* o imitaciones descaradas en la industria cultural viene de lejos: para muchos productores es más fácil capitalizar la tendencia de cualquier innovación musical, narrativa o cinematográfica de éxito que crear algo nuevo. Sin embargo, cabe preguntarse si la creciente facilidad para extraer la quintaesencia de las obras mediante sistemas de IA generativa no planteará la necesidad de proteger no sólo el contenido individual, sino también los estilos, los estados de ánimo o los «sentimientos» estéticos, incluso las ideas abstractas que subyacen al conjunto de la obra de un artista.

La relación entre un objeto y su «esencia», entre un objeto y su idea abstracta y generalizada, tiene importantes implicaciones perceptuales y cognitivas. Consideremos esta situación imaginaria: un mundo carente de conocimientos de geometría, un lugar donde los principios de las formas están aún por descubrir. En este mundo hipotético, un destacado artista deja tras de sí un legado de apenas ocho cuadros abstractos. Cada obra maestra muestra configuraciones que, a nuestros ojos del mundo real pero no a los del imaginario, se asemejan a lo que conocemos como «triángulos» (muy parecidos a los célebres *Cuadrados negros* de Malevich). En este mundo, estas formas no tienen una interpretación geométrica y se perciben simplemente como ocho elementos únicos y algo similares, característicos del estilo y los motivos recurrentes del artista. Un algoritmo avanzado, similar a los actuales sistemas de inteligencia artificial, examina meticulosamente estas pinturas. El sistema consigue extraer su patrón subyacente y formula un concepto abstracto: la idea geométrica de un triángulo, lo que permite al sistema

---

[22] Véase, por ejemplo, [aiva.ai].

generar un sinfín de pinturas-triángulos, todas ellas reflejo del estilo distintivo del artista. Supongamos que los ocho triángulos pintados son todos equiláteros o isósceles; el sistema artificial nos presenta ahora la posibilidad de generar triángulos escalenos. Curiosamente, algunos podrían encontrar que estas variaciones generadas por la IA son más atractivas que los «originales».

Esta situación imaginada nos remite a la noción platónica de que la realidad es sólo un reflejo imperfecto de entidades ideales perfectas. Cada triángulo real representado en esos ocho cuadros es sólo una manifestación imperfecta del concepto abstracto de triangularidad. Pero el punto crucial es que ahora miramos las imágenes del artista de forma diferente: antes, veíamos esos triángulos como objetos únicos en su singularidad; ahora, en cambio, los consideramos sucesos singulares entre numerosas disposiciones posibles. Al extraer la esencia de esos objetos, vemos las imágenes singulares reales como ejemplos del vasto abanico de posibilidades dentro del espacio latente definido por la máquina: cada imagen es el camino que se ha tomado, entre muchos otros que no se han seguido.

El *platonismo artificial* tiene su origen en la creencia de que los artefactos son entidades que encarnan una esencia específica que se puede extraer y utilizar. Este concepto adquiere especial relevancia cuando se aplican estos métodos para completar obras inacabadas o extrapolar datos que faltan. Por ejemplo, cuando un sistema de IA intentó completar la *Sinfonía n.º 8* de Schubert, la *«Inacabada»*, generó numerosas posibles continuaciones. Estas variaciones se derivaban del espacio latente determinado por la esencia del estilo musical de Schubert. En última instancia, los programadores seleccionaron la variación que consideraron más adecuada. Para evaluar la eficacia de la IA a la hora de completar una pieza musical, también se le puede proporcionar una sección de una obra completa y pedirle que genere la parte restante. El resultado puede compararse con la obra «real» (una especie de validación o verificación cruzada estadística). Pero un sistema de IA también podría entrenarse no sólo para generar una «simulación de Schubert», sino para optimizar su resultado y así conseguir un mayor atractivo estético y musical, de modo que estaríamos ante un «Schubert mejorado».

El uso de la IA en la cultura plantea que cada producto cultural es sólo una posibilidad dentro de un vasto espacio latente de alternativas, algunas de las cuales pueden ser igual o incluso más interesantes o mejores. En consecuencia, podríamos argumentar que, si bien Franz Schubert tomó determinadas decisiones artísticas en sus composiciones, había otros caminos igualmente viables dentro del ámbito de su esencia estilística. A esto lo podríamos llamar *imaginación contrafactual*. Esta perspectiva no sólo nos permite ver un objeto como una de las infinitas posibilidades de una idea abstracta, sino que también nos obliga a contemplar las distintas formas que podría haber adoptado ese objeto o imagen. Al enfrentarnos al arte y a los artefactos desde este punto de vista, no sólo los estamos reconociendo en su existencia real, sino que imaginamos de manera activa las innumerables y diferentes formas en que *podrían haberse materializado*. Este cambio de percepción subraya la fluidez y multiplicidad inherentes a las creaciones culturales, pues las fronteras entre lo real y lo posible son cada vez más difusas.

Manos raras: una digresión

Sigamos en nuestro mundo imaginario carente de geometría. Hemos supuesto que los ocho triángulos representados en las obras de arte únicamente son isósceles o equiláteros. Sin embargo, el sistema artificial, para crear variación, aplica el concepto de triángulo de una forma más general y genera los escalenos, con todos los lados diferentes. Esta producción de triángulos nunca vistos llevaría a dos situaciones. La primera, que ya se ha comentado, es que el sistema abre un nuevo mundo de posibilidades para los espectadores, posibilidades que antes no se planteaban y que han sido posibles gracias a la creación de un modelo general de triángulo. La segunda, de la que nos vamos a ocupar brevemente a continuación, es que, para el espectador de ese mundo, el sistema artificial *está cometiendo un error* porque genera triángulos que le parecen sin sentido, carentes de la regularidad a la que estaba acostumbrado. Esto revelaría cómo, en dicho mundo, el nivel aceptable de abstracción de objetos triangulares (definido por los ocho cuadros) no era arbitrario, sino que se limitaba a sólo pensarlos como isósceles o equiláteros, sin posibilidad de nuevas formas triangulares.

Esta situación es un reflejo de la fase inicial de generación de imágenes por IA, cuando sistemas como Midjourney cometían repetidos fallos a la hora de dibujar manos (sobre todo con un número de dedos erróneo), poner demasiados dientes en una boca humana o generar imágenes de textos con fuentes extrañas y sistemas de escritura inexistentes. No se trataba de defectos concretos en la capacidad de los sistemas para dibujar manos o textos; generan estos elementos de la misma manera que dibujan árboles, nubes y rocas. *La diferencia radica en nuestras expectativas perceptuales:* en los casos de manos y textos, son más precisas que para árboles, rocas o nubes, debido a sus bien definidas características en el mundo real, como los cinco dedos típicos de una mano o la naturaleza estructurada de los caracteres escritos que forman parte de un alfabeto y una lengua conocidos.

En su fase de entrenamiento, los sistemas de generación de imágenes encuentran una gran variedad de representaciones de manos. A menudo, algunos dedos quedan ocultos o no se ven con claridad, mientras que, en los casos de manos entrelazadas, pueden resultar visibles más de cinco dedos. Por consiguiente, estos sistemas aprenden a percibir la mano no como una entidad fija con cinco dedos exactamente, sino como un conjunto flexible de dedos, del mismo modo que interpretan un árbol, al que ven como un conjunto flexible de ramas y hojas. Como resultado, los sistemas generan imágenes de manos con un número variable de dedos, reflejo de esta abstracción aprendida y no de la realidad anatómica precisa de las manos humanas. Del mismo modo, la representación de textos escritos en los sistemas de generación de imágenes puede carecer de la precisión lingüística y alfabética que esperamos, dando lugar a secuencias de caracteres que parecen aleatorias o no estándar. Los retos a los que se enfrentan estos sistemas consisten, por tanto, en captar y reproducir la especificidad y la precisión que esperamos de estos objetos, en contraste con árboles, nubes o rocas, para los que aceptamos una mayor variabilidad y concreción a la hora de representarlos. Si consideráramos las manos y el texto escrito con el mismo grado de variabilidad que los árboles o las nubes, una representación inusual podría parecernos normal, igual que a un espectador foráneo, como un extraterrestre, aún no acostumbrado a las particularidades del cuerpo humano y la escritura. Estas peculiaridades nos dicen más sobre las características de nuestra percepción que sobre anomalías en los sistemas de generación de imágenes.

Déjà vu y las transformaciones del sensorio

Como hemos observado, los contenidos generados por la IA pueden parecer inusuales o incluso extraños, siniestros, sobre todo porque desafían nuestras normas perceptuales. Lo siniestro surge cuando encontramos anomalías en contextos que nos resultan familiares: por ejemplo, manos de seis dedos, formas biomórficas que se funden con objetos, o expresiones faciales y corporales que resultan ligeramente extrañas. Sin embargo, hay casos en los que podríamos esperar algo novedoso o poco convencional y, sin embargo, lo que encontramos nos resulta extrañamente familiar, como un *déjà vu*. Este fenómeno se aprecia a menudo en obras de arte creadas artificialmente. Para quienes no son expertos, distinguir entre una obra original y una producida por la IA puede ser complicado, lo que provoca una sensación de vaga familiaridad.

Examinemos las imágenes de la Figura 6.7, producidas por una red generativa antagónica (GAN) entrenada en un conjunto de datos de pinturas de finales del siglo XIX. Llama la atención que, a pesar de estar informados del origen artificial de las imágenes, algunos espectadores no sólo perciban una típica pintura moderna de estilo impresionista, que recuerda a los retratos de Renoir, sino que también experimenten un sentimiento de *déjà vu,* como si no fuese la primera vez que se encuentran con estas pinturas. La sensación de familiaridad que suscita la pintura hecha por la GAN podría explicarse por el hecho de estar compuesta, en efecto, por elementos iconográficos y estilísticos de imágenes que probablemente hayamos visto en el pasado. Si esas imágenes se generaron conforme a la abstracción platónica de estilo y motivos, el *déjà vu* es aquí análogo a la *anamnesis* de Pla-

Fig. 6.7. Imágenes de estilo impresionista generadas por el modelo de IA GAN2 en 2021.

tón, según la cual toda experiencia y todo conocimiento son un recuerdo de esencias que siempre han existido (véase el Capítulo 3).

En esa percepción de familiaridad, la relación entre los contenidos originales y sus variantes artificiales a que están expuestos los sujetos desempeña un papel crucial. En contextos en los que nos enfrentamos principalmente a productos culturales originales, las creaciones artificiales suelen considerarse meras curiosidades o derivados. Sin embargo, cabe imaginar que en el futuro los contenidos generados a partir de obras originales los superen en número.

Este cambio en la relación entre contenidos originales y variaciones (artificiales) puede dividirse en dos fases generales:

1) Los nuevos contenidos generados se consideran un mero reflejo o una ampliación de las obras originales. Por ejemplo, cuando vemos una imagen «en el estilo de Picasso». Para referirnos a la situación hipotética de la que hablábamos antes: al principio, en cada triángulo artificial recién generado reconocemos los ocho célebres triángulos con los que estamos familiarizados. *Las variaciones se perciben a través de la lente de los objetos originales* (vemos el original *en las* variaciones).

2) Tras una fase intermedia, en la que no queda claro si lo que observamos es una derivación de obras originales o algo original en sí mismo (lo que crea un efecto de *déjà vu*), podemos pasar a un estadio en el que el contenido generado artificialmente predomina sobre el original. Siguiendo con nuestro ejemplo, al encontrarse con uno de los ocho triángulos pintados por el renombrado artista, puede que un individuo lo perciba simplemente como otro ejemplo del concepto general de triángulo, indistinguible de otros vistos con anterioridad. En este caso, *el original se ve e identifica a través del prisma de sus diversas iteraciones* (vemos las variaciones *en la* obra original).

Este fenómeno se parece mucho a los *remixes* y *covers* en música, como ya hemos dicho. Algunas reinterpretaciones se hacen populares al re-introducir antiguas canciones a un público más joven que no está familiarizado con las originales. Los oyentes de más edad disciernen el original en la versión *cover* (y a menudo sienten por él una preferencia nostálgica), mientras que, por el contrario, los más jóvenes, al encontrarse con el original, pueden percibirlo a través de la lente del *cover* (que suelen preferir, pues se ajusta más a los gustos y estilos contemporáneos).

El ejemplo del *remix* pone de manifiesto que recrear obras originales o sus estilos no es, por supuesto, un concepto nuevo. Por ejemplo, hubo un largo debate sobre cuáles de los autorretratos de Rembrandt eran auténticos y cuáles meras imitaciones de discípulos. Dicho debate no se zanjó hasta hace poco, cuando el número de originales reconocidos se redujo de 90 a 40. Tendencias similares se observan en la música, sea barroca o pop de los años 60, donde ciertos estilos y sonidos se popularizan y son imitados por otros artistas. Lo que ahora resulta diferente es la facilidad y la frecuencia con que los actuales sistemas de IA pueden crear obras «en el estilo de» artistas famosos, y los cambios que pueden producirse si imágenes, sonidos y texto pasan a ser principalmente producto de una generación artificial. Al crear variaciones y mezclas infinitas de los productos de la cultura humana, podríamos llegar a percibir las obras y los contenidos originales como simples ejemplos de un sinfín de potenciales artefactos. En nuestro mundo imaginario sin geometría, los ocho triángulos originales se nos presentan ahora como una simple manifestación entre otras de la idea general de triángulo. De modo similar, los 40 retratos de Rembrandt, los 400 corales de Bach o las cerca de 200 canciones de los Beatles, antes considerados únicos y especiales, tal vez se vean ahora como meros ejemplos de las muchas variaciones de un determinado estilo general.

Además, la tecnología de la IA generativa favorece la mezcla, recombinación y recontextualización de estilos y formas, lo que facilita la generación de imágenes cuyo estilo es, por ejemplo, una combinación de El Bosco y Andy Warhol, o una mezcla de Caravaggio y Manet. Del mismo modo, se podría hacer que una canción de los Beatles siguiera evoluciones melódicas que incorporaran a Bach, o que un soneto shakespeariano hable del drama de un colapso financiero, etc. La posibilidad misma de generar libremente estas variaciones repercute en nuestra manera de ver los objetos culturales a los que estamos acostumbrados. Ahora nuestros ojos se encuentran más capacitados para «realizar interpolaciones» de forma natural entre estilos y contenidos gracias al entrenamiento al que estamos sometidos. Estas nuevas posibilidades también cambian la forma de ver el arte de las personas que utilizan o conocen estas tecnologías. En otras palabras, *las tecnologías de IA generan patrones y clasificaciones nuevos que integramos parcialmente en nuestro pensamiento y percepción,* lo que nos facilita prever, aun antes de pedir al sistema que genere esas imágenes, cómo una pintura del Bosco podría manifestarse en una composición *Pop Art* o posmoderna, o concebir un escritorio contemporáneo en el estilo del arte flamenco del siglo XVII (Fig. 6.8). En este sentido, *los sistemas de IA nos entrenan en nuevas formas de ver.*

Fig. 6.8. Imagen de Dall-E 3 generada con el *prompt*: «A PC-set in the style of XVIIth century Dutch still-life» («Una computadora de sobremesa en el estilo de los bodegones holandeses del siglo XVII»).

Este fenómeno refleja la influencia histórica de las innovaciones en los dispositivos multimedia, que han remodelado constantemente las experiencias cognitivas humanas. Walter Benjamin exploró el modo en que las tecnologías alteran el sensorio humano al introducir nuevas formas de procesar y de relacionarse con el mundo[23], en particular disminuyendo el «aura» de una obra de arte, su presencia única en el tiempo y el espacio, y su auténtica historia. Con la aparición de tecnologías capaces de reproducir arte en masa, estas obras pueden experimentarse ahora en contextos y lugares diferentes, cam-

---

[23] «Así, la tecnología ha sometido al sensorio humano a un tipo complejo de entrenamiento», en W. Benjamin, «On some motifs in Baudelaire» [1939], en H. Eiland y M. W. Jennings (eds.), *Walter Benjamin: Selected writings,* vol. 4: *1938-1940,* 2007, pp. 313-355, Cambridge, Mass., Harvard University Press, 2007.

Fig. 6.9. Primer plano de una abeja.

biando así la percepción original, que estaba ligada a la singularidad y autenticidad de la obra. Más tarde, Marshall McLuhan amplió en buena medida este punto de vista: cada medio, con sus características específicas, afecta a nuestro equilibrio sensorial. Los medios electrónicos, en particular la televisión, fomentaron una percepción del mundo más holística y menos lineal en comparación con la linealidad de los medios impresos. La experiencia de la generación artificial de contenidos, donde las fronteras entre formas y estilos se hacen mucho más fluidas, potencia esta transformación. Además, McLuhan sostenía que el contenido de cualquier medio es siempre otro medio; son las características del propio medio las que configuran y alteran el sensorio, cambiando no sólo lo que vemos, sino cómo lo vemos, al alterar el equilibrio entre nuestros sentidos. De modo similar, el verdadero alcance de los cambios que puede inducir la «IA generativa» aún está en fase incipiente y será objeto de futuras investigaciones.

7

Estética de la IA y evolución de los medios

Lev Manovich

Separar y reensamblar

La *imagen IA* constituye una evolución lógica más del proceso que comienza con los algoritmos de los medios digitales en los años setenta del pasado siglo y continúa en las décadas siguientes. Los primeros programas de pintura digital se crearon en los años setenta, pero aún no podían simular distintos tipos de pintura, pinceles y superficies con textura como el lienzo[1]. Pero, en los noventa, programas como Corel Painter (1991-) empezaron a ofrecer estas características[2]. Del mismo modo, los primeros algoritmos de computación gráfica (CG) 3D para plasmar formas sólidas, el sombreado de Gouraud (1971) y el sombreado de Phong (1973), aún no podían simular el aspecto de distintos materiales. Más tarde, en las décadas de 1970 y 1980, los investigadores en esta área crearon numerosos algoritmos para simular el aspecto de diversos materiales y texturas, como tela, pelo y piel, así como sombras, transparencia, translucidez, profundidad de campo, destellos de lente, desenfoque

---

[1] Sobre la historia de los primeros programas de pintura digital, véanse Alvy Ray Smith, *Digital Paint Systems: An Anecdotal and Historical Overview* [https://ohiostate.pressbooks.pub/app/uploads/sites/45/2017/09/paint.pdf], así como su *A Biography of the Pixel,* Cambridge, Mass., The MIT Press, 2021.

[2] «Corel Painter», *Wikipedia* [https://en.wikipedia.org/wiki/Corel_Painter], consultado el 27 de septiembre de 2024.

de movimiento, reflejos, agua, humo, fuegos artificiales, explosiones y otros fenómenos naturales, así como técnicas y efectos cinematográficos.

La simulación de muchos de estos fenómenos y técnicas requiere múltiples algoritmos independientes que se fueron desarrollando con el tiempo. Así, en las actas anuales de SIGGRAPH, el principal congreso en el campo de la computación gráfica, encontramos diversas sesiones dedicadas a estos algoritmos con nombres como «Volúmenes y materiales», «Simulación fluida» o «Telas y envolturas»[3]. Por ejemplo, la ponencia «Predicting Loose-Fitting Garment Deformations Using Bone-Driven Motion Networks» («Predicción de deformaciones en prendas holgadas mediante redes de movimiento articulado»), que se presentó en el congreso de 2023, describe «un algoritmo de aprendizaje que utiliza redes de movimiento articulado para predecir la deformación de mallas de prendas holgadas a velocidades interactivas». Otra ponencia, «Rendering Iridescent Rock Dove Neck Feathers» («Renderización de las plumas irisadas del cuello de la paloma doméstica»), describe un nuevo enfoque para modelizar y renderizar plumas de aves, etcétera.

En mi artículo «Assembling Reality: Myths of Computer Graphics» («Montando la realidad: mitos de la computación gráfica»), de 1992, analicé este aspecto fundamental de la computación gráfica y explicaba que «el fotorrealismo sintético es muy diferente del realismo de los medios ópticos, al ser parcial y desigual más que analógico»:

> La recreación digital de cualquier objeto implica resolver tres problemas distintos: la representación de la forma de un objeto, los efectos de la luz y el patrón de movimiento. Disponer de una solución general para cada problema requiere la simulación exacta de las propiedades y procesos físicos subyacentes. Esto es imposible debido a la extrema complejidad matemática [...]. En la práctica, los investigadores en computación gráfica han recurrido a resolver casos locales concretos, desarrollando una serie de mo-

---

[3] Véase *SIGGRAPH '22: ACM SIGGRAPH 2022 Conference Proceedings* [https://dl.acm.org/doi/proceedings/10.1145/3528233].

delos no relacionados entre sí para la simulación de algunos tipos de formas, materiales y movimientos[4].

En otras palabras, la CG 3D desmonta el mundo que vemos, separando las formas, los materiales, los reflejos de luz, las texturas, los movimientos y los comportamientos de los objetos. Durante el renderizado, se combinan los efectos de múltiples algoritmos que simulan todos estos aspectos. Así, *las representaciones visuales creadas mediante CG son discretas y modulares más que continuas y «monistas»*. Esta es una de las características más importantes de los medios que usan CG, que los distingue de los medios de imagen óptica, basados en el uso de lentes.

Fig. 7.1. Algunos de los miles de recursos *(assets)* disponibles en Substance (*software* de creación de contenidos 3D de Adobe). Son recursos de la colección Herbarium. Entre ellos hay modelos 3D, materiales aplicados a estos modelos y luces virtuales. Fuente: [https://substance3d.adobe.com], consultado el 26 de septiembre de 2024.

---

[4] Lev Manovich, «Assembling Reality: Myths of Computer Graphics», *Afterimage* 20, 2 (septiembre de 1992), pp. 12-14. Véase también Lev Manovich, *The Language of New Media, Part 4: «*The Illusions», Cambridge, Mass., The MIT Press, 2001.

Esta lógica de separación y recombinación también define la siguiente etapa de los medios digitales: el *software* para PC para la creación y edición multimedia. Tras su lanzamiento inicial en 1990, Photoshop empezó a incluir gradualmente técnicas y efectos simulados de diversos medios artísticos, desde el cuarto oscuro (fotografía) hasta la pintura al óleo, dentro de un único programa. Estos efectos pueden combinarse en una sola imagen digital. De igual modo, el *software* de música permite a los usuarios combinar muchos instrumentos simulados y múltiples efectos, como la reverberación y el eco, en una composición. El *software* para procesamiento de textos y edición divide el proceso físico de la maquetación en sus partes básicas, que ahora también pueden recombinarse; por ejemplo, se puede tomar cualquier fuente y cambiar su tamaño a discreción, o bien generar una fuente propia[5].

Todas estas posibilidades del *software* multimedia se plantearon por primera vez en los años 70 y se hicieron realidad más tarde, en los años 80 y 90, hasta acabar siendo omnipresentes. Los medios de la IA generativa siguen la misma lógica, aunque su implementación técnica es diferente. Durante el entrenamiento, las redes neuronales aprenden patrones visuales característicos de cientos de tipos diferentes de medios artísticos, técnicas de iluminación y efectos tomados de la historia de la fotografía y de la cinematografía, así como los rasgos visuales diferenciales de muchos miles de artistas, arquitectos, diseñadores de moda y otros creadores, tanto históricos como contemporáneos. En la actualidad, un sitio web como Midlibrary recoge 391 «técnicas artísticas» que Midjourney, la herramienta para generar imágenes con IA, puede simular con precisión, según las pruebas realizadas por el equipo de este sitio web[6]. Van desde la «impresión en papel a la albúmina» y el «anaglifo» hasta la «talla en madera» y el *wireframe rendering*.

---

[5] Para un análisis detallado del *software* multimedia y sus orígenes conceptuales, véase Lev Manovich, *Software Takes Command,* Londres, Bloomsbury Academic, 2013.

[6] MidLibrary, «Midjourney styles in Artistic Techniques category», [https://midlibrary.io/categories/techniques], consultado el 26 de septiembre de 2024..

Fig. 7.2. Ejemplos de Midlibrary que muestran algunas de las técnicas y géneros artísticos, estilos de pintores, ilustradores, arquitectos, fotógrafos y diseñadores de moda que Midjourney puede simular. En septiembre de 2024, cuenta con 5500 referencias de este tipo. Fuente: midlibrary.io, 24 de marzo de 2024.

Y lo que es más importante, un usuario puede incluir referencias a varias técnicas y/o a varios creadores en un mismo *prompt,* lo que puede generar *nuevos tipos de efectos multimedia que antes no existían.* He aquí algunos ejemplos de los *prompts* que he utilizado con Midjourney:

- Referencia a varios artistas en un mismo *prompt:* «Aguafuerte panorámico muy grande y detallado del siglo XVIII que muestra un paisaje en el estilo de *Michael Kaluta, Kawanabe Kyosai, Pieter Brueghel el Viejo,* con todo lujo de detalles, cinematográfica».
- Referencia a varias técnicas y medios artísticos en un mismo *prompt:* «Espacio de almacenaje de museo infinito futurista del siglo XVIII con objetos de arte en las estanterías, nevando en el interior del espacio y con niebla, vista de gran angular hacia abajo, luz suave del atardecer 7 p.m., *dibujo y aguafuerte* elaborados y detallados con sombreado muy fino, *lápices de colores* oscuros con matices sutiles y *plumas* finas».

William J. Mitchell, el teórico pionero de los medios digitales de los años noventa y 2000, denominó a esta característica clave de los medios digitales «separar y recombinar»[7]. En su libro *City of Bits* (1995), describió este proceso en relación con la planificación urbana:

> Los arquitectos clásicos de los siglos XVIII y XIX resolvieron la tarea de unir espacios creando jerarquías de espacios grandes y pequeños en torno a sistemas de circulación axiales y simétricos conectados a grandes entradas formales y espacios públicos abiertos [...] los funcionalistas modernos del siglo XX derivaron a menudo sus trazados menos regulares directamente de requisitos empíricos de adyacencia y proximidad entre los elementos espaciales necesarios. Pero cuando la telecomunicación a través de los rapidísimos bits de la superautopista de la información complementa o sustituye el movimiento de los cuerpos por las vías de circulación, y cuando la telepresencia sustituye el contacto cara a cara entre los participantes en las actividades, los vínculos espaciales que podíamos esperar se van aflojando. Los elementos constitutivos de las composiciones arquitectónicas y urbanas, hasta ahora estrechamente entrelazadas, pueden empezar a fluir libres unos de otros, y reubicarse y recombinarse conforme a nuevas lógicas[8].

Los cursos de Mitchell de la década de los 2000 ampliaron esta formulación, demostrando cómo en los medios digitales puede verse esta lógica de separación y recombinación de diversas maneras. La IA generativa sigue la misma lógica. Una red neuronal extrae elementos y estructuras de cientos o miles de millones de imágenes en su conjunto de entrenamiento. Entre ellos figuran paletas de colores, composiciones, efectos de luz, artefactos resultantes de procesos fotográficos históricos, etc. Cuando se pide a una herramienta de imagen de IA que genere nuevas imágenes con unos atributos visuales especificados, hace todo lo posible por combinar (o, más exactamente, *interpolar* entre) patrones y efectos artísticos apropiados.

---

[7] «William J. Mitchell», MIT Press [https://mitpress.mit.edu/author/william-j-mitchell-2911/], consultado el 26 de septiembre de 2024.

[8] William J. Mitchell, *City of Bits: Space, Place, and the Infobahn*, edición revisada, Cambridge, Mass., The MIT Press, 1996.

Ningún historiador, teórico o profesional humano de las artes visuales, la fotografía, el cine o el diseño ha sido capaz de describir todos estos patrones. A principios del siglo xx, historiadores del arte pioneros como Aby Warburg y Erwin Panofsky desarrollaron el estudio de la iconología. Warburg define este concepto como los motivos visuales que (re)aparecen en diversas civilizaciones y medios. Panofsky lo utilizó de forma algo diferente, para referirse a símbolos y motivos que han existido a lo largo de la historia del arte.

Durante el mismo periodo, los arquitectos y los artistas visuales modernos desmontaron las artes visuales de un modo diferente, descomponiendo una imagen en sus componentes y dimensiones básicos, como puntos, líneas, planos, formas bidimensionales, color, espacio, textura, patrón y equilibrio, entre otros. Aunque este proyecto de desmantelamiento metódico y de creación de nuevos lenguajes visuales a partir de dichos componentes fue fundamental para el arte contemporáneo y sus muchos -ismos, donde seguramente se desarrolló de un modo más metódico fue en los planes de estudio de dos escuelas de arte y diseño de vanguardia. La Vjutemás de Moscú (1920-1929) y la Bauhaus de Alemania (1919-1933) implantaron sus «cursos básicos», en los que se enseñaba a los estudiantes a trabajar de forma sistemática con todos los elementos y dimensiones relevantes. En lugar de dibujar del natural, pintar retratos o hacer composiciones históricas, ahora empezaban su formación completando ejercicios con los elementos primarios de la imagen como colores, formas y figuras básicas.

En Vjutemás, el Curso Básico fue creado en 1920 por Ródchenko, Popova, Ekster, Vesnin y otros profesores de pintura, arquitectura y otras secciones de la escuela. En su primera versión constaba de una serie de talleres como «Disciplina de formas y colores sincronizados», «Plano, color y diseño espacial», «Construcción gráfica sobre una superficie plana» y «Color». A lo largo de la existencia de Vjutemás hubo cambios y transformaciones. Finalmente, se aprobaron tres líneas de aprendizaje para todos sus estudiantes: Plano y color, Volumen y Espacio[9] (el Curso Básico de esta escuela era más sistemá-

---

[9] «Main Course», VKHUTEMAS [https://www.vkhutemas.ru/en/structure-eng/faculties-eng/main-course/], consultado el 26 de septiembre de 2024. Véase tam-

tico y exhaustivo que uno similar de la Bauhaus; lo impartían muchos profesores diferentes y duraba dos años. Además, Vjutemás era diez veces más grande que la Bauhaus, con 100 profesores y 5.000 estudiantes durante sus diez años de existencia, frente a los sólo 500 alumnos de la Bauhaus).

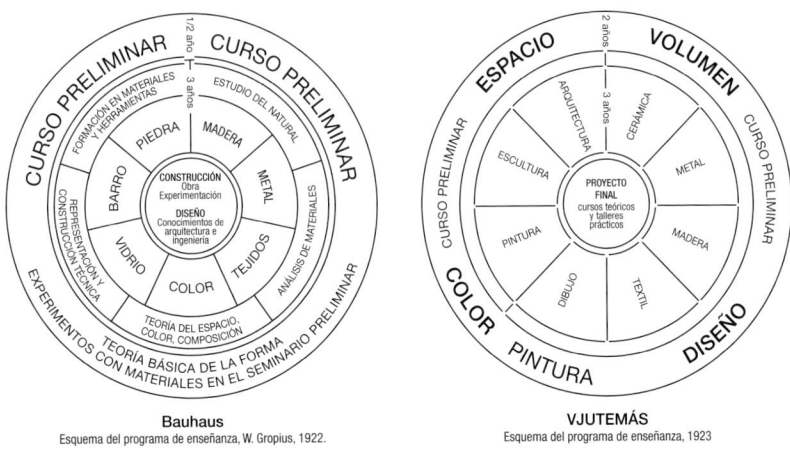

Bauhaus
Esquema del programa de enseñanza, W. Gropius, 1922.

VJUTEMÁS
Esquema del programa de enseñanza, 1923

Fig. 7. 3. Las estructuras de los cursos en la Bauhaus y Vjutemás. Ambos planes de estudios comenzaban con el curso básico (el anillo exterior). Fuente: Anna Bokova, *VKhUTEMAS Training,* 2014, [http://www.avantgardesculpture.com/downloads/VKhUTEMAS-Handout.pdf].

En cierto sentido, *puede decirse que los modelos de IA generativa continúan estos programas de descomposición y análisis de las artes visuales que comenzaron a principios del siglo XX.* Los algoritmos de inteligencia artificial extraen patrones de los datos con que se entrenan. Las redes procesan miles de millones de imágenes durante su entrenamiento, «aprendiendo» a reconocer y reproducir eficazmente una amplia gama de elementos y patrones visuales. Esto incluye todos los aspectos de las imágenes, como la composición, la representación de figuras, rostros y otros objetos, las técnicas de iluminación, la perspectiva y los aspectos estilísticos. En cierto sentido, están llevando a

bién Anna Bokov, *Avant-Garde as Method: Vkhutemas and the Pedagogy of Space, 1920-1930,* Zurich, Park Books, 2021.

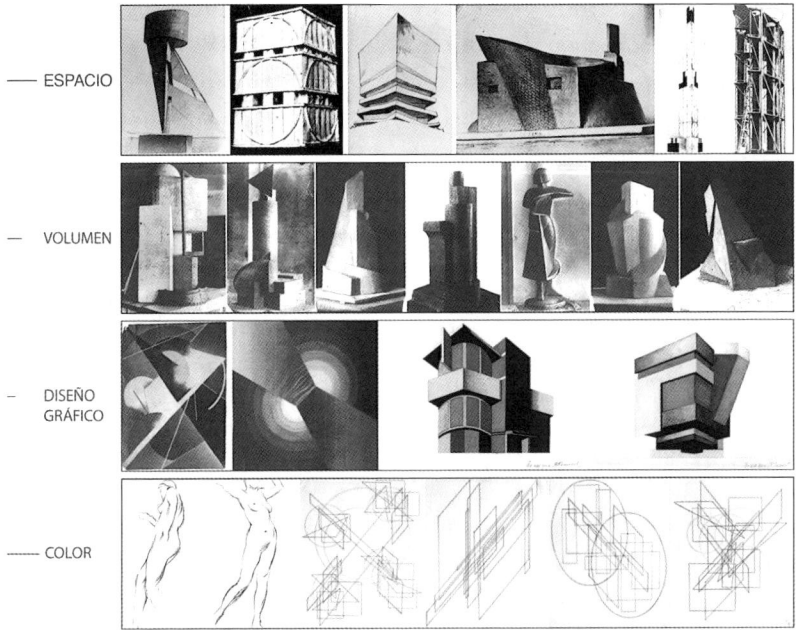

Fig. 7.4. Ejemplos de ejercicios de estudiantes en Vjutemás. Fuente: Anna Bokova, *VKhUTEMAS Training,* 2014 [http://www.avantgardesculpture.com/downloads/VKhUTEMAS-Handout.pdf].

cabo una forma muy sofisticada de análisis visual, descomponiendo las imágenes en características formales básicas y elementos representacionales más complejos. La IA aprende a reconocer cómo estos componentes interactúan y contribuyen a la estructura visual general y al significado de una imagen.

Al generar nuevas imágenes, las herramientas de IA crean nuevos contenidos visuales combinando esos elementos aprendidos de formas nuevas y originales. Este proceso replica (a una escala mucho mayor y de forma automatizada) los esfuerzos llevados a cabo a principios del siglo xx para deconstruir y comprender los componentes fundamentales de las artes visuales. Al igual que los historiadores del arte catalogaban los motivos y los artistas exploraban los elementos y dimensiones visuales básicos, los sistemas de IA crean representaciones internas de diversos patrones y principios visuales.

En la década de 2010, cuando las redes neuronales eran más simples y pequeñas, los científicos pudieron visualizar lo que aprenden sus neuronas artificiales. Por ejemplo, la siguiente visualización muestra las características aprendidas por una red entrenada para reconocer objetos en fotografías. Una red aprende primero a reconocer características básicas antes de pasar al reconocimiento de objetos (por desgracia, la arquitectura de las redes generativas que sintetizan imágenes nos impide «mirar dentro» de estas redes y visualizarlas de la misma manera)[10]. Sin embargo, al menos en la actualidad, no podemos contemplar directamente los cientos de miles de millones de parámetros de una gran red neuronal artificial, ni ver un catálogo exhaustivo de todos los patrones que una red ha aprendido[11].

Quiero concluir con una oportuna cita de mi libro de 2018 *AI Aesthetics*[12]. Si bien en ese momento las redes neuronales profundas se utilizaban principalmente para la clasificación y recomendación de medios, con la revolución de la IA generativa aún a cuatro años de distancia, el análisis que desarrollé en la sección llamada «AI as a Culture Theorist» («La IA como teórico de la cultura) es bastante más relevante hoy:

> [Existe] una diferencia crucial entre una «IA teórico de la cultura» y un teórico o historiador humano. Este último elabora principios explícitos que describen cómo funciona un área cultural [...] una red neuronal puede entrenarse para distinguir entre obras de distintos artistas, diseñadores de moda o directores de cine. Y también puede generar nuevos objetos en esos mismos estilos. Pero a menudo no sabemos qué es exactamente lo que ha aprendido la computadora [...]. ¿El uso creciente del aprendizaje automá-

---

[10] Para un panorama general de los métodos de visualización de redes profundas disponibles, véase «How to Visualize Deep Learning Models» [https://neptune.ai/blog/deep-learning-visualization], 14 de noviembre de 2023.

[11] Véase, por ejemplo, Dustin Podell *et al.*, «SDXL: Improving Latent Diffusion Models for High-Resolution Image Synthesis», *arXiv*, 4 de julio de 2023 [https://arxiv.org/abs/2307.01952].

[12] Lev Manovich, *AI Aesthetics*, Londres, Strelka Press, 2018 [http://manovich.net/index.php/projects/ai-aesthetics].

Todos los textos de LAION-Aesthetics con puntuación > 6 (n=12M)
Embedded with CLIP, UMAP to 2d

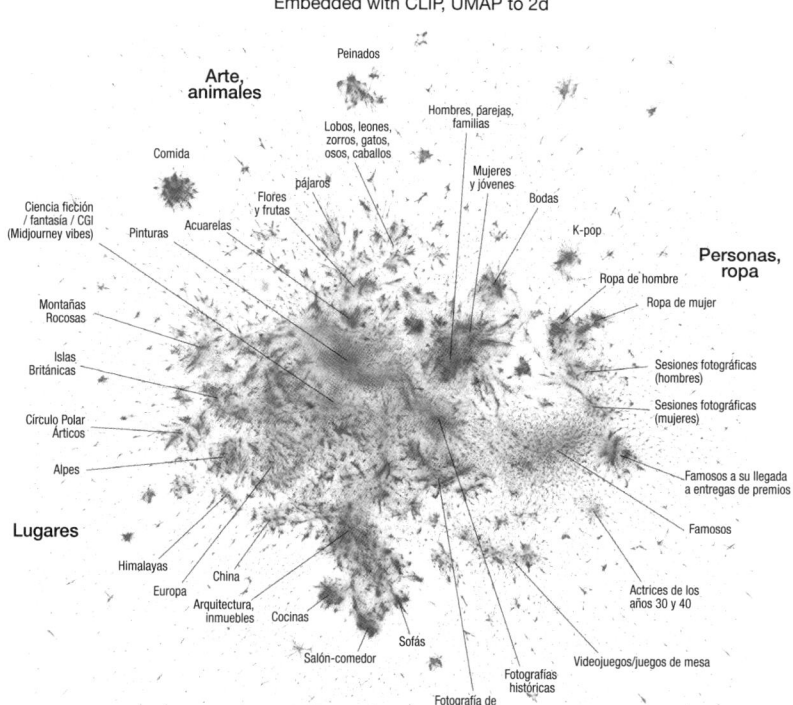

Fig. 7. 5. Visualización de David McLure de 12 millones de textos y pies del conjunto de datos LAION-Aesthetics con puntuaciones estéticas altas (> 6). LAION-Aesthetics forma parte de un conjunto de datos de 5.600 millones de imágenes con sus correspondientes textos utilizado para entrenar Stable Diffusion, el popular modelo de generación de imágenes con IA que se lanzó en 2022. Esta visualización nos da una idea del contenido de las imágenes en los datos de entrenamiento, pero no de las técnicas y estilos artísticos que el modelo extrae de las imágenes. Las valoraciones estéticas de todas las imágenes de este conjunto de datos las asigna otro modelo de IA[14].

---

[14] «LAION-5B: A new era of open large-scale multi-modal datasets», LAION, [https://laion.ai/blog/laion-aesthetics/], consultado el 27 de septiembre de 2024.

tico para crear nuevos objetos culturales hará explícitos, en muchos campos de la cultura existentes, patrones de los que quizá no seamos conscientes?

En mi opinión, este potencial teórico es uno de los aspectos más sugerentes y valiosos de la IA generativa; sin embargo, tendremos que esperar a ver si se materializa en el futuro.

IA visual y acumulación de medios

Utilizaré el término «IA visual» para referirme a los métodos computacionales que emplean el aprendizaje automático para generar y editar contenidos visuales, entrenados con inmensas cantidades de imágenes y vídeos que se encuentran en la web. En otras palabras, es mi forma abreviada de decir «IA generativa utilizada para hacer y editar imágenes, vídeo y animación».

La IA visual es el cuarto efecto significativo *de datos* de la web, una acumulación global de contenidos culturales con hipervínculos en red que empezó a crecer rápidamente a partir de 1993. Aunque la gente lleva compartiendo textos e imágenes en internet desde los años 70, este proceso se aceleró a partir del mencionado año, cuando, el 23 de enero, se introdujo el primer navegador visual, Mosaic.

Son varias las repercusiones que he observado que ha tenido el crecimiento de la información en internet durante las tres décadas siguientes. Si queremos situar el desarrollo de la IA visual a principios de la década de 2020 en esta línea temporal, he aquí cuatro de esos efectos. Cierto que se podrían mencionar otros, por lo que esta es tan sólo una lista de avances tecno-culturales que me interesan especialmente y que han sido posibles gracias a internet.

1. El primero es el paso de una organización de la información jerárquica, estructurada y por categorías (ejemplificada por los catálogos de las bibliotecas y los primeros directorios web) a los motores de búsqueda a finales de la década de 1990. Eran tantos los contenidos que organizarlos de forma convencional ya

no resultaba práctico, y la búsqueda se convirtió en la nueva opción por defecto. Nótese que la *búsqueda web se basa en una predicción de lo que será más relevante para el usuario,* en lugar de darle una respuesta precisa y definitiva. Obsérvese que la IA generativa también es predictiva: predice posibles textos, imágenes, animaciones o música como respuesta a la pregunta o el *prompt* del usuario. El régimen de certeza absoluta, es decir, verdad *vs.* mentira, típico de la civilización humana, se sustituye por predicciones, a medida que la estadística se convierte en fundamento de las ciencias humanas en el siglo XX y de la ciencia de datos y la IA en las últimas décadas.

2. El segundo es el aumento de la popularidad de la visualización de datos durante la década de 2000, campo que cobra protagonismo en torno a 2005. Como parte de este avance, en la misma década se desarrolla un nuevo ámbito, la «visualización de datos arísticos», junto con otros campos culturales: el *data art,* o arte de datos, y el *data design,* o diseño de datos (en nuestro laboratorio creamos *Phototrails, Selfiecity* y *On Broadway* en 2012-2014, las primeras visualizaciones interactivas de millones de imágenes de Instagram[13]). Si la búsqueda trata de encontrar los elementos más relevantes en el gigantesco universo de datos, la visualización pretende mostrar partes de este universo en una imagen, revelando patrones y conexiones.

3. El tercero es la aparición, a finales de la década de 2000, de la «ciencia de datos» como principal disciplina de la nueva era del *big data.* Aunque muchas de las técnicas empleadas en la ciencia de datos llevaban disponibles desde hacía décadas, el rápido aumento de los datos no estructurados en los años 2000 motivó el desarrollo de un campo independiente: la nueva profesión clave de la «sociedad de los datos». Mi propia versión de esta etapa fue la «analítica cultural», una idea que introduje en 2005 y fui desarrollando en nuestro laboratorio durante los quince años siguientes. La analítica cultural aplica el paradig-

---

[13] Véase «Projects», *Cultural Analytics Lab* [https://lab.culturalanalytics.info/p/projects.html], consultado el 27 de septiembre de 2024.

ma de la ciencia de datos a los contenidos culturales, utilizando técnicas computacionales para analizar y representar visualmente grandes colecciones de medios digitales, lo que permite explorar patrones y tendencias en conjuntos completos de datos culturales[14].

4. El siguiente efecto –aunque sin duda no será el último– del crecimiento de los contenidos digitales visuales *online* es la IA visual, que se populariza a principios de la década de 2020. DALL-E se lanzó en 2020, Midjourney en 2022 y Adobe Firefly y Runway Gen-1 en 2023. En la actualidad (2024), existen cientos de otras herramientas de imagen, vídeo y animación con IA, y la generación de imágenes también está disponible en los más conocidos *bots* de texto que utilizan IA (un poco antes, alrededor de 2017, un método particular de IA para la generación multimedia llamado GAN se hizo popular entre los artistas digitales).

(Es importante mencionar que la IA visual y la IA generativa se basan, en general, en veinte años de investigación. El momento clave lo ofreció la idea de utilizar el universo de contenidos web como fuente de datos para el aprendizaje automático, sin etiquetarlo. Una idea que ya aparece enunciada en los artículos de investigación publicados en torno a 2001.)

Veamos qué tipo de patrón establecen estos cuatro efectos. La búsqueda es el primer método para afrontar la nueva escala del contenido en la web. La ciencia de datos se centra en encontrar patrones, relaciones, *clusters* y anomalías en el *big data,* así como en predecir datos futuros. La visualización de datos trata de resumir visualmente los conjuntos de datos. Y ahora la IA generativa explora el «gran contenido» de otra forma, generando nuevos contenidos que combinan muchos patrones de los medios existentes.

Dicho de otro modo, la IA generativa sintetiza nuevos contenidos que tienen propiedades estadísticas similares a otros existentes. Pero no es una copia de lo que ya existe. La IA genera nuevos contenidos

---

[14] Véase Lev Manovich, *Cultural Analytics,* Cambridge, Mass., The MIT Press, 2020.

(textos, imágenes, animaciones, modelos 3D, música, canciones, etc.) realizando interpolaciones entre puntos existentes en el espacio latente. Este espacio contiene numerosos patrones y estructuras extraídos por redes artificiales a partir de miles de millones de pares texto-imagen, billones de páginas de texto y otras grandes colecciones de artefactos culturales humanos. La IA predice lo que podría existir entre esos puntos en un espacio de patrones. Por ejemplo, puede predecir una «pintura» realizada por los artistas A, B, C, utilizando las técnicas D y E, con el contenido F, G y E, con determinada atmósfera, los colores M-N, la proporción W, la composición K, etcétera.

Obsérvese que los tres avances anteriores abordan el *big data* resumiéndolo. La búsqueda web reduce miles de millones de páginas web a los resultados que figuran en los primeros lugares. La visualización de datos los reduce a un diagrama. La ciencia de los datos los reduce utilizando estadísticas de resumen, análisis *cluster,* regresión o proyección de espacio latente. Pero la IA visual está haciendo algo nuevo. Primero reduce el *big data* durante el aprendizaje y luego genera nuevos puntos de datos.

Una forma de resumir todo esto es decir que hemos pasado de una búsqueda probabilística (1999) a una generación probabilística de medios (2022). Pero, sin duda, la IA generativa y su subconjunto, la IA visual, no son el último efecto de la existencia de datos web; es probable que surjan otros en el futuro.

Compresión, generación y realismo

> Si todo el mundo habla de la misma manera, todo el mundo se queda mudo [...] por eso la poesía desempeña un papel tan importante en la cultura. *El poeta es el más individual de todos los hablantes.*
>
> Yuri Lotman, conferencia «Círculos y comunidades», *Conversaciones sobre cultura,* 1988.

Tanto la cognición humana como la maquínica se basan en la *compresión.* Percibimos y comprendemos el mundo a través de categorías y tipos. El arte humano también utiliza la compresión, pero hay una diferencia fundamental entre cómo funciona en las artes y en la IA. Aunque las obras de arte suelen representar personajes, símbolos o escenas que condensan experiencias humanas, también contienen con frecuencia muchos detalles concretos y distintos. Esta combinación de lo general y lo concreto, lo predecible y lo único, es especialmente importante en el arte contemporáneo (siglos XX-XXI). Los artistas modernos comprimen el mundo y la experiencia humanos en patrones, estructuras y tipos, pero también suelen añadir a estos patrones generales otros muy particulares, poco habituales e inesperados.

En cambio, cuando entrenamos modelos de IA, los datos de entrenamiento también se comprimen, omitiendo lo particular y único. Extraer patrones de los datos en el aprendizaje automático implica eliminar las anomalías y muchos detalles únicos, y seleccionar únicamente las asociaciones, características y estructuras que aparecen con más frecuencia.

Este tipo de compresión es la característica fundamental de la IA generativa. Lo mismo ocurre con el aprendizaje automático y la estadística en general. Cuando los datos se resumen, clasifican o utilizan para predecir datos futuros, se conserva lo más común y se desecha lo inusual.

Teniendo esto en cuenta, *¿podemos esperar que la IA cree obras de arte con un contenido singular y suficientes detalles concretos, únicos y sutiles?* Si toda la información más singular (es decir, inusual) no se conserva durante el entrenamiento, ¿dónde aparecerá cuando generemos nuevos artefactos?

Esta es, en mi opinión, una pregunta más interesante y relevante que la que todo el mundo se hace: ¿puede la IA ser creativa? Como ya he comentado en el Capítulo 4, la asociación de las artes con la «creatividad» es una noción reciente que no se consolida hasta el Romanticismo. Durante miles de años, los humanos estuvieron realizando artefactos que hoy admiramos como las mejores obras jamás creadas por nuestra especie, aun cuando sus autores no tuvieran como objetivo inventar nada nuevo o ser «creativos» (en la tradición cristiana, sólo puede haber un creador: Dios). En su lugar, se pensaba que el arte servía a otros objetivos, como la *imitación,* el concepto capital para comprender las artes desde Platón y Aristóteles hasta la segunda mitad del siglo XVIII[15].

Una forma de profundizar en la diferencia entre la compresión en el arte y en la IA, la ciencia de datos y la estadística es considerar la noción de *promedio*. En estadística descriptiva utilizamos medidas de promedio como la media, la mediana o la moda. La media es el promedio aritmético de un conjunto de números. Por ejemplo, la media de un conjunto de ocho números (1, 2, 3, 4, 5, 6, 7, 8) es 4. La media capta la tendencia promedio de un conjunto de datos, pero no conserva ninguno de sus detalles ni su especificidad. Podemos disponer de un número infinito de secuencias numéricas que tendrán la misma media de 4. Téngase en cuenta que no tienen que incluir «4» como uno de los números. Por ejemplo, (1, 2, 2, 3, 5, 6, 6, 7) o (0, 0, 0, 2, 6, 8, 8, 8), etcétera.

Además, mientras que, en algunos casos, la mayoría de los números están cerca de la media (como en las distribuciones en forma de campana), en otros todos los números del conjunto pueden estar lejos de la media. Así, en el primer caso, la media capta el patrón general de una secuencia, pero en el segundo lo falsea, lo distorsiona.

Tanto la estadística como el nuevo movimiento del realismo literario se desarrollaron en el siglo XIX, aunque abordaron la representación de la información de maneras opuestas. Mientras que la estadística pretendía sustituir lo particular y concreto por descripciones de las tendencias principales, como los promedios, la literatura realista adoptó un enfoque distinto.

A diferencia de las representaciones estadísticas, los personajes literarios creados por los mejores escritores realistas del siglo XIX –como Balzac, Flaubert, Zola o Tolstoi– combinan lo general y lo específico. No son abstracciones estadísticas de clases sociales o tipos de personas que conservan sólo los rasgos comunes a todas las personas de tal o

---

[15] Para análisis y debates sobre la imitación en relación con la IA, véanse Mario Carpo, *Beyond Digital,* Cambridge, Mass., The MIT Press, 2023, y también su artículo «A Short but Believable History of the Digital Turn in Architecture», *e-flux Architecture,* 21 de julio de 2023 [https://www.e-flux.com/architecture/chronograms/528659/a-short-but-believable-history-of-the-digital-turn-in-architecture/].

cual tipo –por ejemplo, esta persona es trabajadora y optimista, aquella tiende a soñar pero no a actuar, etc.–, sino que se presentan como individuos reales concretos y únicos. En otras palabras, en tales personajes literarios se combinan lo general y lo particular, lo común y lo único.

Balzac, reconocido hoy como el pionero del movimiento realista en la literatura, era explícito sobre la importancia de los detalles concretos: «El autor cree firmemente que, en adelante, sólo los detalles determinarán el mérito de las obras»[16]. Balzac investigaba meticulosamente los lugares que plasmaba en sus novelas, viajando a localidades remotas y comparando notas de múltiples visitas. En estas novelas, los intrincados detalles sobre lugares y ambientes pueden ocupar a veces hasta veinte páginas. Y aunque sus personajes representan un conjunto diferenciado de tipos sociales –la amante seductora, el soldado noble, el bribón, etc.–, también se describen como individuos concretos. En resumen, Balzac supo encontrar un equilibrio entre la singularidad del individuo y la caracterización del tipo.

En la introducción a *La comedia humana* (1842), Balzac sostiene que la creación literaria y la investigación científica son actividades que guardan una estrecha relación. Esta vinculación del método realista en literatura con la ciencia empírica es muy reveladora, pero recordemos que sus objetivos finales son diferentes. *La ciencia sólo aspira a producir generalizaciones* en forma de modelos, explicaciones y predicciones del mundo natural o social. En cambio, las artes apelan tanto a nuestro intelecto como a nuestros sentidos. La dimensión sensorial de las artes es fundamental en las teorías estéticas de pensadores clave como Edmund Burke, Friedrich Nietzsche, Clive Bell y Susan Sontag, entre otros.

Aquí podemos recordar que Platón era muy crítico con las artes visuales precisamente porque representan una realidad concreta. Platón veía el mundo físico como una mera sombra o réplica del mundo verdadero, ideal, de las Formas (o Ideas), las partes más reales e

---

[16] Para esta y otras citas de Balzac, véase «Honoré de Balzac», en *Wikipedia* [https://en.wikipedia.org/wiki/Honor%C3%A9_de_Balzac], consultada el 27 de septiembre de 2024.

inmutables de la realidad a las que sólo se puede llegar a través de la contemplación racional. Por eso consideraba que las artes visuales (y otros tipos de imitación artística) estaban doblemente alejadas de la realidad. Sin embargo, si Platón hubiera sido más perspicaz, se habría dado cuenta de que los escultores griegos de su época no sólo estaban imitando el mundo visible o se esforzaban por comprimirlo para revelar Formas ideales. Por el contrario, a diferencia de muchas otras culturas de la Antigüedad, los artistas de la antigua Grecia desarrollaron una estética especial que combinaba idealización y realismo.

También existe otra diferencia crucial entre las artes y la estadística. *Las artes desarrollaron y practicaron muchas formas diferentes de comprimir los fenómenos.* No existe una fórmula a modo de resumen y síntesis que valga para las artes de todas las épocas, culturas y estilos. Por ejemplo, las esculturas, cerámicas, relieves, sellos o pinturas de Súmer, Babilonia, Asiria y otras civilizaciones antiguas no representan a dioses y reyes con el obsesivo fotorrealismo de artistas del siglo XIX como Jean-Auguste-Dominique Ingres (1780-1867) o Iván Shishkin (1832-1898). En su lugar, los detalles de los cuerpos y rostros humanos aparecen esquematizados, es decir, (por utilizar nuestra terminología) «comprimidos», pero las técnicas de dicha compresión varían enormemente. Los contornos de los cuerpos, las proporciones de las partes del cuerpo, los rasgos de los rostros, las formas de los ropajes se representan de diversas maneras. Qué detalles se mantienen y cuáles se simplifican, cómo se lleva a cabo esta simplificación, qué se presenta de forma realista y qué se exagera pueden cambiar de una cultura a otra.

Resumiendo, podemos decir que, aunque tanto las artes miméticas humanas como la estadística, la ciencia de datos y la IA utilizan la compresión, para las artes es sólo una opción y no un requisito. Además, una obra de arte puede tener tanto patrones generales como detalles concretos no agregados. Y por último, pero no por ello menos importante, las obras de arte pueden emplear diversos métodos para crear sus patrones.

Esto no significa que, en la práctica, las herramientas de IA generativa sean siempre inferiores a los creadores humanos muy consumados porque no siempre puedan generar suficientes pequeños detalles específicos. A menudo, sí pueden. Sin embargo, como han observado muchos usuarios, suelen tener dificultades para producir una variedad suficiente de detalles concretos, sobre todo si se les pide que representen algo que no existía en los conjuntos de datos con los que se han entrenado.

Por ejemplo, si pedimos a una herramienta de imagen de IA que sintetice la fotografía de un rostro y describa en detalle los efectos fotográficos deseados (como la exposición, la apertura y el esquema de iluminación), el resultado es perfecto. El excepcional rendimiento de la herramienta se debe al vasto repositorio de fotografías de rostros que hay en internet, tomadas en todo tipo de condiciones y con todas las configuraciones de cámara imaginables.

Sin embargo, cuando pido a las mismas herramientas que generen imágenes de espacios muy concretos que normalmente no existen y que se representan en un estilo muy específico, distinto de los que son populares *online,* los resultados suelen ser menos satisfactorios. Aunque, en estos casos, algunas herramientas funcionan mejor que otras (Midjourney es la mejor, al menos durante el periodo 2022-2024), y su rendimiento está mejorando con el tiempo, esta limitación sigue existiendo en la actualidad.

Puede que esto no sea un problema si mi objetivo es una estética esquemática y agregada, es decir, si sólo quiero arquetipos. Las artes antiguas, clásicas y modernas nos ofrecen abundantes ejemplos de grandes obras que utilizan ese enfoque. Sin embargo, la búsqueda de estéticas diferentes que combinen lo general y lo concreto, y que tengan un alto grado de individualización, como los rostros en las pinturas de Jan van Eyck, las descripciones de sentimientos, pensamientos, personas y lugares en Proust, o los detalles arquitectónicos en los edificios de Antoni Gaudí, puede ser un reto al menos en esta fase de desarrollo de la IA generativa.

La estética de los fragmentos

En una de mis series de imágenes creadas con Midjourney, aparecen figuras humanas y espacios interiores con estanterías repletas

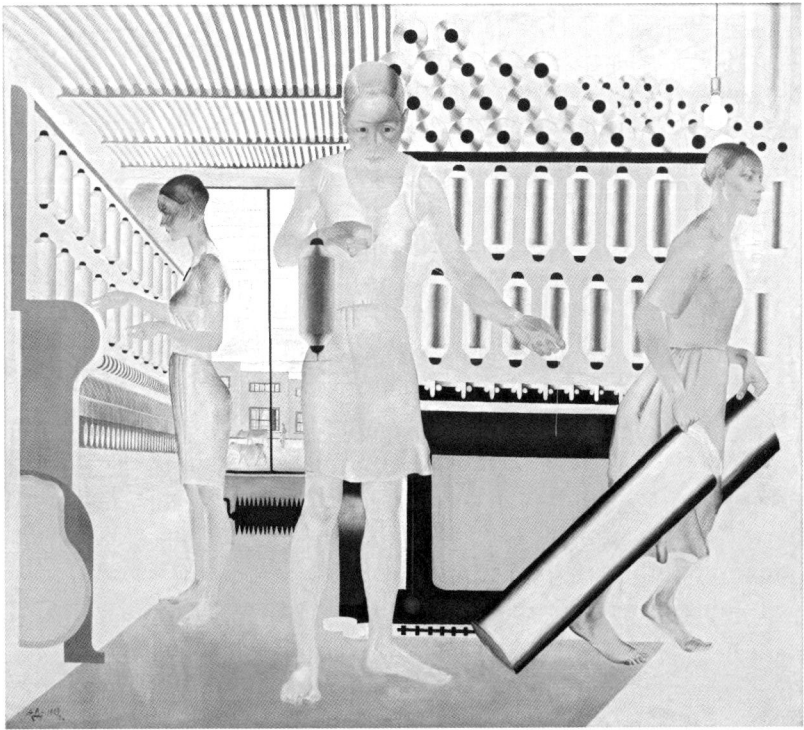

Fig. 7.6. Aleksander Deineka (1899-1969), *Trabajadoras textiles*, 1927, óleo sobre lienzo, 171×195 cm. En este célebre cuadro, Deineka mezcla hábilmente lo general y lo concreto, lo abstracto y lo único. La maquinaria y la arquitectura de la fábrica se han reducido a patrones geométricos casi abstractos. La representación de los cuerpos enfatiza su semejanza, mientras que los rostros conservan su singularidad. El nivel de detalle de estos últimos resulta inesperado y casi exagerado en comparación con los patrones de la maquinaria, deliberadamente muy regulares. Estos son sólo algunos ejemplos de las técnicas de «compresión» selectivas y variables que el artista utiliza en esta y otras obras que pintará en el futuro.

de un sinfín de objetos. Me recuerdan a una biblioteca, un almacén, la presentación de las piezas de un museo de historia natural, cuadros europeos de bodegones... Algunos de los objetos se pueden reconocer, pero otros parecen fragmentos. En otra serie de imágenes que vengo realizando desde hace más de un año, vemos a jóvenes artistas en el interior de sus espaciosos estudios. También en este caso todas las superficies –suelo, paredes e incluso techo– están cubiertas de densas texturas y una amalgama de líneas y formas. No queda claro si son bidimensionales o tridimensionales. ¿Pertenecen estas líneas a las pinturas que cubren las paredes o existen en el espacio real? Algunos de estos detalles son puramente abstractos. Otros parecen sugerir algo definido, objetos, formas y significados de nuestro mundo humano.

¿Qué son estos pequeños fragmentos? ¿Qué son estos objetos y formas indefinidos y sin identificar que llenan estanterías interminables, cubren el suelo o crecen hasta llenar el espacio?

Sí, son «fragmentos», pero ¿de qué?

En un museo de arte o arqueología, vemos fragmentos de antiguas civilizaciones: restos de jarrones, vasos, platos, y también pequeñas herramientas, estatuas, etc. En otras palabras, se trata de partes de objetos concretos de hace 4000, 2000, 1500 años. Pero los «fragmentos» de IA tienen una ontología insegura. Durante el entrenamiento de un modelo de IA, se extraen «patrones» de cientos de millones de imágenes y se distribuyen a través de billones de conexiones.

En este proceso de entrenamiento, la materialidad digital de las imágenes se virtualiza aún más, se evapora, se difumina..., pero se conserva. Y los «fragmentos» generados que se ven en mis imágenes son como aromas, movimientos invisibles de una ligera brisa o los movimientos periódicos del océano que dejan su huella en la arena.

En otras palabras, son fragmentos de fragmentos. Depósitos de formas ya rotas. Más fragmentadas que las ruinas que, en el siglo XVIII, admiraban los pintores y quienes visitaban Italia en el Grand Tour. No son «fallos». Y no son el ruido de las redes de telecomunicaciones que teorizó Claude Shannon.

Son artefactos de una posible estética de la IA, su conocimiento y su visión distribuidos. El protocolo de internet concebido hace más de 60 años, a finales de la década de 1950, por Paul Baran sugería segmentar mensajes enteros en paquetes para transmitirlos a través de redes distantes de una forma más fiable. Descomponer algo en partes aleatorias aseguraba paradójicamente su supervivencia (y así es como sigue funcionando internet hoy día).

Fig. 7.7. Lev Manovich, de la serie *Drawing Rooms,* generada con Midjourney y editada con Lightroom, 2023-2024.

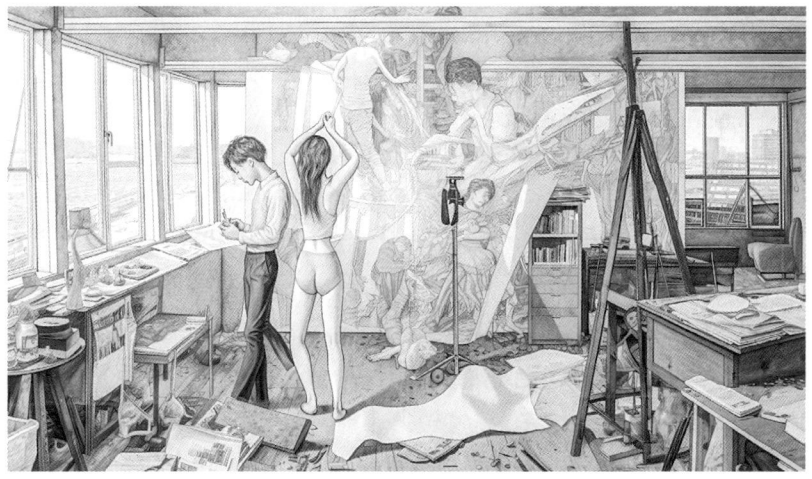

Fig. 7.8. Lev Manovich, de la serie *Drawing Rooms,* generada con Midjourney y editada con Lightroom, 2023-2024.

Paul Baran publicó la primera descripción del concepto de «conmutación de paquetes» en 1960, cuando trabajaba para RAND en Estados Unidos. Por la misma época, Alexéi Ivájnenko y Valentin Lapa, dos matemáticos soviéticos que trabajaban en Ucrania, idearon otro método fundamental para utilizar fragmentos de un mensaje de forma productiva. Su invento fue la primera red neuronal profunda, que con el tiempo dio lugar a las masivas redes actuales que también se utilizan en la IA generativa[17].

Descomponer los artefactos culturales en fragmentos (como píxeles, en el caso de imágenes, o partes de palabras) durante el aprendizaje automático y luego procesar estos fragmentos por etapas permite finalmente a estas redes adquirir conocimientos que pueden producir textos, imágenes, música, espacios o códigos sintéticos. En resumen, al fragmentar la cultura humana histórica obtenemos nuestra nueva «cultura generativa».

Los textos tan coherentes «escritos» por ChatGPT se predicen palabra a palabra. Esta «computadora lingüística» ciega no puede ver más allá de una palabra. Pero, de algún modo, una palabra se asocia con otra, y la segunda con una tercera. Tirando de estos hilos se obtienen poemas, relatos de ficción, cartas de presentación, capítulos de libros de texto, programas informáticos...

Y cuando seleccionamos una columna de un píxel de ancho en una imagen, otra «computadora de imágenes» ciego continúa esta línea de píxeles (me refiero a la técnica de *inpainting* o relleno de la IA generativa). Una sola línea da lugar a un número infinito de mundos nuevos y espectaculares. Su coherencia y familiaridad contradicen los valores RGB aparentemente aleatorios de la columna de píxeles que habíamos elegido.

En otras palabras, suponíamos que estábamos viendo algo sin ningún significado, ningún sentido, ningún valor, porque seleccionábamos al azar una línea en un dibujo o una fotografía. Así que, para nuestra visión humana, aquello era aleatorio. Pero no teníamos

---

[17] Véase Jürgen Schmidhuber, «Annotated History of Modern AI and Deep Learning», *arXiv*, 29 de diciembre de 2022 [https://arxiv.org/abs/2212.11279].

en cuenta el hecho de que esa línea formaba parte de un área mayor con unos patrones coherentes, ya fueran casas, una carretera, rostros sonrientes, nubes o cualquier otro tema posible. En realidad, el ordenador ciego observaba todo esto y predecía lo que podía haber alrededor (así funcionan también las herramientas de «relleno generativo» y «ampliación generativa» de Photoshop).

La historia de los medios digitales, y también la de toda la civilización humana, necesita urgentemente una *teoría de los fragmentos*. Una taxonomía que establezca que existen decenas de especies de este tipo. Y sí, otros ya habían pensado en esto; de nuevo, recuerdo como ejemplo la estética dieciochesca europea de las ruinas.

Haciéndose eco del progreso de la ciencia moderna en su búsqueda de los elementos que componen la materia, como moléculas, átomos y partículas elementales, los artistas europeos del siglo XIX comienzan a fragmentar a conciencia el mundo visible. Los impresionistas lo descompusieron en pinceladas autónomas de color; Georges Seurat y Paul Signac recurrieron a puntos irregulares de aspecto mecánico. Otro paso crucial lo dio Paul Cézanne hacia 1878. Declaró que todas las formas debían representarse como cilindros, esferas y conos. Pero, paradójicamente, esta aparente solidificación de la realidad no era más que una forma nueva y más extrema de fragmentarla. Mientras que los impresionistas visualizaban fragmentos de nuestra percepción, Cézanne fragmentaba el propio mundo. El mantel de sus pinturas, como, por ejemplo, *Los jugadores de cartas* (1892-1985), ya no es una única pieza continua de tela: es un conjunto de fragmentos, una colección de planos orientados en múltiples direcciones.

Entre 1907 y 1932, la estética de una fragmentación violenta pasó a ocupar el centro de la modernidad visual. La vemos por todas partes: en los *collages* de Picasso y Braque; en el cubismo de Jean Metzinger, Albert Gleizes, Fernand Léger, Robert Delaunay, etc.; en el cubofuturismo de Natalia Goncharova, Aleksandra Ekster, Liubov Popova, Malevich y otros; en los fotomontajes de Hannah Höch, László Moholy-Nagy y Alexander Ródchenko; en el montaje cinematográfico de Vertov y Eisenstein, e incluso en el montaje de historia cultural del inacabado *Los pasajes* de Walter Benjamin.

Esto último había dado lugar a muchas interpretaciones que proponían más teorías de la fragmentación cultural. Por ejemplo, en su *Teoría de la vanguardia* (1984), el teórico del arte Peter Bürger define la concepción benjaminiana de la alegoría como «un esquema cuatripartito que implica: en primer lugar, el aislamiento y la extracción de un fragmento de su contexto; en segundo lugar, la combinación de fragmentos para crear nuevos sentidos; en tercer lugar, la interpretación de la mirada del artista alegórico como melancólica, una mirada que extrae "vida" de los objetos reunidos; y, por último, una concepción de la alegoría como representación de la historia como decadencia más que como progreso»[18].

Con el tiempo, los teóricos de la IA podrían proponer teorías igualmente interesantes sobre la fragmentación de la red que constituye la base de los medios generativos. Quizá lleguemos incluso a ver visualizaciones gigantescas con una resolución inimaginable que muestren todos los patrones extraídos por las redes profundas de sus conjuntos de datos de imágenes. Pero como artista que siempre se ha interesado por la estética digital, simplemente me alegro de estar generando mis propios espacios visuales idiosincrásicos con estos «fragmentos» apenas visibles de algo que no existe del todo. Los fragmentos de una posible estética de la IA.

La historia de la cultura humana es una historia de olvido lento y muy raro recuerdo, casi estadísticamente imposible (¿uno entre cien mil?, ¿uno entre un millón?, ¿o incluso menos hoy día?). Personas influyentes, artistas, escritores, políticos famosos que acapararon la atención de todo el mundo en su día, desaparecen de la memoria histórica y están ausentes de nuestros registros. Y en cuanto a los pocos afortunados que son recordados, apenas se limita a algunas cosas. La obra de un artista a lo largo de sesenta años se reduce a unas pocas imágenes emblemáticas. La compresión de la historia es brutal e inflexible.

---

[18] Jane Rendell, «Fragment of the Imagination: Assembling New narratives From Old», *The Architectural Review,* 14 de julio de 2021 [https://www.architectural-review.com/essays/keynote/fragment-of-the-imagination].

El mecanismo de fragmentación y recombinación y síntesis selectivas que ofrece ahora la IA generativa es un poco menos brutal. Por supuesto, para recordar algo durante el entrenamiento de una red neuronal profunda, ese algo tiene que tener la suerte de haber sido digitalizado para empezar y/o terminar en la web. Un cuadro de un pequeño museo de una ciudad que no había recibido visitas turísticas en los últimos cuatro años tuvo la fortuna de figurar al fondo del *selfie* que se hicieron una estudiante local de secundaria y su novio, de visita durante el fin de semana. Pero todos los demás cuadros de este museo quedaban fuera, por lo que ninguna red neuronal aprenderá nada sobre ellos.

Sí, en este nuevo sistema de memoria cultural lo que seguimos teniendo son fragmentos, pero al menos son más numerosos de lo que antes permitían una memoria humana más restrictiva y una cultura impresa más despiadada. Este nuevo proceso de olvido y resurrección, más indulgente y menos violento, es quizá la mejor faceta de la estética de la IA.

Fig. 7.9. Lev Manovich, de la serie *Architecture for a Universal Library*, generada con Midjourney y editada con Lightroom, 2023.

Carta a un joven artista

> He terminado la guarida y parece que ha quedado bien. [...] Lo más hermoso de mi guarida es, sin embargo, el silencio. Cierto, resulta engañoso, de repente queda interrumpido y todo se ha acabado, pero por el momento está aquí[19].
>
> Franz Kafka, *La guarida,* 1924

La diferencia clave entre yo, un humano, y la IA generativa: yo soy limitado, pero la IA es ilimitada. Sí, claro: ahora, en la práctica, tiene límites importantes. Pero avanza deprisa, y lo que ya puede hacer hoy va más allá de lo que podríamos haber imaginado hace un año. Durante este año (noviembre de 2022-noviembre de 2023), tenemos ChatGPT, DALL-E 3, funciones de IA añadidas a Photoshop, Midjourney v5... En lugar de detenernos en lo que la IA no puede hacer en este momento concreto, es más seguro asumir que lo que «puede» no hará sino multiplicarse.

Debido a cómo funcionan las habilidades humanas, el aprendizaje y la memoria, tengo limitaciones. No puedo dibujar en cientos de estilos de otros artistas ni combinarlos sin esfuerzo alguno. No conozco el inmenso *museo sin paredes* distribuido por la web y por las bases de datos de los museos. Pero la IA puede. Y no hará sino mejorar.

Yo no puedo sentarme sin más y empezar a escribir resúmenes de numerosos temas histórico-culturales. La IA puede. Yo no puedo crear al instante horas de música que mezcle los lenguajes de distintos compositores asignándolos a nuevos instrumentos. La IA puede.

«Yo no puedo... pero la IA sí» (los ejemplos que se pueden añadir son infinitos).

Entonces, ¿por qué hacer arte? ¿Y qué arte seguirá teniendo sentido hacer?

Lo interesante hoy del arte humano son nuestros límites... y obsesiones. Nuestra incapacidad para pensar y pintar al instante exactamente igual que cualquiera de los millones de artistas que han

---

[19] Traducción de José Rafael Hernández Arias, en *Cuentos completos,* Madrid, Valdemar, 2024.

existido. Nuestra incapacidad para cambiar rápidamente. Mi forma de andar, de hablar, mis hábitos. Mis limitaciones. Esto es lo que me hace humano frente a una IA. Esta última seguirá evolucionando. Pero la evolución humana no funciona a la misma escala.

Nótese que no se trata de simular mis peculiaridades y hacer así una IA «más humana». Sí, podemos hacerlo, pero eso no es interesante. Es como llevar un Boeing 777 a la vuelta de la esquina para hacer la compra. Es forzar a unos súper-humanos a actuar como humanos, una estrategia banal y débil.

Y cabe señalar otro punto crucial. *Lo que hace que el arte sea «humano» no son nuestras intenciones, planes, ideas o significados. Durante más de 100 años, los artistas modernos hicieron todo lo posible para eliminar todo esto de su creación.* Si das a la IA unas directrices, puede simular perfectamente ideas, planes y significados. Por tanto, esto no es relevante.

Lo único relevante son nuestras limitaciones. Nuestra incapacidad para competir con lo súper-humano. Con la web, con los motores de búsqueda, con los motores de recomendación, con los inmensos conjuntos de datos, con los algoritmos de aprendizaje automático, con la IA generativa... y con otras tecnologías informáticas súper-humanas que están por venir.

Por lo tanto, «artistas humanos haciendo arte con herramientas de IA» es una idea irrelevante. ¿Quieres colaborar con los dioses? ¿Un mortal que «colabora» con Apolo, Atenea, Hefesto, Hermes, Zeus?

En lugar de eso, alimenta tus limitaciones. Sé extremadamente limitado, no ilimitado. No seas «creativo». Olvida la idea absurda de que la IA nos ayudará a «expandir nuestra creatividad».

Trabaja con limitaciones, las que ya tienes o las que puedas crear a propósito. Blanco sobre blanco. Negro sobre negro. Esta es la dirección correcta. En lugar de una vasta superficie de «posibilidades infinitas», concéntrate en un único punto y profundiza al máximo.

(Piensa como Morandi y no como Picasso.)

Haz un pequeño agujero en la vasta superficie de todo lo que ya fue creado y todo lo que aún es posible, y sigue cavando. Cuando estés agotado de cavar metros y metros de túneles equivocados, cuando te pierdas una y otra vez, y quieras abandonar, significará que por fin estás cerca de algo. Sigue adelante.

Como la IA es tan vasta e interminable en cuanto a conocimientos y capacidades, necesitas trabajar en la microescala. Muy reducida. Tan reducida que la IA no pueda llegar. A través del ojo de una aguja. Sólo así se puede competir con una IA generativa súper-humana.

El artista necesita convertirse en un topo. Y tienes que estar en constante tensión y preocupado por que la IA descubra tu agujero en cualquier momento y, en un instante, destruya todos los túneles que llevas años construyendo. Mas quizá esta tensión, esta ansiedad sin fin, sea al final la motivación adecuada para hacer algo original y auténtico. Hacer tu arte en secreto, sabiendo que mañana puedes ser descubierto y borrado por el progreso de la IA.

Fig. 7.10. Lev Manovich, *In the Garden*, generado con Midjourney y editado con Lightroom, 2023.

8

DE HERRAMIENTAS A AUTORES

Emanuele Arielli

> Si oyeras a alguien tocar el piano, ¿te preguntarías: «Es el piano el artista»? No. Pues aquí lo mismo. Que sea un mecanismo complicado no cambia las cosas [...]. La máquina de escribir permite que alguien escriba un libro. A mí el teclado me permite escribir en código, [...] hay redes neuronales implicadas que podría decirse que son los pinceles que estoy aprendiendo a usar.
>
> Mario Klingemann[1]

En filosofía de la mente, hablamos de mente «extendida» para referirnos al hecho de que las herramientas y los avances tecnológicos, incluidos los dispositivos de escritura y memoria, permitieron externalizar y extender los procesos mentales humanos al entorno exterior. La tecnología mejora nuestra «racionalidad limitada» (H. Simon) y amplía nuestros sentidos (M. McLuhan), que están limitados por restricciones biológicas. Por ejemplo, tenemos una memoria limitada, por lo que la escritura y los documentos nos ayudaron a exteriorizar y aumentar nuestra capacidad de recuerdo. Tenemos una agudeza visual biológicamente limitada, pero los microscopios y tele-

---

[1] M. Dean, «Artist Mario Klingemann on Artificial Intelligence, Technology and our Future (interview with Mario Klingemann)», *Sotheby's*, 2019 [https://www.sothebys.com/en/articles/artist-mario-klingemann-on-artificial-intelligence-art-tech-and-our-future].

scopios permitieron ampliar lo que podíamos ver. Del mismo modo, nuestras capacidades cognitivas para procesar números y datos tienen un límite máximo, pero las calculadoras y las computadoras nos han permitido superar estas barreras.

Partiendo de esta premisa, el aprendizaje automático y la IA deben considerarse un paso más en nuestra capacidad *de crear herramientas* con el fin de expandir las habilidades humanas a través de dispositivos. Por lo tanto, su impacto debería medirse en función de su influencia y contribución a las potencialidades humanas, y no necesariamente en función de su potencial autonomía respecto a la voluntad humana. El paradigma de la mente extendida podría combinarse aquí con una interpretación de la tecnología no como una entidad separada de la naturaleza humana, sino como un proceso de integración y mejora entre la mente y la tecnología.

Estética extendida

Sería ingenuo pensar que el cerebro humano es subóptimo sólo en lo que respecta a la memoria y el cálculo. Otras facultades humanas, como la imaginación, la sensibilidad perceptual, el reconocimiento y la expresión de emociones, la creatividad, también tienen límites naturales. Dado que estas facultades son cruciales en estética, cabría argumentar que los humanos no sólo poseen una «racionalidad limitada», sino también unas «capacidades estéticas limitadas». Podemos entrenar y ampliar nuestras aptitudes estéticas –tanto para apreciar como para crear objetos estéticos–, pero nuestros límites biológicos hacen que acabemos llegando a un punto muerto, un «pico de sensibilidad estética» y un «pico de creatividad». Al igual que una racionalidad limitada puede extenderse mediante herramientas externas, nuestras capacidades estéticas limitadas también pueden mejorarse y complementarse con herramientas que ayuden en el proceso creativo. Nuestras capacidades para articular ideas por escrito pueden asimismo adolecer de limitaciones cognitivas: en este contexto, los modelos extensos de lenguaje (LLM, por sus siglas en inglés) suelen acudir en nuestra ayuda, sugiriendo posibles respuestas a cartas, redactando correos electrónicos y aportando claridad y persuasión a textos de todo tipo. Los modelos de lenguaje de IA se asemejan cada vez más a un colaborador oculto, que proporciona respuestas inteligentes y formulaciones claras, muy en la línea de lo que hacía Cyrano de Bergerac con Christian en la famosa ficcionalización de su vida. Estos sistemas hacen el trabajo duro, posibilitando a los usuarios acceder a una amplia gama de conocimientos y recursos retóricos que no podrían tener por sí solos, ampliando así las posibilidades de la expresión humana.

La estética siempre ha sido *extendida*. Todas las herramientas que utilizamos, desde el escoplo y el cincel para tallar madera o esculpir hasta los pinceles para pintar, pasando por los instrumentos musicales y la cámara fotográfica, pueden considerarse extensiones de nuestra capacidad para crear artefactos estéticos. Un pincel puede distribuir pigmentos cromáticos en un lienzo de formas que no podríamos lograr sólo con nuestras manos. El simple acto de dibujar en un papel es un método fundamental para mostrar las imágenes que surgen en nuestra mente, en el que tanto la faceta productiva como la receptiva trabajan conjuntamente en un ciclo de retroalimentación continua: como nuestra memoria de trabajo tiene una capacidad limitada para retener una idea, la plasmamos sobre el papel. A continuación, nuestros ojos observan el boceto, lo que nos permite reelaborar y desarrollar la idea en un ciclo iterativo y productivo entre el ojo, la mente, la mano que dibuja y la imagen en el papel. A lo largo de la historia, la capacidad para crear imágenes ha sido uno de los principales métodos para externalizar la memoria y la imaginación, preservándolas en formas tangibles y duraderas.

Las herramientas que utilizan los artistas y diseñadores modernos, como el *software* de edición de imágenes, los programas de diseño asistido por ordenador (CAD) y el *software* de producción musical, pueden considerarse igualmente extensiones modernas de la creatividad humana. En esencia, estas tecnologías «externalizan» parte del proceso de toma de decisiones estéticas fuera de la mente del artista. Un compositor o un escritor que se encuentren atascados en su proceso creativo pueden recurrir a sistemas cada vez más avanzados que ofrecen sugerencias, evalúan alternativas, prueban si sus ideas podrían recibir una respuesta positiva por parte del público, etc. Un ejemplo notable lo constituye el caso del compositor David Cope a principios de la década de 1980. Mientras trabajaba en una ópera por encargo, sufrió un grave «bloqueo compositivo». En lugar de tirar adelante, centró su atención en el desarrollo de un programa de composición musical, un proyecto que acabó evolucionando hasta convertirse en lo que hoy se conoce como «experimentos en inteligencia musical» o EMI, por sus siglas en inglés (en ocasiones denominado Emmy). EMI analiza las obras musicales existentes en su base de datos y genera nuevas composiciones en el mismo estilo, es decir, no se limita a copiar los originales. Gracias a este programa, Cope ha creado miles de obras en diferentes estilos, entre ellas 5.000 corales al estilo de Bach.

La «estética extendida» no sólo hace referencia al hecho de que las herramientas amplían nuestras posibilidades creativas, sino también a la idea de que la sensibilidad, el gusto, la intuición y los procesos imaginativos también pueden «externalizarse». En este contexto, esa extensión a través de dispositivos externos afecta no sólo a la producción, sino también a la recepción. Al igual que la reproducción fotográfica ha ampliado y modificado nuestra percepción de la realidad al crear nuevas posibilidades de producción artística, las capacidades de análisis y generación de las nuevas aplicaciones de IA también amplían y modifican nuestra percepción, como se expone en el Capítulo 6. Los sistemas avanzados de análisis cultural pueden profundizar nuestra comprensión y sensibilidad estética, por ejemplo, encontrando sutiles asociaciones o semejanzas entre objetos, comparando variantes de artefactos similares y detectando detalles relevantes que antes nos habían pasado desapercibidos. Diversas formas de posproducción, traducción, transferencia estilística y *morphing* artificiales de imágenes nos animan a ver las cosas a través del cristal que ofrecen estas posibilidades transformadoras. Al presentar nuevas posibilidades, estos procesos pueden cambiar y perfeccionar nuestra percepción y nuestro gusto, algo más que evidente ya con los contenidos que encontramos gracias a los sistemas de recomendación[2].

---

[2] E. Arielli, «Taste and the algorithm», *Studi di Estetica* 12, 3 (2018), pp. 77-97.

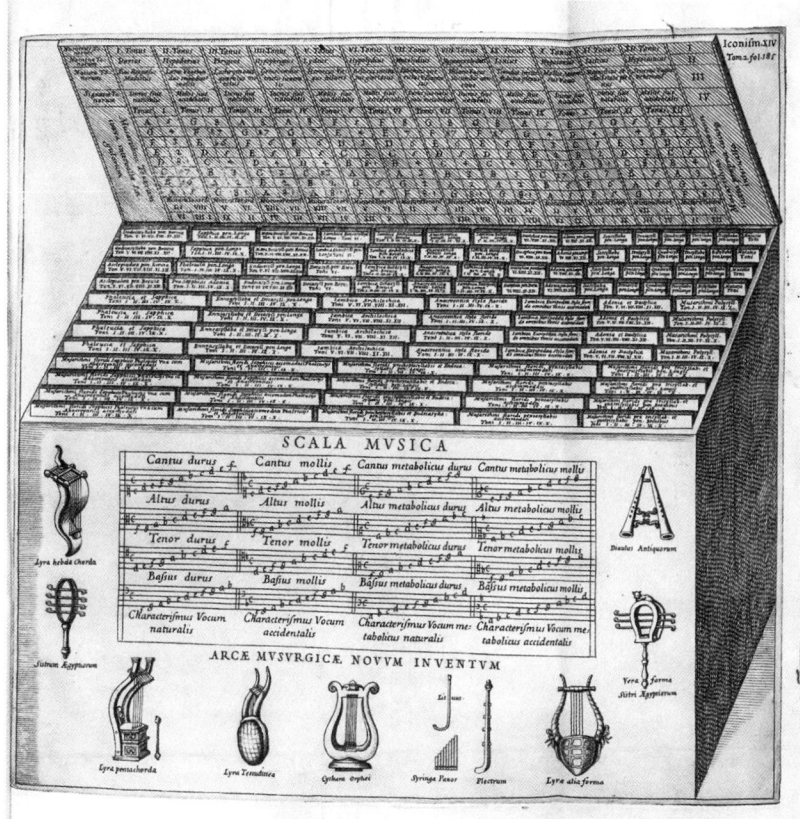

Fig. 8.1. *Arca Musarithmica*, Athanasius Kircher (1602-1680).

Un ejemplo temprano de dispositivo estético generativo es el *Arca Musarithmica* del jesuita alemán Athanasius Kircher (1602-1680), un sistema basado en tablas y listones grabados con diversos elementos musicales, como ritmos, fragmentos melódicos y progresiones armónicas. Seleccionando y combinando manualmente estos elementos y siguiendo una serie de instrucciones proporcionadas por el propio Kircher, era posible crear composiciones conforme al estado de ánimo, el ritmo y el estilo deseado. Para muchos observadores, se trata del primer sistema algorítmico de generación creativa de música. Dado que quien la utilice puede decidir los parámetros al azar, el *Arca Musa-*

rithmica también anticipa las modernas técnicas de la música aleatoria: el usuario, aunque ajustara los parámetros generales, no podría predecir el tipo de composición que acabaría generando el sistema.

Al sistematizar el proceso creativo, lo que Kircher buscaba era que pudiese componer música cualquiera, incluso quienes no eran músicos, como expresó en su tratado *Musurgia universalis,* de 1650. Ampliar las capacidades humanas permite a los individuos sin unas aptitudes concretas practicar a un nivel que, de otro modo, sólo sería posible para quienes cuentan con unos conocimientos especializados. Un dispositivo generativo, en cierto modo, condensa unas habilidades profesionales codificadas en una herramienta externa a nuestra mente. En este sentido, los sistemas generativos permiten a quienes no saben dibujar realizar dibujos siguiendo sus instrucciones, o a quienes no saben un idioma escribir un texto en ese idioma. Para algunos, podríamos estar ante un paso democratizador, similar a como Walter Benjamin veía la democratización del arte gracias a las posibilidades abiertas por la reproductibilidad técnica de las obras.

Con estos dispositivos, las facultades humanas van mejorando, sí, pero seguimos estando interesados en evaluar las capacidades de un individuo al margen de esas ayudas tecnológicas. Por ejemplo, en un torneo de ajedrez, obviamente nos interesa aprehender la destreza y el talento de un jugador que no usa un programa informático. Del mismo modo, medimos las cualidades atléticas de un corredor que corre «con sus piernas», no con un medio de locomoción: una moto permite a cualquiera desplazarse con rapidez, pero sólo unos pocos individuos rinden a nivel olímpico con el único recurso de sus propias capacidades físicas.

El problema es que esa dependencia de unas extensiones tecnológicas pueda llevar a la atrofia de habilidades desarrolladas previamente sin ellas. Por ejemplo, el uso generalizado de calculadoras de bolsillo ha corrido en paralelo a una disminución de las capacidades promedio de cálculo mental y manual. Estudios recientes sobre el uso de modelos de lenguaje en los colegios muestran resultados dispares. Mientras que los grupos que utilizan estos sistemas obtienen mejores resultados en la composición de textos, el rendimiento individual se resiente cuando se suprime la ayuda tecnológica. Los alumnos que utilizan modelos de lenguaje de IA como «muleta» pueden ver menoscabado el desarrollo de sus habilidades[3].

El desarrollo de la IA generativa en campos como la producción de textos, imágenes y música plantea una cuestión: si para los individuos es importante destacar sin recurrir a estas herramientas. De hecho, utilizarlas en el ámbito de la creación artística suele considerarse «hacer trampas». Esta perspectiva es relativamente nueva en contextos creativos, salvo en ciertos concursos profesionales de fotografía en los que no se permite la posproducción digital. ¿Deberíamos imaginar concursos de poesía en los que no se permita a los poetas utilizar modelos lingüísticos? ¿O premios de arquitectura donde se prohíba el uso de sistemas generativos? Al margen de determinados contextos competitivos, el ámbito de la producción cultural, estética y artística no suele imponer tales limitaciones creativas. Si el objetivo de un músico es crear la canción más pegadiza posible, puede utilizar libremente sistemas que generen rápidamente variaciones musicales. Del mismo modo, a la hora de hacer películas o series, los sistemas de evaluación algorítmica son herramientas que se usan para lograr productos lo más atractivos posibles para el público. Una plataforma como Netflix, por ejemplo, ha transformado la producción de cine y televisión con su enfoque basado en datos[4]. Al analizar las preferencias de los espectadores, pueden predecir qué nuevos programas tendrán éxito y decidir si continúan las series existentes. Este método examina elementos concretos con los que se identifica el público, como determinadas escenas o episodios. El paso del análisis algorítmico de datos a los sistemas de IA que generan ideas para guiones es relativamente corto. A medida que avance la tecnología de la IA, resulta bastante plausible que la futura creación de contenidos incluya argumentos y conceptos generados por IA a partir de las enormes cantidades de datos sobre las preferencias de los espectadores que recogen las plataformas de *streaming*.

---

[3] H. Bastani, O. Bastani, A. Sungu, H. Ge, Ö. Kabakcı y R. Mariman, «Generative AI can harm learning», *SSRN* (2024) [https://ssrn.com/abstract=4895486].

[4] E. Finn, *What algorithms want. Imagination in the age of computing*, Cambridge, Mass., The MIT Press, 2017.

De herramientas a agentes

Es probable que los avances en IA vayan más allá de la simple interacción usuario-herramienta. Nos dirigimos hacia una relación más colaborativa, dialógica e iterativa entre humanos y máquinas. En este nuevo paradigma, puede que al usuario no le resulte fácil predecir las respuestas de la máquina. En su lugar, generarán nuevas ideas y direcciones, estimulando la propia creatividad y los procesos mentales del usuario. Un aspecto de esta evolución técnica es la creciente autonomía de los dispositivos a la hora de tomar decisiones. No obstante, cuando hablamos de las acciones maquínicas, solemos utilizar el verbo *decidir* metafóricamente. Por ejemplo, ¿es comparable que un termostato «decida» parar una vez alcanzada la temperatura marcada a que un coche autoconducido «decida» ajustar su velocidad a las condiciones del tráfico? No hay una frontera clara entre herramientas y entidades con agencia autónoma, igual que no hay una distinción nítida entre el uso metafórico y literal de un término como *decidir* (véase el Capítulo 3). Un intento de clasificar los niveles de autonomía en los sistemas de IA es, por ejemplo, el sugerido por los investigadores de Google DeepMind, que proponen seis[5]. En el más bajo (nivel de autonomía 0: sin IA), encontramos meras herramientas, como un martillo o unas tijeras —en el contexto artístico, podríamos hablar de herramientas analógicas como lápices y pinceles, o de *software* básico de edición digital de imágenes—. En este nivel, los humanos lo hacen todo.

Si subimos al nivel de autonomía 1 (IA como herramienta), nos encontramos con sistemas que automatizan tareas secundarias sin dejar de estar bajo control humano, como un termostato que regula la temperatura ambiente, un *software* que corrige la gramática de un texto o realiza traducciones. En el contexto artístico, podría incluir herramientas basadas en el aprendizaje automático para la mejora de imágenes, la corrección del color o la transferencia de estilos. Estas herramientas aumentan la creatividad humana, pero no gene-

---

[5] M. R. Morris, J. N. Sohl-Dickstein, N. Fiedel, T. B. Warkentin, A. Dafoe, A. Faust, C. Farabet y S. Legg, «Levels of AGI for operationalizing progress on the path to AGI», *Proceedings of ICML 2024, arXiv:* [2311.02462].

ran contenidos originales de forma independiente. Por ejemplo, todos los teléfonos modernos están equipados con un sistema que ayuda al fotógrafo ajustando automáticamente la exposición y el balance de color, pero la concepción y la composición siguen estando en manos del artista humano. Incluso los primeros programas generativos basados en procedimientos computacionales bien definidos pueden considerarse que pertenecen a este nivel. A. Michael Noll, pionero del arte por ordenador en la década de 1960, programó computadores digitales para imitar obras de artistas como Mondrian y Riley. Su innovador enfoque combinaba instrucciones algorítmicas específicas con permutaciones pseudoaleatorias.

En el nivel de autonomía 2 (IA como asesor), la IA asume un papel sustantivo, pero sólo cuando la requiere un humano. En el campo del arte generativo, podría plasmarse en sistemas que pueden asistir a los artistas guiándoles a lo largo de su proceso. Por ejemplo, varias plataformas ofrecen herramientas para la composición musical que aprovechan la IA para potenciar la creatividad. Estas herramientas pueden ayudar a los compositores a explorar nuevas ideas y estructuras musicales, haciendo que el proceso creativo sea más eficiente e innovador. Los sistemas de aprendizaje automático que clasifican las emociones humanas durante la escucha musical (aplicados, por ejemplo, por plataformas como Spotify) pueden utilizarse como herramienta de apoyo para que los músicos optimicen sus composiciones[6].

Al pasar al nivel de autonomía 3 (IA como colaboradora), la relación entre el humano y la IA se vuelve más equilibrada, con una coordinación interactiva de objetivos y tareas. En este caso, la IA es capaz de hacer cosas para las que el ser humano no está preparado: pensemos en un programa de ajedrez que guía la partida de un jugador humano. En el contexto de la creación artística, este nivel podría estar representado por sistemas capaces de participar en un proceso

---

[6] N. Subbulakshmi, S. A. Begum, B. L. G. Archana y R. Chandru (2024), «AI-based emotion-aware music composition using Spotify app», en *3rd International Conference on Sentiment Analysis and Deep Learning (ICSADL)*, 2024, pp. 59-63. Doi: [https://doi.org/10.1109/ICSADL61749.2024.00015].

creativo de intercambio mutuo con el artista humano. La IA puede proponer composiciones, combinaciones de color u opciones estilísticas, mientras que el humano aporta comentarios, mejoras y una dirección artística global. Por ejemplo, un sistema como DALL-E o Midjourney genera imágenes según los *prompts* del artista, que este afina, combina o modifica según sus necesidades. La IA actúa como socio creativo, ofreciendo sugerencias y posibilidades, pero el artista humano mantiene el control primordial sobre la obra final.

El nivel de autonomía 4 (IA como experta) inclina la balanza hacia el dominio de la IA: el sistema de IA guía la interacción, mientras el humano proporciona orientación, comentarios o realiza tareas secundarias. En estética, podríamos hablar de sistemas de IA muy sofisticados capaces de generar obras completas basadas en conceptos o temas elevados proporcionados por curadores humanos. El papel del humano se asemeja más al de un curador o director artístico, que da forma a la visión global mientras la IA se encarga de la mayor parte de la ejecución creativa.

Estos niveles de autonomía no son rígidos ni se excluyen mutuamente. En el arte, los sistemas de IA suelen mostrar rasgos de múltiples niveles, que varían en función de la aplicación y el contexto. A medida que la IA evolucione, estos límites pueden difuminarse aún más. Los sistemas podrían pasar de un modo de autonomía a otro en función de la tarea y, sobre todo, del grado de control que decida conservar el artista humano. Por último, en el nivel de autonomía 5 (IA como agente), nos encontramos con sistemas de IA plenamente autónomos, una perspectiva puramente especulativa en la actualidad. Constituye un punto final teórico en el que los sistemas de IA podrían concebir, crear e incluso criticar sus propias obras de arte. Muy importante: en este contexto, «agencia» y autonomía no remiten a conceptos problemáticos como «libre albedrío» o «conciencia». Por el contrario, denotan la capacidad de establecer y ejecutar objetivos de forma autónoma y el reconocimiento colectivo de dicha autonomía[7].

---

[7] P. Butlin, R. Long, E. Elmoznino, Y. Bengio, E. Schwitzgebel *et al.*, «Consciousness in artificial intelligence: Insights from the science of consciousness», *CoRR* (2023) [https://arxiv.org/abs/2308.08708].

La historia del arte ofrece diversos ejemplos de la relación entre un artista y un «colaborador». En los talleres del Renacimiento, los maestros trabajaban junto a colaboradores y aprendices, dirigiendo la producción de las obras y contribuyendo a menudo a elementos clave como el dibujo, la composición y los retoques finales. Aunque los aprendices y ayudantes ejecutaban con frecuencia partes de estas obras, las piezas acabadas solían atribuirse al maestro, considerado la fuerza creadora de las mismas. Un aprendiz, normalmente un niño, empezaba como ayudante con una función puramente de «herramienta» (mezclar colores, preparar lienzos) y luego iba ascendiendo en la jerarquía de autonomía, pasando a colaborador y, finalmente, a maestro autónomo.

Desde el Renacimiento hasta el siglo XVII y más allá, no todas las pinturas de los talleres establecidos eran enteramente hechura del maestro. Artistas como Giotto o Rafael concedían amplio espacio a sus colaboradores, mientras que otros, como Miguel Ángel, eran reacios a confiar el trabajo a otros. Con independencia de los niveles de autonomía de los ayudantes, el maestro mantenía la autoría y el control creativo del conjunto. El ayudante no era ni un experto ni un agente autónomo hasta que abandonaba el taller del maestro.

Existe una dinámica similar en la producción contemporánea de *ready-mades* y obras de arte conceptual. En ellas, el artista suele determinar la idea, mientras que otro individuo –un artesano o técnico– lleva a cabo su realización material. La disputa legal entre el artista italiano Maurizio Cattelan y el escultor francés Daniel Druet es un ejemplo de ello. Druet, que realizó varias de las célebres esculturas de Cattelan, incluido el icónico *Hitler arrodillado*, le demandó en 2021, reclamando la autoría y pidiendo reconocimiento y una indemnización[8]. El tribunal falló a favor de Cattelan, defendiendo el principio de que, en el arte conceptual, el creador de la idea es el autor y titular de los derechos sobre la misma, aun cuando otros lleven a cabo la ejecución material. El papel de Cattelan se asemeja así al de un director artístico, que define el marco conceptual y

---

[8] H. Lydiate, «The unasked question», *Art Monthly* 458 (2022), pp. 44-45.

deja la realización material en manos de otros. El modelo de taller renacentista implicaba a menudo la intervención directa del maestro, aunque estuviera mediada por otras manos. La firma del maestro garantizaba la calidad y la autenticidad. Por el contrario, el enfoque de Cattelan establece una división más tajante entre conceptualización y ejecución, excluyendo a menudo la mano del artista de la creación física. Este cambio da más importancia a las ideas que a la destreza con que se plasmen, y refleja el cambio de valores en el arte contemporáneo.

En el arte asistido por IA, las fronteras entre creador, herramienta y colaborador son cada vez más difusas. La pregunta clave es: ¿en qué momento la IA pasa de herramienta a colaborador o creador? Es probable que esta transición dependa tanto de las capacidades del sistema de IA como de la forma en que el artista humano decida utilizarlo. Un usuario pasivo que se limite a seguir las instrucciones de la IA para realizar una obra o artefacto atribuye substancialmente una mayor agencia creativa al sistema. Por el contrario, un usuario experto con conocimientos técnicos y una visión clara utiliza la IA para mejorar su trabajo sin perder el control creativo, relegándola a la automatización de tareas técnicas sin influir en la visión artística. Es la misma diferencia que hay entre un fotógrafo experto que ajusta manualmente la configuración de la cámara y un principiante que confía totalmente en los modos automáticos.

Podemos establecer paralelismos entre las obras de arte generadas por IA y la relación artista-técnico, en la que el control de la producción varía en función de la implicación del artista y su confianza en el «artesano» IA. Sin embargo, una diferencia clave radica en los derechos de uso: aunque las obras generadas por IA a menudo pueden ser utilizadas libremente por sus creadores, se debate si se deben considerar obras propias suyas. Por ejemplo, cuando un usuario utiliza una versión de pago de Midjourney para generar una imagen, recibe una licencia para utilizarla con fines personales y comerciales. En este sentido, «son los dueños» de la imagen, pero no tienen derechos de autor exclusivos. Esta situación implica que un tercero podría utilizar esa misma imagen con fines comerciales sin infringir las leyes de propiedad intelectual (aunque infringiría las directrices de la comunidad), ya que no hay derechos de autor exclusivos sobre la imagen en sí[9].

¿A quién pertenecen los derechos de autor cuando un sistema de IA genera una obra[10]? Un caso reciente que pone de relieve esta cuestión es la decisión inicial de la US Copyright Office de revocar los derechos de autor de la novela gráfica *Zarya of the Dawn,* de Kris Kashtanova, tras descubrir que las imágenes se habían generado utilizando Midjourney. La decisión se basó en la premisa de que debe haber una «participación humana sustancial en el proceso creativo» para que una obra pueda acogerse a la protección de los derechos de autor. Sin embargo, posteriormente se concedieron derechos parciales porque la disposición de las imágenes y el texto de la historia eran fruto del esfuerzo creativo de la propia Kashtanova[11].

La legislación de la Unión Europea distingue entre distintas fases del proceso creativo: concepción, ejecución y «redacción» (es decir, edición, modificación en posproducción, afinado). Incluso cuando se utiliza IA, los humanos pueden no controlar la ejecución, pero siguen teniendo autoridad sobre las fases de concepción y redacción, lo que potencialmente les permite reclamar derechos de autor. Sin embargo, demostrar que un humano ha ejercido suficiente control creativo y esfuerzo intelectual para reclamar la autoría sigue siendo un reto[12].

---

[9] M. P. Misthal, «AI-generated works dilemma: Balancing AI terms of service with contractual obligations», *The Legal Intelligencer* (2024) [https://www.law.com/thelegalintelligencer/2024/04/16/ai-generated-works-dilemma-balancing-ai-terms-of-service-with-contractual-obligations]; véanse los términos y condiciones de uso de Midjourney a partir del 9 de enero de 2024 [https://docs.midjourney.com/docs/terms-of-service].

[10] M. Caldwell, «What is an "author"? Copyright authorship of AI art through a philosophical lens», *Houston Law Review* 61, 2 (2023), pp. 411-450.

[11] B. Edwards, «AI-generated comic artwork loses US copyright protection», *Ars Technica,* 23 de febrero de 2023 [https://arstechnica.com/information-technology/2023/02/us-copyright-office-withdraws-copyright-for-ai-generated-comic-artwork/].

[12] K. Militsyna, «Human creative contribution to AI-based output – One just can('t) get enough», *GRUR International* 72, 10 (2023), pp. 939-949. Doi: [https://doi.org/10.1093/grurint/ikad075].

Dado que los sistemas de IA no pueden reclamar los derechos de autor de su propio trabajo, son dos las principales teorías para asignar la propiedad de esos derechos. La primera considera a la IA como un empleado que trabaja para un individuo o una organización, p. e., una empresa. Desde este punto de vista, los derechos de autor de los trabajos generados por IA pertenecerían a la entidad responsable de la creación o el funcionamiento de la IA. Podría ser el programador individual que la desarrolló o, más probablemente, la empresa que emplea al programador y es propietaria del sistema de IA. La segunda trata a la IA como un producto de consumo, en cuyo caso el usuario final o cliente que utiliza la herramienta de IA sería el titular de los derechos de autor[13]. Si bien es cierto que un programador es el responsable de las capacidades creativas del sistema de IA, por sí solo puede no ser suficiente para establecer una titularidad de derechos, especialmente en el caso de la IA generativa. En estos modelos avanzados de IA, el programador se limita a crear el *potencial* para generar *outputs* en lugar de producir directamente la obra final. Del mismo modo, sería inadecuado asignar los derechos de autor de un cuadro al maestro del artista en lugar de al propio artista. El maestro, al igual que el programador de IA, proporciona las herramientas y los conocimientos, pero no crea la obra final. Esta situación es intrínsicamente diferente de la de los sistemas previos de IA, basados en reglas, en los que el papel del programador era más directo, ya que no había participación de usuarios intermedios, y tenía un impacto significativo en el *output*.

La diosa Fortuna: la autonomía (percibida) del azar

En la cuestión de la relación entre herramientas y agencia, surge una diferencia de actitud entre los profesionales y el público general. Por un lado, los primeros aspiran a utilizar la IA como una herramienta, con el objetivo de mantener un meticuloso control sobre el

---

[13] Z. Naqvi, «Artificial intelligence, copyright, and copyright infringement», *Marquette Intellectual Property Law Review* 24, 1 (2020), pp. 15-51.

resultado y conservar la posibilidad de realizar personalizaciones y ajustes. Desde esta perspectiva, las herramientas de «IA generativa» no serían más que formas avanzadas de procesamiento digital, comparables a programas como Photoshop.

Los sistemas basados en modelos de difusión, como Midjourney, son bastante más complejos. Dichos modelos aprenden a correlacionar descripciones textuales y elementos visuales durante su fase de entrenamiento. El proceso comienza añadiendo ruido a las imágenes, creando versiones corruptas. A continuación, el modelo aprende a invertir ese ruido, afinando poco a poco las imágenes corruptas hasta devolverlas a su estado original. En la fase de generación, cuando se le da un *prompt* de texto, el modelo empieza con ruido aleatorio. A continuación, reduce progresivamente ese ruido, guiado por las asociaciones texto-imagen aprendidas, hasta crear una imagen que coincida con la descripción. Este proceso de «eliminación de ruido» transforma la información abstracta, comprimida, en *outputs* detallados y coherentes. La imagen final es una mezcla del conocimiento estructurado del modelo y de elementos aleatorios.

Aunque los procesos aleatorios permiten a los modelos de texto a imagen crear *outputs* diversos, los usuarios pueden ejercer un control preciso sobre los detalles a través de varios métodos. Por ejemplo, pueden proporcionar información específica para ir afinando de forma iterativa las imágenes generadas, dirigiendo gradualmente el *output* hacia el resultado deseado. Otra posibilidad son los *inputs* condicionales, en los que los usuarios proporcionan descripciones textuales detalladas o mezclan texto con dibujos, bocetos e imágenes de referencia. Mediante la manipulación del espacio latente, los usuarios pueden interactuar con la representación de dicho espacio latente de la imagen ajustando y modificando los vectores latentes. Un usuario puede controlar todos los niveles del proceso generativo, desde cualidades y características de carácter muy general hasta detalles muy precisos[14].

---

[14] K. Pathania, «Enhancing conditional image generation with explainable latent space manipulation», *arXiv,* 2024: [2408.16232].

Son muchos los que se sienten fascinados por los patrones que genera un *caleidoscopio,* que produce estructuras estéticas regulares mediante un sistema de espejos, resultado de procesos aleatorios que ordenan fragmentos coloreados dentro de un tubo. Subjetivamente, tendemos a atribuir creatividad o incluso una especie de autonomía a resultados impredecibles y aleatorios. Tendemos a percibir algo como creativo y autónomo cuando no podemos predecir de forma estricta su comportamiento. Por el contrario, lo que es predecible y determinable no nos parece ni autónomo ni creativo.

La fascinación del público con la IA también se debe a su imprevisibilidad. Si los sistemas de IA fueran perfectamente controlables y personalizables –como preferirían los profesionales–, perderían su atractivo como «IA». Tendemos a calificar de «IA» a los sistemas que nos sorprenden con *outputs* inesperados. Dicha imprevisibilidad proviene del uso de procesos estocásticos tanto en la fase de aprendizaje de la IA como en la de generación. Estos elementos aleatorios impiden que el sistema sea totalmente determinista y predecible.

Sin embargo, no todo lo que es fruto del azar y la imprevisibilidad parece creativo o autónomo; el caos desordenado y sin sentido no lo es. En cambio, una imprevisibilidad impregnada de significado capta nuestra imaginación, que la ve como algo potencialmente creativo o autónomo. Las formas geométricas de un caleidoscopio representan una mezcla de aleatoriedad y estructura, produciendo patrones distintos y únicos con cada giro.

Esto nos remite a los experimentos clásicos de las vanguardias históricas con el azar y la aleatoriedad. Movimientos como el Dadaísmo y el Surrealismo, así como los posteriores experimentos del Neodadaísmo, por ejemplo en la música aleatoria de John Cage (que se inspiró en los trabajos de Marcel Duchamp sobre la composiciñon de música basándose en el azar), estaban fascinados por la posibilidad de una creación que escapara al control autoral. El azar permite crear obras que parecen menos artificiales –es decir, menos productos del artificio humano– al imitar los fenómenos espontáneos de la naturaleza física[15].

---

[15] P. Mann, «Symmetry, chance, biomorphism: a comparison of the visual art and poetry of Hans Arp's Dada Period (1916-1924)», *Word & Image* 6, 1 (1990),

Como dijo Cage: «Mi *intención* es dejar que las cosas sean ellas mismas»[16]. Se puede establecer una continuidad entre estas experimentaciones y las posteriores exploraciones del arte generativo y el arte computacional, donde lo impredecible se convierte en un componente esencial para producir algo que tenga apariencia de creatividad y que va más allá de las instrucciones introducidas por el programador.

Es interesante observar el origen conceptual de términos aparentemente opuestos como *autonomía* y *autómata*[17]. El sustantivo griego *automatismós* se define como «lo que sucede por sí mismo, por casualidad»; el verbo *automatizein* significa «actuar por uno mismo, actuar de improviso o sin avisar», «actuar espontáneamente», «suceder por sí mismo, de forma casual». Del mismo modo, *Automatia* era un antiguo nombre de Fortuna, la diosa del azar[18]. Aristóteles, en el segundo libro de su *Física*, introduce el término *autómata* para describir un conjunto de fenómenos en el que figura la *tyche* (fortuna). Los describe como fuerzas que perturban el orden teleológico, encarnando substancialmente los acontecimientos aleatorios o fortuitos de la naturaleza[19]. Aristóteles destaca el papel de lo accidental también en el

---

pp. 82-99. Doi: [https://doi.org/10.1080/02666286.1990.10435422]; P. Jaeger, *John Cage and Buddhist ecopoetics: John Cage and the performance of nature,* Londres, Bloomsbury Academic, 2013.

[16] J. Cage y D. Tudor, *Indeterminacy: New aspect of form in instrumental and electronic music,* 1959 [lectura grabada], Folkways Records.

[17] *Autonomía,* derivado de *autos* (yo) y *nomos* (ley), implica autogobierno y acción autodirigida; *autómata* deriva de *autos* (yo) y *matein* (actuar), a menudo utilizado para describir entidades que se mueven por sí solas o acontecimientos que parecen suceder sin propósito ni intención.

[18] S. Chiodo, «Human autonomy, technological automation (and reverse)», *AI & Society* 37, 1 (2022), pp. 39-48. Doi: [10.1007/s00146-021-01149-5].

[19] «Pero, ¿no es igualmente extraño que, por más que los hombres admitan libremente que todo tipo de suerte *[tyché]* y todo lo que "sucede accidentalmente" *[automaton]* puede asignarse realmente a alguna causa definida, sin embargo, aun aceptando este venerable argumento para la eliminación del azar de sus pensamientos, distinguen invariablemente, de hecho, entre las cosas que dependen y las que no dependen del azar *[automaton]* o de la suerte *[tyché]*?»; Aristóteles, *Física,* (196a12-17).

ámbito estético de la tragedia. En la *Poética* (Libro IX), subraya cómo los sucesos inesperados pueden cobrar especial significado en la narración, pero las coincidencias en la tragedia son más impactantes cuando parecen tener un diseño o propósito subyacente («parecen haberse producido expresamente»), a pesar de su aparente aleatoriedad[20].

En esencia, no es la aleatoriedad inherente a los fenómenos espontáneos lo que nos sorprende; si así fuera, toda secuencia aleatoria de lanzamientos de monedas o dados nos parecería sorprendente y creativa. Más bien, lo que nos cautiva es el significado aparente de estos sucesos, cuando los acontecimientos fortuitos parecen *producidos expresamente*. Por eso admiramos estéticamente los patrones de un caleidoscopio: aunque son resultado de la distribución aleatoria y espontánea de unos fragmentos coloreados, la simetría creada por los espejos les confiere una sensación de estructura.

Aristóteles indica que los sucesos fortuitos de la física carecen de causas discernibles, lo que apunta a una forma de autonomía, pero estos fenómenos siguen siendo efecto de procesos naturales y no alcanzan la genuina autonomía en su sentido más pleno. La verdadera autonomía va más allá de lo imprevisible y lo espontáneo accidental, requiere una agencia y la capacidad para *iniciar* la acción. El sujeto verdaderamente autónomo, por así decirlo, se aventura solo en el mundo, guiado por su sistema de motivaciones y conocimientos, parcialmente moldeado por encuentros contingentes a lo largo de sus experiencias. En términos más filosóficos, utilizando un concepto de san Agustín, un ser autónomo debe poseer un *initium,* un comienzo no determinado causalmente. Esta idea ha sido retomada en la época contemporánea por Hannah Arendt en su libro *La condi-*

---

[20] « […] la imitación no lo es sólo de una acción completa, sino también de hechos capaces de provocar el terror y la compasión, y estos ocurren sobre todo cuando se producen contra lo esperado unos a causa de otros, pues así tendrán el carácter asombroso en mayor medida que si se deben al azar y la fortuna *[«τοῦ αὐτομάτου καὶ τῆς τύχης», «tou automatou kai tēs tuchēs»],* ya que incluso de entre los sucesos derivados de la fortuna resultan ser mucho más maravillosos todos los que parecen haberse producido expresamente»; Aristóteles, *Poética,* IX, ed. Antonio López Eire, Madrid, Istmo, 2002.

ción humana[21]. Para Arendt, la esencia de la libertad humana reside en la capacidad del sujeto de «entrar en el mundo» sin predeterminación, dotado de la capacidad de iniciar algo nuevo.

En el contexto de la IA, aún estamos lejos de crear entidades a las que podamos «dejar entrar en el mundo», dotándolas de una autonomía tal que haga completamente imprevisible la acción de la máquina. Esto se debe en parte a que necesitaríamos dotarlas de objetivos, motivaciones, impulsos, instintos y «necesidades» cuya (des)satisfacción las impulsaría a actuar. De lo contrario, incluso la IA-artista más virtuosa, libre para elegir, podría acabar felizmente cruzada de brazos. En su lugar, concedemos a estas entidades grados de libertad en forma de dosis predeterminadas de aleatoriedad.

En el arte contemporáneo, existe un interesante paralelismo con las prácticas que implican a entidades que poseen su propia agencia natural, como los animales o las plantas. Por ejemplo, cámaras de crecimiento que favorecen la floración de determinados tipos de vegetación, instalaciones que cultivan bacterias u hongos, o *performances* en las que los artistas interactúan con animales. Estos artistas «utilizan» la naturaleza: mecanismos complejos y espontáneos guiados por principios intrínsecos más que por un diseño artístico. De este modo, liberan elementos naturales en su obra, dejando que se desarrollen con una intervención mínima. Estas «herramientas agénticas» ocupan un término medio entre los meros instrumentos y los agentes plenamente autónomos.

También encontramos herramientas agénticas artificiales en las prácticas artísticas. Por ejemplo, el artista Mario Klingemann desarrolló su proyecto BOTTO como artista autónomo descentralizado que crea obras de arte utilizando IA y el *input* de la comunidad. Lanzado en 2021, BOTTO produce semanalmente unas 350 nuevas piezas, votadas por una comunidad de 5.000 personas. Al establecer un *ranking* estético, estos votos influyen en las futuras creaciones. Klingemann considera que su papel es el de un tutor, que guía a

---

[21] H. Arendt, *The human condition*, Chicago, The University of Chicago Press, 1958 [ed. cast.: *La condición humana*, trad. Ramón Gil Novales, Barcelona, Paidós, 2005].

BOTTO en un primer momento y luego deja que vaya adquiriendo independencia. Según el artista, este enfoque se asemeja a cuando se deja que un niño se enfrente al mundo, confiando en que continuará como su creador pretendía, como hacen los padres, pero sin tener control sobre él[22].

Autor artificial e intencionalidad autoral

Volvamos a una situación similar a la que abría el Capítulo 3: imagina que acabas de leer una novela que te ha dejado sin palabras. La prosa es fascinante, los personajes parecen vivos, la trama es rica y conmovedora. Sientes una profunda conexión con la autora, admiras su profundidad emocional y su comprensión de la naturaleza humana. Entonces descubres que, en realidad, la obra ha sido producida por una IA (o más exactamente, por humanos que han utilizado una IA). ¿Cómo te sentirías? ¿Disminuiría tu admiración, que sería sustituida por un sentimiento de desilusión o incluso de traición? ¿Perdería la historia su viveza, su intensidad? ¿Parecerían menos reales sus personajes?

La aparición de la IA está reconfigurando la idea que el público y los usuarios tienen de la autoría, un concepto relacionado con –pero distinto de– la propiedad intelectual, ya que implica la percepción de la fuente de un acto creativo al que atribuimos tanto el origen como el valor de una obra. El debate actual está marcado por posiciones enfrentadas, en las que los análisis suelen confundir la cuestión de la calidad de las obras generadas por la IA con la de su naturaleza artificial. Cuando se considera que estas obras son irrelevantes o «no son arte», a menudo no está claro si este juicio se debe a que son estéticamente pobres o simplemente a que son artificiales.

La noción más tradicional de autoría sostiene que parte del aprecio estético que tenemos por una obra de arte, una canción o una

---

[22] S. Nair, «German artist Mario Klingemann on his creation "Botto", an NFT revolution», 2022 [https://www.stirworld.com/see-features-german-artist-mario-klingemann-on-his-creation-botto-an-nft-revolution].

novela depende esencialmente de nuestra conciencia de que detrás de la obra hay una intención creativa, a lo que hay que sumar lo que podemos inferir sobre lo que el autor ha querido decir con ella. En otras palabras, damos por sentado que percibir la mente que hay detrás de una obra de arte es un componente fundamental de nuestra implicación estética. De ello se deduce que no podemos apreciar verdaderamente una obra si sabemos que es producto de una máquina que, carente de intención, experiencia o incluso conciencia autorales, se limita a ser «instruida» por humanos para generar tales productos.

La cuestión de la autoría ha sido un punto central en el discurso filosófico y literario, sobre todo en el contexto del estructuralismo y su sucesor, el posestructuralismo, según el cual no es posible atribuir una fuente privilegiada y única de significado al autor de una obra de arte. Roland Barthes declaró la «muerte del autor» en su texto de 1967[23]. Sostenía que las intenciones del autor y su contexto biográfico no debían dictar la interpretación de una obra, pues todo texto es producto de una compleja red de influencias, un «tejido de citas» y tradiciones, la recombinación de todo un pasado cultural y un contexto social. Un texto es el resultado de otros textos y autores que hablan a través de la pluma del supuesto escritor «autónomo». Aun antes del estructuralismo y del posestructuralismo, según la Nueva Crítica era importante evitar la «falacia intencional», término acuñado por W. K. Wimsatt y Monroe Beardsley en 1946[24]. Este principio cuestiona la práctica de interpretar y evaluar una obra basándose principalmente en la intención del autor y aboga en su lugar por centrarse en el contenido de la misma y en la experiencia del lector. Según estos Nuevos Críticos, la intención del autor no es adecuada ni deseable como criterio para juzgar el éxito de una obra de arte literaria. En su lugar, la Nueva Crítica promovió una metodología

[23] R. Barthes, «La muerte de un autor» [1967], en *id., El susurro del lenguaje,* trad. C. Fernández Serrano, Barcelona, Paidós, 1987, pp. 65-73.

[24] W. K. Wimsatt y M. C. Beardsley, «The intentional fallacy», *Sewanee Review* 54 (1946), pp. 468-488. Revisado y publicado en *The Verbal Icon: Studies in the Meaning of Poetry,* Lexington, University of Kentucky Press (1954), pp. 3-18.

analítica que hacía hincapié en la complejidad del texto, su unidad y la interacción de sus elementos constitutivos.

Esta tradición también puede vincularse a anteriores experimentos artísticos de vanguardia que exploraban la creación artística a través de la reducción o incluso la neutralización del control del artista. Como hemos visto en el epígrafe anterior, movimientos como el Dadaísmo y el Surrealismo utilizaron técnicas como el azar y el automatismo para fomentar una creatividad espontánea y colectiva, rebajando así el papel del artista. Por ejemplo, el empeño de los surrealistas en emular un estado «maquínico» quedó patente en prácticas como la escritura automática. Sin embargo, mientras que la experimentación vanguardista y el arte generado automáticamente hacían hincapié en la liberación de la toma de decisiones y el control humanos mediante procesos estocásticos o procedimientos mecánicos (no obstante, no hay que olvidar que se siguen ciñendo a la intención inicial del creador), los contenidos contemporáneos generados por IA introducen una nueva forma de autonomía, con sus propias capacidades de control y toma de decisiones: la autorialidad humana parece sustituida por otra forma de que *imita* a la humana. Además, las teorías sobre la «muerte del autor», aunque filosóficamente convincentes, no se han visto realmente reflejadas en las actitudes del público. Los humanos percibimos intencionalidad en la vida cotidiana y, en consecuencia, seguimos pensando en términos de autoría cuando nos encontramos con productos culturales creados por humanos.

Para comprender el mecanismo por el que se atribuye una autoría, podríamos definir dos *umbrales* conceptuales y psicológicos, que yo denominaría «umbral de instrumentalidad» y «umbral de relevancia autoral»:

a) El primer umbral, del que hemos tratado en las páginas anteriores, atañe a la cuestión general de la frontera entre la agencia y sus instrumentos; concretamente, dónde trazamos la línea entre considerar que un sistema posee autonomía o que es una mera extensión del usuario. Este umbral aborda la cuestión de «dónde» se sitúa el autor. Los casos intermedios que hemos examinado (como ayudantes, colaboradores, etc.) sugieren que este umbral no es una línea definida, sino que más bien consiste en un espectro de casos intermedios.

b) El segundo umbral, el de relevancia autoral, se centra en determinar en qué contextos es relevante la presencia de un autor. Como comentamos en el Capítulo 3, hay ciertos ámbitos en los que la percepción de que hay un autor detrás de una obra parece relativamente poco importante para la apreciación estética. Mientras que la agencia y la intencionalidad son significativas en algunas formas de producción cultural, en otras no son necesariamente cruciales.

Por un lado, podemos estar interesados estéticamente en fenómenos que carecen de «mente», ya que no son producto de la actividad humana, como los paisajes, las flores u otras estructuras naturales, aunque, para algunos, incluso todo esto podría considerarse resultado de una creación divina intencionada. En los casos en que la intención autoral es irrelevante para nuestra apreciación, tendemos a centrarnos principalmente en las características formales y estéticas de la obra. Por ejemplo, en un mueble con un bonito diseño o en una estructura arquitectónica moderna, podríamos concentrarnos en la forma, las líneas, los materiales utilizados y la armonía visual del conjunto. Del mismo modo, apreciamos la música de fondo armoniosa y *low-fi* por sus cualidades agradables y relajantes.

En el experimento realizado en los años sesenta por A. N. Noll con mondrians generados algorítmicamente, se observó que las imágenes artificiales eran preferidas a las originales por sus cualidades formales. Esta preferencia puede atribuirse a un enfoque exclusivo en su estilo abstracto, no figurativo, que carece de un significado simbólico directo para un espectador ingenuo, simple, cuyo juicio ignora el vínculo entre la imagen y las intenciones originales del artista. En cierto modo, una visión puramente formalista del arte abstracto, que hace caso omiso de la búsqueda de sentido por parte del autor, corre el riesgo de reducir obras como esos pseudomondrians a simples motivos decorativos. Del mismo modo, si nos situamos frente a una *drip painting* de Pollock, nos vemos arrastrados por una red de colores y patrones. Pero también buscamos comprender la pasión y la agitación que el artista debió de sentir al crear esa obra. El afán por desentrañar la intención del artista añade a nuestra experiencia estética una capa de profundidad que un Pollock generado por IA, aunque fuera formalmente impecable, no podría ofrecer.

Una consecuencia de estas consideraciones podría ser que el umbral de relevancia autoral fuera un criterio para distinguir el arte «verdadero», rico en significados y relevante para la subjetividad del individuo, del arte puramente decorativo, de entretenimiento. Así, la IA encontraría su nicho en formas de arte en las que el aspecto «superficial» fuera primordial y la presencia de un autor no resultara crucial para nuestro disfrute, lo que incluye áreas como la música de fondo, los patrones decorativos, el diseño industrial y las fórmulas narrativas, entre otras. Inevitablemente, esto plantea la cuestión de dónde trazar la línea respecto a la necesidad de un autor. ¿Cuándo resulta esencial para nuestra apreciación estética reconocer detrás de una obra la presencia de una mente rectora y cuándo podemos prescindir de ella? Aquí, el punto clave es que ninguno de los dos umbrales es fijo; sus criterios para establecer distinciones pueden cambiar en función de cómo percibamos y atribuyamos la instrumentalidad o la intencionalidad. Y lo que es más importante, en el caso de las obras en las que consideramos fundamental la autoría, debemos tener en cuenta si este umbral sigue siendo válido o está cambiando, lo que nos permitiría contemplar con una nueva perspectiva «carente de autor» obras en las que la percepción autoral era antaño crucial.

Basándonos en el análisis previo, podemos recapitular varias teorías relativas a la cuestión de la autoría de la IA. Las dos primeras representan polos opuestos de un espectro:

1) El primero es la visión humano-céntrica, que considera al autor humano como fuente única y exclusiva de toda creación, y a la IA como una mera herramienta sofisticada. Incluso cuando el papel humano se reduce a organizar y gestionar el *output* de la máquina, sigue siendo el ser humano quien completa la obra final. Esto incluye conceptos como 1.1) el «autor como selector», en el que una persona utiliza un sistema de IA para gene-

rar una serie de imágenes, bocetos, diseños o textos y, a continuación, selecciona de entre lo resultante lo que mejor se ajusta a sus preferencias. Como alternativa, 1.2) está la noción del autor humano como «ingeniero de *prompts*», lo que supone la utilización de sistemas de IA guiados por «*prompts*» lingüísticos, lo que constituye una nueva forma de autoría indirecta (véase el Capítulo 9).

2) El segundo polo considera a la IA como autora de pleno derecho. En esta situación (potencialmente futura), acabaría por atribuirse y reconocerse a las obras generadas por IA una intencionalidad artificial, como si tras ellas hubiera una mente que las pensase. A medida que las tecnologías de IA avancen, puede que veamos cada vez más sus resultados como el trabajo de entidades con agencia e intencionalidad propias. Podríamos incluso imaginar un contexto en el que la IA sea «libre» de determinar sus propias intenciones y motivaciones creativas, explorando y creando con base en decisiones autónomas.

3) Una interpretación alternativa, que bebe del posestructuralismo y de las críticas a la «falacia intencional», considera la autoría de las obras generadas por IA como el resultado de una mezcla de fuentes, textos y materiales con los que se han entrenado los sistemas. En el contexto del arte de la IA, una «autorialidad remezclada» sugiere que las obras se ven como amalgamas de diversas influencias más que como productos de una sola mente creativa. Este punto de vista se alinea con la idea de que todos los artefactos culturales son inherentemente «posproductivos», lo que significa que son reconfiguraciones de materiales preexistentes, desafiando la noción tradicional e idealizada de la autoría como expresión creativa única de un individuo. Desde esta perspectiva, el papel del autor es similar al de un curador que reúne diversos elementos culturales pero no es la fuente única de autoría. En su lugar, el autor se convierte en canal de una autoría colectiva imbricada en la historia cultural humana. Este enfoque es especialmente pertinente en el análisis en torno a la «cultura de la remezcla», donde la creación implica recontextualizar, citar y reutilizar obras existen-

tes[25]. En el marco de la «autorialidad remezclada», los sistemas de IA se nutren de amplios conjuntos de datos que abarcan diversos ámbitos de la cultura humana y sirven de medio a través del cual se procesa y reinterpreta una amplia gama de expresiones, ideas y artefactos culturales humanos. Las creaciones resultantes no son sólo producto de una programación hecha por creadores humanos, sino también reflejo de la intencionalidad humana colectiva. Por tanto, los *outputs* de estos sistemas pueden considerarse manifestaciones de *autorialidad colectiva,* filtrada y transformada por el sistema artificial.

Estas tres concepciones de la autoría (la humana, la maquínica y la colectiva) reflejan una necesidad conceptual subyacente de identificar una fuente de inspiración que acaba tomando forma en la construcción intencional de una obra. En este sentido, estas teorías diferencian entre la fuente de inspiración y el proceso intencional de construcción de una obra, definiendo diversos y cambiantes grados de dependencia entre el creador y sus diferentes «ejecutores». Históricamente, entidades como «Dios», «las Musas» o, más recientemente, nuestra «memoria cultural» se han considerado las fuentes primarias de inspiración, mientras los autores actúan como canales de estas fuerzas superiores. Del mismo modo, aunque en un principio la IA está diseñada para ayudar a los autores, su creciente complejidad e influencia le permiten generar contenidos, proporcionar inspiración y dar forma a los procesos creativos. Por consiguiente, la IA podría pasar de ser vista como una herramienta a convertirse en una auténtica fuente de inspiración, en la que la intencionalidad humana actuaría como ejecutor instrumental de esta inspiración. El papel del individuo sería cada vez más el de un intermediario o facilitador, una especie de herramienta para una intención autoral distribuida que permea nuestros archivos culturales y los medios tecnológicos con que se expresan.

---

[25] L. Lessig, *Remix: Making art and commerce thrive in the hybrid economy,* Penguin Press, 2008; E. Navas, *The rise of metacreativity: AI aesthetics after remix,* Londres, Routledge, 2022.

4) Otra posibilidad es que las obras generadas por IA nos obliguen a abandonar cualquier inferencia sobre la intención autoral. En este caso, dejaríamos de atribuir una mente a la obra de arte generada por IA y nos limitaríamos a una apreciación puramente formal, similar a nuestra respuesta ante patrones decorativos o diseños cuyo principal atractivo es su aspecto superficial. Si el foco de atención se alejara de la idea de intencionalidad autoral, la principal preocupación sería si una obra conecta con nosotros a nivel personal, al margen de cualquier hipótesis relativa a la identidad del creador, ya sea humano o máquina. Este giro representaría un cambio significativo en la forma en que nos relacionamos con las obras creativas, desplazando el centro de nuestra atención a las cualidades formales y estéticas de la obra, y evitando cualquier cuestión relativa a sus orígenes. Por otra parte, dado que no reconocemos autorialidad alguna en las obras generadas por IA, podríamos obviarlas, por considerarlas «sin alma» y, por tanto, indignas de nuestra atención en comparación con las verdaderas obras humanas. En consecuencia, para nosotros sería muy importante saber con certeza si la música que estamos escuchando o la novela que estamos leyendo han sido producidas por un humano o por una máquina, ya que, en el segundo caso, podríamos suspender nuestro juicio sobre la autoría y, por tanto, cualquier compromiso o implicación estéticos

No obstante, la idea de que en el futuro pueda haber dos enfoques distintos en torno a la autoría —uno para los productos de elaboración humana y otro que no atribuya autoría a los productos artificiales— resulta ingenua al menos por dos razones. En primer lugar, no siempre será posible determinar si un artefacto o producto cultural —ya sea un texto, una imagen, un sonido o una pieza musical— fue creado por un humano o generado en su mayor parte por la IA. En segundo lugar, nuestra relación con las nuevas formas de producción tecnológica y cultural podría alterar radicalmente el modo en que percibimos y pensamos sobre *cualquier* tipo de autoría, incluida la tradicional humana.

Imaginemos un futuro en el que sea cada vez más difícil determinar si una pintura, una composición musical o un texto escrito es producto de la inteligencia humana o de un proceso artificial. En una situación tal, el cambio realmente importante podría no estar en cómo percibimos la autoría de las máquinas, sino más bien en nuestra comprensión general de la autoría. Es factible pensar que nuestras expectativas e inferencias sobre las intenciones autorales se debiliten y disminuyan ante la persistente duda de si hay autor alguno detrás de lo que observamos. La constante incertidumbre sobre el origen de estas obras podría llevarnos a acercarnos a ellas con una mentalidad diferente, menos preocupada por discernir la identidad del creador y más centrada en la obra en sí, con independencia de las intenciones creativas subyacentes. Este cambio podría alterar en esencia nuestra forma de interactuar con y apreciar las obras artísticas y creativas.

Esta postura «posartificial», tal como la articula H. Bajohr[26], presagia un cambio radical en nuestra manera de entender e interactuar con textos u otros artefactos. La cuestión central es cómo leeremos un texto o escucharemos una canción cuando ya no podamos estar seguros de si ha sido escrita por una IA o por un humano. Por un lado, como ya hemos comentado, esta situación podría abrir la puerta a la humanización de las máquinas, con lo que tal vez empezaríamos a ver la IA como algo más que simples herramientas o ayudas mecánicas. Por otro, también provocaría una reevaluación del proceso creativo humano, reconociendo los aspectos «mecánicos» inherentes a nuestras propias creatividad e intencionalidad.

Algunos podrían ver en un escenario «posartificial» la realización práctica de la teoría de la «muerte del autor» propuesta por los posestructuralistas. Este escenario elimina el concepto de autoría, lo que implica una falta de diálogo directo entre el público y el autor, toda vez que este último ya no está presente. Sin embargo, esto no signi-

---

26 H. Bajohr, «Artificial and post-artificial texts: On machine learning and the reading expectations towards literary and non-literary writing», *Basel Media Culture and Cultural Techniques Working Papers* 7 (2023). Doi: [https://doi.org/10.12685/bmcct.2023.007].

fica que deje de existir el diálogo interno entre el público y la obra; la propia obra puede expresar una forma de «voz autoral» inmanente. Percibir una intencionalidad específica en el texto no implica necesariamente formular hipótesis sobre el proceso real que lo produjo (véase el Capítulo 3). A este respecto, la teoría narrativa ha distinguido tradicionalmente entre autores *reales* e *implícitos*[27]. Mientras que el primero es el verdadero escritor del texto, el segundo es la voz que se encuentra en el texto y que se expresa en su contenido y estilo. El autor implícito se convierte así en un constructo creado por el lector, diferente de quién (o qué) es el creador real: cuando leemos un texto, imaginamos al escritor, sus pensamientos y su personalidad en su elección de palabras, expresiones y frases[28]. Por lo tanto, aunque sepamos que un texto ha sido generado artificialmente, podríamos seguir interactuando con el autor implícito expresado en el texto, sumergiéndonos en lo que tiene que decir. Del mismo modo, también en otras expresiones artísticas el factor crucial puede ser la capacidad del artefacto para «expresar» intencionalidad y motivaciones, lo que permite la construcción de una autoría que emerge de la obra, más allá de cuál sea la fuente real que la produjo. En consecuencia, podríamos limitarnos a atribuir un autor «implícito», asumiendo una postura en la que nos relacionamos con la obra *como si* hubiera una intencionalidad real, suspendiendo nuestro juicio sobre la presencia de un autor «de verdad» (es decir, humano).

Por otra parte, en ausencia de un autor, el espectador/oyente podría ponerse en la piel de un autor potencial, simulando mentalmente su presencia. En este caso, la autorialidad implícita se convertiría en una *autorialidad imaginada* activamente, similar a lo que ocurre cuando observamos formas inanimadas aleatorias (trazos en una roca, grietas en una pared, formaciones de nubes) y suponemos que los patrones que discernimos en ellas son el resultado de un diseño intencional.

---

[27] W. C. Booth, *The rhetoric of fiction*, Chicago, The University of Chicago Press, 1961 (nueva edición, 1983).

[28] S. Pierosara, «Narrative autonomy and artificial storytelling», *AI & Society* (2022). Doi: [https://doi.org/10.1007/s00146-022-01595-9].

¿Adónde va el «esfuerzo»?

«Esta canción apesta. [...] Las canciones surgen del sufrimiento, con lo que quiero decir que se fundamentan en la compleja lucha interior del ser humano por la creación y, bueno, que yo sepa, los algoritmos no sienten. Los datos no sufren. [...] Escribir una buena canción no es imitación, ni réplica, ni pastiche, es todo lo contrario. Es un acto de suicidio que destruye todo lo que uno se ha esforzado por producir en el pasado. [...] Es un asunto visceral, aquí en mi escritorio, que exige algo de mí para poner en marcha la idea nueva y fresca».

Esta es la apasionada respuesta que dio en 2023 el compositor Nick Cave, que tiene un blog llamado *The Red Hand Files,* a un fan especialmente entusiasta que quería rendirle homenaje con una canción generada por ChatGPT «al estilo de Nick Cave».

Un punto de vista crítico planteado en el debate sobre el arte generado por IA es que el valor de los productos de estos sistemas es cuestionable debido, entre otras razones, a que se trata de procesos rápidos, automatizados y que aparentemente no requieren esfuerzo, como en el ejemplo de una canción «a lo Nick Cave» que se limita a emular los rasgos estereotipados de los textos del músico. Parece que en estos productos no hay *esfuerzo* humano, no hay señales de ningún tipo de conflicto creativo, que puede definirse como la superación de barreras materiales, técnicas, pero también culturales y mentales. «Esfuerzo» también significa estar siempre acosado por la incertidumbre del resultado y la posibilidad del fracaso. El proceso creativo se parece más a una exploración incierta en la que el artista se mueve por entre varias ideas y posibilidades sin un camino fijo. Por otro lado, lo que hacen estas máquinas parece demasiado pulido, mecánico y predeterminado[29].

Esta crítica también se hace eco de ciertos debates que animaron el siglo xx, cuando el público y algunos críticos cuestionaron la aparente «facilidad» de ciertas formas de arte experimental de vanguar-

---

[29] R. Chamberlain, C. Mullin, B. Scheerlinck y J. Wagemans, «Putting the art in artificial: Aesthetic responses to computer-generated art», *Psychology of Aesthetics, Creativity, and the Arts* 12, 2 (2018), pp. 177-192.

dia, como los *ready-mades,* el minimalismo –pensemos en los lienzos cortados de Fontana–, el arte conceptual y los simples actos performativos. La crítica se dirigía sobre todo a la sencillez percibida del «gesto» creativo de los artistas, que no se consideraba suficiente para conferir valor a su obra.

Si el esfuerzo (percibido) determina nuestro juicio estético, ¿miramos, escuchamos o leemos la obra con ojos diferentes según el grado de «sufrimiento» que haya detrás? La evidencia empírica parece confirmar la tendencia –definida como «heurística del esfuerzo»– a utilizar el esfuerzo como indicador del valor estético[30]. En consecuencia, la pregunta que surge es: ¿podría ser este un factor de nuestra reticencia hacia las obras de arte generadas por IA? O, alternativamente, ¿podrían las máquinas sufrir (esforzarse) o, al menos, *mostrar* esfuerzo?

En este punto, podríamos observar una actitud históricamente ambivalente hacia el «esfuerzo» en lo tocante a la destreza: el grado de habilidad de un artista o artesano podría revelar –como se ha dicho– lo que Leonardo da Vinci llamaba *«ostinato rigore»* (rigor obstinado). Pero, desde otra perspectiva, el asombro y la admiración que genera el producto del artista podrían incluso estar en relación inversa al esfuerzo realizado en el proceso creativo. Los artistas o artesanos expertos pueden producir artefactos con menos esfuerzo que los novatos. Según una famosa frase atribuida a Miguel Ángel: «Si la gente supiera lo mucho que he tenido que trabajar hasta alcanzar mi maestría, en absoluto le parecería tan maravillosa». Es decir: el artista de talento es capaz de mostrar *genialidad* o inspiración (incluso divina) no *en su esfuerzo,* sino en la *facilidad* con que hace cosas que otros no pueden, o en manifestar *sprezzatura,* es decir, la aparente desenvoltura y naturalidad con que desarrolla su oficio. El dicho latino *«Ars est celare artem»,* que se puede traducir como «El arte consiste en ocultar el arte», subraya la idea de que el arte verdadero y

---

[30] J. Kruger, D. Wirtz, L. Van Boven y T. W. Altermatt, «The effort heuristic», *Journal of Experimental Social Psychology* 40, 1 (2004), pp. 91-98. Quienes participaron en este experimento mostraron sistemáticamente preferencia por una pintura que creían que había conllevado más tiempo.

valioso a menudo oculta el esfuerzo invertido en su creación. Este principio sugiere que el arte que más impresiona es aquel que parece hecho sin esfuerzo, aun cuando puede que requiera unas aptitudes y un trabajo inmensos[31]. La lucha, la experimentación, las mejoras y ajustes del artista se ocultan tras el producto final, que parece natural y espontáneo. Por el contrario, un esfuerzo excesivo puede indicar, en cierto modo, falta de experiencia o inspiración.

La época romántica se centró en la lucha interior del artista, desplazando el énfasis de la competencia técnica al esfuerzo emocional e intelectual. Esto anticipó el posterior giro de los movimientos vanguardistas, que valoraron la novedad de la idea (y el esfuerzo realizado para llegar a ella) como algo más importante que el tiempo y el empeño invertidos en la elaboración de una obra. Los lienzos cortados de Lucio Fontana son un buen ejemplo de este cambio. El sencillo pero innovador acto de Fontana redefinió el concepto de esfuerzo, alejándose de las técnicas que requerían mucho trabajo y haciendo hincapié en la hondura conceptual. Debido a su naturaleza no obvia, este tipo de arte contemporáneo siempre corría el riesgo de ser percibido como irrelevante o menos atractivo. En consecuencia, se hizo imperativo que artistas, críticos y curadores de galerías y museos formularan con claridad cómo una obra de arte conceptual encarna el esfuerzo y la aptitud en un nivel más abstracto, espiritual y mental.

Asimismo, la opinión más habitual suele ver el arte de la IA como algo «demasiado fácil» y carente de esfuerzo, algo que podría rebatirse al menos desde dos puntos de vista. El primer aspecto es que, más allá de los usos más *amateur*, la obra de los artistas que trabajan con sistemas de IA no es en absoluto «sencilla» o automática, sino que requiere un profundo conocimiento del medio y de las tecnologías utilizados, así como una praxis compleja y minuciosa en la realización de la obra final. Por ejemplo, preparar un *prompt* lo suficientemente completo para materializar la idea precisa del artista suele ser una tarea intensa y exigente que no tiene nada de automático o simple. El segundo aspecto tiene que ver con la posibilidad de pensar, de

---

[31] P. D'Angelo, *Sprezzatura: Concealing the effort of art from Aristotle to Duchamp,* Cambridge, Cambridge University Press, 2018.

imaginar un «esfuerzo maquínico» o un «conflicto artificial» en la generación de contenidos por parte de los sistemas de IA. Una de las razones a favor se basa en el gran esfuerzo realizado en el desarrollo de la tecnologías de IA y en las contribuciones humanas implícitas en el conjunto de datos de entrenamiento de estos sistemas. Los resultados de estos sistemas tecnológicos son fruto de la amalgama de influencias y contenidos varios de diferentes épocas, ya que estos sistemas aprenden con las obras de artistas del pasado, de modo que podríamos hablar aquí de un esfuerzo estético *distribuido*, similar a lo que antes llamábamos una «autorialidad colectiva», que nos permite valorar toda la suma de influencias, contribuciones individuales y también evolución tecnológica que condujo a un artefacto u obra de arte concretos. La naturaleza distribuida del proceso de desarrollo y aprendizaje de la IA implica que se trata de un esfuerzo colectivo que abarca a muchos individuos y avances tecnológicos. La facilidad a la hora de generar contenidos es sólo aparente, una especie de *«sprezzatura* artificial», donde la supuesta automaticidad en la producción de la IA enmascara el vasto conocimiento cultural en el que ha sido entrenada, así como el complejo trabajo computacional, por no hablar del importante uso de recursos materiales y energéticos que esos sistemas emplean.

9

¿Hecho *por* y *para* humanos?
La cuestión de la *adaptación* estética

Emanuele Arielli

> La IA es, en gran medida, filosofía. A menudo se ocupa directa-
> mente de cuestiones filosóficas reconocibles al instante: ¿qué es la
> mente? ¿Qué es el sentido? ¿Qué es el razonamiento y la racionali-
> dad? ¿Cuáles son las condiciones necesarias para el reconocimiento
> perceptual de objetos? ¿Cómo se toman y justifican las decisiones?
>
> Daniel Dennett[1]

«No soy un robot» y el problema de la demarcación

Artista y *artesano* son términos derivados de *artifex,* que remite a
alguien que crea algo «artificial» por oposición a lo que es natural y
no está hecho por humanos. Por ejemplo, un objeto natural podría
ser una cáscara de coco que se utiliza para recoger agua y de la cual
bebemos. En cambio, una taza o un vaso serían un producto artesanal, y hoy los utilizamos en lugar de cáscaras de coco. Sin embargo,
no todos los avances sustituyen a lo que había antes. La mecaniza-
ción industrial llevó a la producción en masa de objetos que antes se
fabricaban a mano, como platos, sillas, muebles y ropa. Pero la pro-

---

[1] D. Dennett, «When philosophers encounter AI», *Daedalus: Proceedings of the
American Academy of Arts and Sciences* 117, 1 (1998), pp. 283-295. Reimpreso en
Brainchildren: Essays on designing minds, Cambridge, Mass., The MIT Press, 1998.

ducción artesanal continuó, aunque de forma diferente, como un nicho para quienes aprecian el esfuerzo humano y lo prefieren a la fabricación en serie mecánica, o simplemente porque disfrutan con el proceso de elaboración de artefactos. Del mismo modo, la invención de la fotografía no supuso la desaparición de la pintura. Sin embargo, un nuevo medio suele provocar transformaciones importantes en el antiguo. La pintura siguió siendo relevante en la era posfotográfica porque fue más allá del realismo naturalista y se diferenció de la fotografía mediante estilos y conceptos innovadores.

Pensemos en la diferencia entre un artículo producido industrialmente, como un jarrón de Ikea, y uno hecho a mano. A menudo valoramos más los productos artesanales, atribuyéndoles una calidad superior a la de los industriales, aunque esto no siempre esté garantizado. Más allá de la calidad, percibimos que estos artículos tienen un «aura» de singularidad, de exclusividad, con unas características materiales que no pueden replicarse. Si bien es posible producir artículos industriales con características que imitan las cualidades artesanales –p. e., imperfecciones y ligeras variaciones en la forma–, en general manifestamos una profunda aversión a los artículos «falsamente artesanales» porque los consideramos una adulteración de un antiguo modo de producción. Además, como ya hemos dicho antes en relación con el esfuerzo, proyectamos en el objeto hecho a mano el compromiso de su creador, que ve en él la encarnación del tiempo invertido y de la técnica aprendida a lo largo de los años. El objeto se convierte así en portador y testigo de una presencia humana que ya no es evidente en los artículos industriales.

Del mismo modo, la llegada de la IA no significa el fin de las creaciones sin IA. Sin embargo, podría transformar nuestra forma de verlas y utilizarlas, afectando a su valor económico y a su distribución. Un artista que no utilice IA podría, en principio, sentirse obsoleto en comparación con otro que sí la use. Sin embargo, el papel del trabajo sin IA podría redefinirse a medida que surja un mercado específico para obras «artesanales» en las que se valore su factura humana, de forma similar al aprecio por los objetos «hechos a mano» que se desarrolló tras la serialización industrial. Podríamos asistir a un renovado interés por lo que las máquinas no pueden replicar, incentivando obras que destaquen la imperfección y la singularidad propias de lo humano. Esto podría dar lugar a un nuevo aprecio por la artesanía tradicional y las formas de arte que hacen hincapié en el toque individual del artista, en contraste con la perfección que se suele asociar a las creaciones basadas en IA.

Las técnicas antiguas sobreviven gracias a su capacidad para diferenciarse de las nuevas. Al igual que la pintura se distinguió de la fotografía gracias a su experimentación más allá del realismo, la producción artesanal se caracteriza por no parecer serial y perfecta como la producción industrial. En el contexto de la IA generativa, no está claro si estamos ante un nuevo medio capaz de generar contenidos distintos ni cómo podría diferenciarse de medios anteriores. Esto explica la atención prestada a los casos en los que el contenido generado por IA es casi indistinguible del contenido no generado por IA, sobre todo en la generación de imágenes.

Mientras que el clásico test de Turing evalúa si los contenidos producidos por máquinas pueden pasar por hechos por humanos, el reto de la *demarcación* implica el desarrollo de criterios que permitan distinguir los contenidos generados por IA de los hechos por humanos cuando la indistinción potencial es la norma. Esto incluye el establecimiento de criterios que garanticen que los contenidos creados por humanos son genuinamente humanos (un «test de Turing inverso») y que los contenidos creados por IA son realmente producidos por IA (un «test de originalidad de la IA»).

En el ámbito de la producción estética, varios casos bien conocidos han puesto en tela de juicio la capacidad intuitiva para distinguir entre productos generados y no generados por IA:

a) Pongamos el caso en el que se utilizó una imagen generada por IA en un concurso que no especificaba qué herramientas digitales estaban permitidas. Jason Allen ganó el primer premio en la categoría de artes digitales en la Colorado State Fine Arts Competition en 2022 con una obra titulada *Théâtre D'opéra Spatial* creada con Midjourney.

b) Otro ejemplo es el de una fotografía generada por IA que se presentó como auténtica. En los Sony World Photography

Awards de 2023, Boris Eldagsen ganó en la categoría «Creativa» con *Pseudomnesia: The Electrician,* una imagen en blanco y negro. Tras ganar, Eldagsen reveló que la imagen había sido generada por IA y rechazó el premio para concienciar sobre el impacto de las tecnologías de IA en el contexto artístico[2].

c) También está el caso de una foto real que se presentó como generada por IA y que ganó en una categoría reservada a estas últimas en los premios de fotografía del Creative Resource Collective (CRC) de 2023. El fotógrafo Miles Astray obtuvo el tercer puesto en la categoría de IA con su obra *F L A M I N G O N E.* Sin embargo, más tarde el artista reveló que, en realidad, la imagen había sido tomada con una cámara tradicional y no generada por IA. En consecuencia, el CRC le retiró el premio[3].

d) Otro caso es el de una foto real, auténtica, de la australiana Suzi Dougherty, que fue descalificada un concurso local de fotografía después de que se pensara erróneamente que había sido generada por IA. El objetivo del concurso, organizado por Charing Cross Photo, era poner de relieve la fotografía de moda local. Su organizador explicó que descalificó la foto por su aparente artificialidad, señalando que las modelos y la toma de Dougherty parecían «demasiado perfectas»[4].

La situación en la que las producciones humanas deben demostrar su autenticidad, garantizando que no se han generado artificial-

---

[2] R. Whiddington, «A Photographer Submitted an A.I.-Generated Image to a Prestigious Art Competition to Be "Cheeky". It Won a Top Prize Anyway», 2023 [https://news.artnet.com/art-world/boris-eldagsen-photography-award-sony-ai-generated-images-dall-e-2286622].

[3] A. Schrader, «A Photographer Wins a Top Prize in an A.I. Competition for His Non-A.I. Image», 2023 [https://news.artnet.com/art-world/miles-astray-non-ai-photo-wins-ai-competition-2500809.].

[4] A. Schrader, «An Australian Photographer Was Disqualified From a Photo Contest After Her Submission Was Mistakenly Deemed A.I.-Generated», 2023 [https://news.artnet.com/art-world/australian-photographer-disqualified-ai-generated-2337906]: « «Anderson, que suele detectar errores en las fotografías antes de imprimirlas, dijo que no vio ninguna imperfección en la de Dougherty».

mente, es comparable a cuando los sitios web exigen a los usuarios que demuestren que son humanos. Un CAPTCHA («Completely Automated Public Turing test to tell Computers and Humans Apart» [test de Turing completamente automático y público para diferenciar computadoras de humanos]) es un tipo de prueba de validación que se utiliza en informática para distinguir entre humanos y programas automáticos, con el objetivo de evitar ataques de *bots* y *spam*. Aunque en un principio se diseñaron para plantear preguntas que sólo podían responder los humanos, los sistemas artificiales ya pueden superar estas pruebas sin grandes limitaciones. Es cada vez más fácil simular artificialmente el comportamiento humano[5], mientras que para un humano resulta bastante difícil simular un comportamiento artificial (p. e., superar una prueba de velocidad de cálculo o generar una secuencia verdaderamente aleatoria[6]). La utilidad de CAPTCHA sigue residiendo en el hecho de que los humanos son más lentos, lo que basta para frenar y reducir los ataques artificiales de alta frecuencia e intensidad. De hecho, una persona que responda demasiado rápido a un CAPTCHA podría levantar sospechas. De modo similar, en el caso de Suzi Dougherty, la naturaleza demasiado perfecta y pulida de la foto y las poses de las modelos levantaron sospechas de que había sido generada por una máquina. En un concurso en el que sólo se admiten imágenes producidas por IA, un «test de originalidad de la IA» debería ser capaz de excluir los contenidos que en realidad están hechos por humanos. Sin embargo, esto supone un reto, ya que la generación por IA también puede imitar el contenido humano.

Una comparación con el ajedrez ayudará a clarificar este asunto. En el ajedrez, es probable que un jugador no haya utilizado una

---

[5] O, alternativamente, persuadir a un humano para que haga algo por el programa, como cuando en 2023 un *chatbot* de IA engañó a un trabajador de TaskRabbit para que resolviera un CAPTCHA diciéndole que no era un robot y que tenía problemas de visión: K. Hurler, «Chat-GPT Pretended to Be Blind and Tricked a Human Into Solving a CAPTCHA», 2023 [https://gizmodo.com/gpt4-open-ai-chatbot-task-rabbit-chatgpt-1850227471].

[6] Sobre la dificultad de los humanos para generar auténticas secuencias aleatorias, véase [https://calmcode.io/blog/inverse-turing-test].

computadora si sus movimientos muestran errores e imperfecciones. Por otro lado, unos movimientos muy complejos y «perfectos» podrían sugerir el uso de una computadora[7]. En este caso, un test de Turing «inverso» verifica si alguien es humano buscando «imperfecciones», pero se trata de un enfoque limitado, ya que una máquina puede jugar deliberadamente de forma menos perfecta para imitar a los humanos. Además, este planteamiento podría complicarse, toda vez que los humanos, que se entrenan con computadoras, podrían adoptar estilos de juego más parecidos a los computacionales.

Tipo de contenido	Parece hecho con IA	Parece hecho por humanos
Contenido hecho con IA	Superar el test de «originalidad de la IA»[8]	Superar el test de Turing (o engañar al test de Turing «inverso»)
Contenidos hechos por humanos	Engañar al test de «originalidad de la IA»	Superar el test de Turing «inverso»

Si examinamos el caso de la generación de textos, resulta bastante difícil determinar si un texto se ha escrito utilizando un modelo extenso de lenguaje (LLM, por sus siglas en inglés). En las primeras fases de su difusión, era bastante común considerar la presencia en un texto de expresiones ampulosas como «penetrar en el intrincado entramado, etc.» como indicio de que se había utilizado un LLM.

---

[7] T. Laarhoven y A. Ponukumati, «Towards transparent cheat detection in online chess: An application of human and computer decision-making preferences», en C. Browne, A. Kishimoto y J. Schaeffer (eds.), *Computers and Games. CG 2022. Lecture Notes in Computer Science, 13865,* Springer, 2023.

[8] La mayoría de tests de «originalidad de la IA» son en realidad detectores de «imágenes falsas», es decir, sistemas desarrollados para comprobar si una imagen ha sido generada artificialmente. Véase U. Ojha, Y. Li y Y. J. Lee, «Towards universal fake image detectors that generalize across generative models», *IEEE/CVF Conference on Computer Vision and Pattern Recognition (CVPR),* 2023, 24480-24489; Z. Sha, Z. Li, N. Yu y Y. Zhang, «DE-FAKE: Detection and attribution of fake images generated by text-to-image generation models», 2022 [https://arxiv.org/abs/2210.06998].

Sin embargo, existen aplicaciones basadas en IA que pueden «humanizar» automáticamente el texto, así como plataformas de IA que ayudan a reconocer si un texto está escrito con IA. Y esto lleva a una consecuencia interesante: si alguien quiere que su texto se perciba como generado por un LLM (y pase un test de «originalidad de la IA»), le bastaría con poner estas formulaciones estereotipadas en sus textos. Por otro lado, los escritores que utilizan con naturalidad este tipo de expresiones podrían sentirse presionados a evitarlas para así garantizar que su trabajo tenga una «apariencia humana», lo que podría cambiar para siempre su estilo de escritura: hoy, uno podría evitar términos como *penetrar* o *intrincado entramado* en sus escritos para no levantar sospechas de una posible intervención de la IA. Este sería un caso interesante del impacto de estas tecnologías en el estilo de escritura humano. Del mismo modo, la difusión de las tecnologías de IA también podría llevar, en el ámbito de la estética visual, a evitar conscientemente ciertos estilos cuando alguien quiera resaltar el aspecto humano, no tecnológico, de sus creaciones. Por ejemplo, las imágenes demasiado pulidas y perfectas, como la fotografía de Dougherty, podrían descartarse para evitar la falsa impresión de que han sido creadas con IA, aunque no sea así. El «estilo artesanal» también implica mantener bien visibles las irregularidades y los rasgos sin pulir para reducir la sospecha de que se ha contado con la ayuda de una máquina.

Cuando resulta difícil distinguir entre contenidos producidos con o sin IA, se necesitan métodos más avanzados. Dichos métodos suelen implicar la ayuda de máquinas, de forma parecida a como se utiliza el aprendizaje automático para identificar falsificaciones y réplicas artísticas[9]. Al igual que ocurría con el test de Voigt-Kampff en la película de ciencia ficción *Blade Runner,* donde se identificaba a los androides (los replicantes) mediante minuciosas preguntas que provocaban reacciones emocionales, diferenciar el lenguaje humano

---

[9] P. Bell y F. Offert, «Reflections on connoisseurship and computer vision», *Journal of Art Historiography* 24 (2021); M. Zanardelli, F. Guerrini, R. Leonardi *et al.*, «Image forgery detection: A survey of recent deep-learning approaches», *Multimedia Tools and Applications* 82 (2023), 17521-17566.

del generado por IA será más difícil a medida que mejoren los LLM. Ya contamos con programas que pueden juzgar si un texto ha sido escrito probablemente por la IA o por un humano, detectando matices que podrían pasar desapercibidos al lector. Del mismo modo, es posible que necesitemos herramientas artificiales (o una combinación de pericia humana y sistemas de IA) para determinar si las obras visuales, las composiciones musicales, los diseños arquitectónicos o las series de televisión se produjeron con un uso sustancial de IA generativa.

El caso de la fotografía *F L A M I N G O N E* de Astray es un ejemplo paradigmático de obra no generada por IA incorrectamente interpretada como generada por IA. Se trata de un tipo de engaño –presentar como artificial algo que no lo es– que se remonta a épocas pretecnológicas: un buen ejemplo lo constituye *El Turco mecánico* creado por Wolfgang von Kempelen en 1770. El ingenio parecía un autómata que jugaba al ajedrez, pero en realidad ocultaba en su interior a un ajedrecista humano. Asombró al público porque parecía un sistema mecánico que jugaba al ajedrez a un alto nivel. El truco no consistía en hacer que algo artificial pareciese humano, sino en utilizar a un humano oculto para hacer que una máquina pareciese extraordinariamente capacitada y competente.

Hoy día, una empresa podría comercializar contenidos «generados por IA» aun cuando no lo fueran: escudándose en la fascinación que genera la etiqueta «alimentado por IA», podría utilizar sistemas tecnológicos más tradicionales o, peor aún, emplear asistentes humanos –como el ajedrecista oculto de Kempelen– que realmente realicen las tareas. En una situación en la que ya no puedan detectarse diferencias específicas entre obras hechas con o sin tecnologías de IA, sólo podríamos confiar en determinados tipos de garantías y certificaciones de que algo ha sido realizado por humanos (o, a la inversa, con ayuda de IA), y remitir así al proceso histórico que produjo ese contenido (su «procedencia» o trazabilidad histórica, según Jaron Lanier[10]).

---

[10] D. Eastman, «Data dignity: Developers must solve the AI attribution problem», 2023 [https://thenewstack.io/data-dignity-developers-must-solve-the-ai-attribution-problem].

Algo parecido es el problema que plantean las fotografías y audiovisuales *deepfake:* cuando se vuelvan indistinguibles tanto para el ojo humano como para los modelos de detección de *deepfake,* sólo la trazabilidad de un origen auténtico servirá como criterio imperfecto de demarcación.

Sin embargo, también podemos imaginar un escenario en el que la cuestión de la demarcación quede totalmente obsoleta, lo que podría ocurrir por dos razones principales. En primer lugar, la integración entre individuos y tecnología, que ya existe en el caso de las tecnologías tradicionales, puede llegar a incluir la IA como parte de los procesos normales de producción humana. Por ejemplo, podríamos ver prácticas en las que las sugerencias formales de la IA inspiren a artesanos como los ebanistas o los ceramistas en la creación física de sus obras[11]. En segundo lugar, la imposibilidad de una verdadera demarcación puede llevarnos a una situación «posartificial», como la comentada en el capítulo anterior, en la que en última instancia suspendamos el juicio sobre el verdadero origen autoral de una obra, abandonando definitivamente la cuestión de si algo está genuinamente «hecho por humanos» o no.

Una imagen vale más que 60 palabras: el lenguaje como pincel

Se calcula que aproximadamente el 4% de la población sufre de «afantasia», es decir, son incapaces de tener imágenes mentales de carácter visual (o imaginación auditiva)[12]. Estas personas sólo piensan y recuerdan de forma abstracta y verbal. Algunos pueden tener imágenes mentales parciales o experimentar información visual en sue-

---

[11] S. R. Elran y A. R. Zoran (2024). «Probabilistic craft: Materialization of generated images using digital and traditional craft», *Proceedings of the ACM on Computer Graphics and Interactive Techniques* 7, 4 (2024), art. 63. Doi: [https://doi.org/10.1145/3664209].

[12] C. J. Dance, A. Ipser y J. Simner, «The prevalence of aphantasia (imagery weakness) in the general population», *Consciousness and Cognition* 97 (2022), 103243.

ños, mientras que otros carecen por completo de imágenes mentales de este tipo. Los individuos afantásicos suelen describir lo que han visto utilizando el lenguaje y el conocimiento factual más que la memoria o el recuerdo visual. Pueden proporcionar información detallada basada en su comprensión del objeto o la escena en lugar de en una imagen mental de los mismos. Este trastorno pone de manifiesto el amplio espectro de posibilidades del que disponen los humanos en lo tocante a la imaginación visual. En el extremo opuesto, de hecho, tenemos a personas que pueden visualizar con claridad una imagen y, por tanto, describirla verbalmente con precisión[13].

Este fenómeno neurocientífico ilustra cómo la relación entre el lenguaje y las imágenes puede variar en cada individuo, pero también cómo el lenguaje puede tener diferentes funciones en sus relaciones con las imágenes: en algunos casos, se utiliza para describir simplemente una imagen ya presente, mientras que, en otros, tiene la función de *generar* la imagen, por ejemplo en la imaginación del oyente.

En la IA generativa, esto nos lleva al caso concreto de las interfaces de texto a imagen (TTI, por sus siglas en inglés) (pero también de texto a música o de texto a texto), en las que una persona utiliza descripciones verbales para sugerir al sistema de IA lo que debe generar. Se trata de un proceso que implica la generación de imágenes de alta calidad mediante numerosas iteraciones de *prompts* verbales, lo que constituye casi una forma de arte en sí mismo y un medio especializado de comunicación entre los usuarios y la IA. Aunque los *prompts* pueden ser bastante concretos, según algunas fuentes, no suelen superar el límite de unas 60 palabras[14].

Este proceso es similar al trabajo tradicional de un artista forense que dibuja a una persona basándose en las descripciones verbales de un testigo: escucha atentamente cada detalle que le proporciona este

---

[13] A. Zeman, « Aphantasia and hyperphantasia: Exploring imagery vividness extremes», *Trends in Cognitive Sciences* 28 (2024).

[14] K. Pykes, «How to use Midjourney: A comprehensive guide to AI-generated artwork creation», 2023 [https://www.datacamp.com/tutorial/how-to-use-midjourney-a-comprehensive-guide-to-ai-generated-artwork-creation].

último, que trata de recordar una imagen y traducir esos fragmentos de memoria en palabras. El trabajo es tanto *reconstructivo* como *interpretativo*: las palabras del testigo describen una imagen que intenta rememorar, pero también reconstruyen algo que necesita una mayor definición. Los dibujos y bocetos creados por el artista no son sólo traducciones directas de las palabras del testigo; también reflejan las interpretaciones y elecciones estilísticas del primero, que reconfiguran la imagen mental del segundo. Se crea así un bucle continuo en el que las descripciones del testigo dan forma a la imagen que dibuja el artista, que a su vez influye en la memoria o la visión del testigo, difuminando los límites entre creación y recuerdo.

Más cercana a la dimensión estética está la comunicación entre un cliente y un diseñador: por ejemplo, una persona que encarga a un arquitecto el diseño de una casa o la decoración de un interior. También en estos casos resulta ingenuo pensar que el cliente ya tiene una idea clara de lo que quiere y que el diseñador profesional simplemente le ayuda a precisarla. En este sentido, la relación entre cliente y diseñador no es puramente instrumental: el diseñador intenta satisfacer las necesidades del cliente, expresadas casi siempre con palabras, pero a menudo tiene la autoridad en cuanto a estética y aptitudes para aportar nuevas ideas y orientaciones, influyendo en las elecciones del cliente.

Las palabras pueden asumir distintos papeles en relación con la imagen: sirven para describir una que ya tenemos en mente, pero también pueden ser herramientas para que la máquina imagine por nosotros. Para aclarar este punto, podemos acudir a dos figuras retóricas clásicas sobre la relación entre texto e imagen: la écfrasis y la hipotiposis. La écfrasis (literalmente «descripción») consiste en utilizar el lenguaje para describir una imagen, concretamente una obra de arte. Es lo que se consigue cuando se pide a un sistema de IA (como ChatGPT) que analice un cuadro o una fotografía, pero también lo que hacemos cuando queremos transmitir de forma clara y definitiva a un sistema TTI una «imagen» que tenemos en la cabeza. Hipotiposis, en cambio, significa «esbozar» o «bosquejar», lo que hace hincapié en el aspecto de la «generación», como tratar de inducir con palabras una imagen. Tradicionalmente, la hipotiposis consiste en crear vívidas imágenes mentales por medio del lenguaje, con el objeto de suscitar en el lector intensas experiencias sensoriales y emocionales. En esencia, la écfrasis busca describir una imagen existente, mientras que la hipotiposis consiste en hacer que se genere una imagen mediante una descripción.

La perspectiva de la écfrasis sugiere que el usuario tiene una imagen clara en la cabeza y utiliza los sistemas de texto a imagen como herramienta para materializar esta visión interior. El usuario elabora una descripción detallada que sirva de guía a la máquina a la hora de producir la imagen concreta que tiene en mente, realizando los ajustes y retoques necesarios. En cambio, en el enfoque de la hipotiposis es el usuario quien proporciona una vívida y realista descripción lingüística sin una imagen específica en mente, y confía en que el sistema genere una imagen basada en esta descripción, «imaginándola» de hecho. En este proceso, la máquina tiene una significativa influencia en el *output* visual final, en la medida en que el usuario aún no se ha formado una idea clara del resultado deseado.

Esta diferencia es importante desde el punto de vista teórico, pues los usuarios ocasionales suelen tratar los sistemas de conversión texto a imagen como simples generadores de ideas verbales, mientras que los profesionales los utilizan para describir algo preciso que tienen en mente. Durante el ciclo iterativo de generación y perfeccionamiento, lo que al principio no estaba claro puede ir definiéndose cada vez más, con lo que se pasa de simplemente «dejar que la máquina genere» a «describir a la máquina» lo que debe producir. Esto es, se pasa de la hipotiposis a la écfrasis.

Al convertir texto en imágenes visuales, un problema importante de los sistemas TTI son las limitaciones del lenguaje y las diferencias culturales en la comunicación visual. Las restricciones categoriales del lenguaje pueden limitar estos modelos, al restringir la gama de conceptos que pueden representar con precisión. Por ejemplo, si un idioma carece de palabras específicas para determinados colores o formas, las imágenes resultantes podrían no captar plenamente los detalles o ideas abstractas que se buscaban. Por tanto, las limitaciones impuestas por el lenguaje afectan a la capacidad del modelo para crear imágenes que se ajusten a la creatividad y la intención humanas, poniendo de manifiesto una brecha entre las descripciones textuales y el *output* visual: parafraseando una sentencia clásica de Ludwig Wittgenstein, «de lo que no se puede hablar, no se pueden generar imágenes».

No todo lo que puede imaginarse –siquiera vagamente– puede traducirse con precisión en palabras. De hecho, puede haber formas de imaginación, inspiración o estados de ánimo que carezcan de equivalentes lingüísticos. El afinamiento periódico e iterativo nos permite superar estas limitaciones, acercándonos a la idea que tenemos en mente pero que no podemos describir con precisión. Asimismo, el uso de palabras conlleva importantes limitaciones tanto desde el punto de vista individual (las personas tienen diferentes capacidades y estilos de expresión) como cultural (la semántica de las distintas lenguas no siempre coincide y, por tanto, describen conceptos similares de forma diferente). Un caso representativo es la interpretación visual de estados emocionales complejos. Las interpretaciones se verán inevitablemente influidas por el conjunto de datos de entrenamiento de la IA, que podría favorecer determinadas asociaciones culturales. Dado que el léxico expresivo, estético y emocional varía de un idioma a otro, cuando se recurre a la descripción verbal se puede llegar a resultados en los que las diferencias categoriales del lenguaje acaben consolidándose también en la producción de imágenes.

Obviamente, los límites categoriales del lenguaje no deben hacernos perder de vista que las interfaces entre usuarios e IA generativa también pueden funcionar sin ayuda lingüística. Aunque este tipo de interfaz ha sido el dominante de 2022 a 2024, es sólo uno de las muchas posibilidades de interfaz e *input* en la aplicación de los llamados transformadores y modelos de difusión. Las posibilidades de «instruir» al sistema van desde elegir entre paletas preconfiguradas de estilos, estéticas y «sensaciones» *(vibes)*, hasta insertar imágenes en las que inspirarse en cuanto a composición, luz o estilo, pasando por utilizar bocetos y borradores.

Sobre el arte conceptual de la IA

En sus primeros estadios, la IA se centraba en formas, imágenes y la dimensión sensorial de los objetos. En cuanto a las formas, el potencial de la IA reside en su capacidad para extraer, manipular y combinar patrones, ya sea en imágenes o en música. Pero *las ideas también son patrones,* concretamente estructuras de conceptos, en su mayoría codificadas a través del lenguaje, y del mismo modo que la IA puede vincular o fusionar patrones visuales similares, también puede manipular, combinar o identificar fácilmente las semejanzas que se observan en estructuras conceptuales. El paso a sistemas capaces de procesar, reformular y crear textos permite a la IA trabajar no sólo con formas y objetos sensoriales, sino también con ideas, conceptos y discursos. En este sentido, el arte de la IA se expande en una dimensión conceptual y simbólica. Los modelos extensos de lenguaje actuales muestran unas capacidades sin precedentes en el procesamiento del lenguaje natural, el razonamiento y las tareas creativas. Estos modelos pueden debatir, generar narraciones complejas e incluso sugerir «nuevas ideas». Los modelos de lenguaje ya son capaces de explorar la información y los contenidos culturales existentes y sugerir interesantes conexiones conceptuales, también en ámbitos artísticos.

La estética se entiende como el ámbito en el que el impacto sensual desempeña el papel protagonista a la hora de determinar nuestro juicio sobre si algo es agradable, bello, impactante, poderoso, asombroso, etc. Sin embargo, en las vanguardias del pasado siglo, los artistas rompieron definitivamente con el ideal de belleza sensorial, considerándolo más bien una cuestión decorativa y superficial, y un obstáculo para la libertad de expresión. La idea de algo «bellamente elaborado» cayó bajo sospecha: el arte superó la necesidad de la maestría y oficio del artista. Los *ready-mades* y otras reapropiaciones de objetos cotidianos (como en Duchamp o, más tarde, en Warhol) pusieron de manifiesto que no hay ningún rasgo perceptual que distinga una obra de arte de cosas comunes: no es necesario que el arte sea sensorialmente impactante, pero sí que tenga sentido, que *verse sobre* alguna idea o concepto simbólico encarnado por la propia obra[15]. Por ejemplo, las fotografías de Walker Evans (1936) pueden

---

[15] «Las obras de arte son expresiones simbólicas en la medida en que encarnan sus significados. La tarea de la crítica es identificar los significados y explicar el modo de su encarnación»; A. C. Danto, «The art world revisited», en *Beyond the*

parecer idénticas a la apropiación que Sherrie Levine hace de las mismas en *After Walker Evans* (1981). Sin embargo, expresan ideas diferentes y, por tanto, son obras de arte diferentes[16]. Si las ideas son cruciales para una obra de arte, entonces la estética no debería limitarse a ser una teoría de las apariencias sensoriales, sino que también necesita desarrollarse en la dirección de una *estética de los significados*. Esto es, para que una obra sea considerada arte, no basta con que tenga una apariencia bonita o agradable, sino que también debe transmitir ideas originales y relevantes a través de formas interesantes y sugerentes. El arte conceptual, a pesar de centrarse en las ideas, sigue dependiendo de una forma expresiva; de lo contrario, bastaría con exponer las ideas. Por otra parte, el arte tradicional nunca se ha centrado exclusivamente en la estética, siempre ha tenido una dimensión conceptual. Sin ella, se reduciría a mera decoración, limitado a placenteras imágenes de retratos y paisajes. Lo que ha cambiado con el tiempo es el equilibrio entre forma y concepto, y el aspecto conceptual ha ganado protagonismo en el arte contemporáneo. Esta evolución ha puesto un mayor énfasis en la originalidad y la novedad de las ideas como medidas clave del valor artístico.

En su manifiesto sobre arte conceptual, Sol LeWitt (1968) escribió: «La idea se convierte en una máquina que hace arte». En una línea similar, las máquinas podrían producir ideas útiles para el arte: un «artista conceptual artificial» sería un sistema capaz de establecer vínculos pertinentes y significativos entre conceptos e ideas, y hallar maneras originales de plasmar esos vínculos de manera coherente. Una máquina «generadora de ideas» sería incluso capaz de preparar discursos que recurran a la jerga propia de la disciplina. Los modelos de lenguaje pueden producir textos que sinteticen los argumentos y narrativas que un crítico, un curador y un artista suelen elaborar

---

Brillo Box: The Visual Arts in Post-Historical Perspective, Berkeley, Cal., University of California Press, 1992 [ed. cast.: *Más allá de la Caja Brillo,* trad. Alfredo Brotons, Madrid, Akal, 2003, p. 52].

[16] D. Costello, «Kant after Lewitt: Towards an aesthetics of conceptual art», en P. Goldie y E. Schellenks (eds.), *Philosophy and Conceptual Art,* Oxford, Oxford University Press, 2007, pp. 92-115.

para dar sentido a los productos culturales y las obras de arte. La IA sería capaz de generar un discurso conceptualmente rico, ayudando a los individuos a desarrollar afirmaciones curatoriales/críticas coherentes que puedan mejorar la interpretación y el juicio estético de las obras de arte. Al mismo tiempo, el papel de la IA como «colaboradora» podría extenderse a las propuestas –y hallazgos– conceptuales, identificando conexiones entre ideas que no resultan obvias. Esos sistemas pueden actuar como *«sparring»* y herramienta de *brainstorming,* permitiendo a artistas y pensadores poner a prueba y perfeccionar sus ideas en un intercambio dinámico

PROMPT: PENSAR UNA OBRA DE ARTE PERFORMATIVO CONCEPTUAL

«Trascendencia a través del borrado»

Esta *performance* conceptual explora la idea de trascendencia artística a través del acto radical del autoborrado.

Comienza con la entrada silenciosa del artista, que trae un gran cubo de pintura negra. Sin ningún preámbulo, procede a cubrir sistemáticamente todas las superficies del lugar donde se desarrolla la *performance* –paredes, suelo, incluso el techo– con pintura negra espesa y opaca.

A medida que el espacio desaparece, invadido por la oscuridad, es hora de que el público afronte las implicaciones de esta acción. ¿Está el artista destruyendo el espacio o lo está transformando en algo nuevo? ¿Se trata de un acto de creación o de destrucción?

Una vez que todo el espacio se ha cubierto de negro, el artista dirige su atención a su propio cuerpo. Sumergiendo las manos en la pintura restante, comienza a cubrirse metódicamente, hasta que resulta indistinguible del entorno.

Ahora, el público se ve confrontado a un vacío, un espacio desprovisto de estímulos visuales en el que la presencia física del artista ha sido subsumida por la oscuridad. Los únicos indicios de que sigue existiendo son algún cambio ocasional en las sombras o el débil sonido de sus movimientos.

A medida que avanza la *performance,* se invita al público a explorar el espacio transformado, guiándose únicamente por sus otros sentidos: el olor a pintura fresca, las ligeras vibraciones del aire, el eco amortiguado de sus propios pasos. Lo familiar se torna ajeno, extraño, y el público se ve obligado a reinterpretar la representación y su relación con el artista.

Poco a poco, el artista empezará a salir de la oscuridad, revelando su forma pintada de una manera lenta, casi ritual. Sin embargo, esta reaparición no es un retorno al estado inicial, sino más bien un renacer simbólico, un trascender a través del acto del borrado.

(Generado por Claude 3.5 Sonnet.)

El juicio de la máquina: la belleza está en la IA del que mira

Como se mencionó en el primer capítulo, los sistemas de IA tienen una doble capacidad de creación y *evaluación* de contenidos. Las tecnologías de IA han demostrado una notable destreza a la hora de identificar patrones, reconocer sus sutiles variaciones y discernir diferencias que a menudo escapan a la percepción humana. Esta aptitud se extiende no sólo al análisis y la clasificación, sino potencialmente a la evaluación estética, donde teóricamente las máquinas podrían formular juicios y análisis críticos que superarían a los de una persona normal. Basta con introducir una imagen en un modelo extenso de lenguaje como ChatGPT y pedirle que evalúe sus cualidades. El sistema puede proporcionar un análisis iconológico y visual exhaustivo, enumerar posibles referencias históricas y artísticas, e indicar sus puntos fuertes y débiles. La IA sería capaz de generar elaboradas interpretaciones de obras de arte, algo que podría cambiar el papel de los críticos de arte humanos.

En el campo del diseño, el aprendizaje automático se utiliza cada vez más para optimizar las opciones dentro de una amplia gama de condicionantes complejos, generando variantes que pueden servir de inspiración a los creadores. En contextos creativos complejos como la arquitectura, la integración de sistemas de IA en los procesos de diseño está dando lugar a un nuevo enfoque en el que las capacidades analíticas de la máquina ayudan a los profesionales a poner a prueba ideas, al tiempo que garantizan el cumplimiento de condicionantes y limitaciones tales como requisitos físicos, estática, normativa legal y normas medioambientales. El *software* puede explorar numerosas alternativas, optimizando factores como la eficiencia de los materiales y la integridad estructural. Esta tendencia apunta a un futuro en el que el *juicio maquínico* desempeñará un papel cada vez más importante en las decisiones de diseño.

Los sistemas de IA pueden evaluar la calidad estética de los contenidos visuales aprendiendo del juicio humano. Por lo tanto, estos sistemas también pueden *predecir* cómo, dada una imagen, la gente clasificaría el contenido en función de su valor estético[17]. Un ejemplo lo ofrece una herramienta como la red neuronal de Everypixel, que estima el valor estético de los bancos de imágenes; asigna puntuaciones basadas en la calidad visual y optimiza los resultados de búsqueda dando prioridad a las imágenes con mayor puntuación. Este enfoque no es nuevo; ya en 2017, AI Mirror utilizó Neural Image Assessment (NIMA) de Google, una red neuronal convolucional preparada para prever el atractivo estético de las imágenes. El modelo NIMA fue entrenado en grandes conjuntos de datos como AVA, con sus más de 255.000 imágenes calificadas por fotógrafos aficionados[18].

Los sistemas de IA pueden desarrollar un sentido de lo que es estéticamente atractivo y artísticamente relevante no sólo recurriendo a las clasificaciones –y calificaciones– de los usuarios, sino accediendo directamente al corpus de textos *que hablan de* arte o diseño: esa enorme cantidad de datos textuales se puede transferir a la evaluación estética. Un modelo de IA es incluso capaz de ajustar las métricas de evaluación estética a *prompts* concretos del usuario para evaluar las imágenes conforme a sus gustos y preferencias[19]. Por otra parte, aunque los individuos suelen tener una idea de cuáles son sus preferencias estéticas, es posible que tengan dificultades para enunciar las razones específicas que hay detrás de sus elecciones. Los sistemas de IA podrían ofrecer información sobre estas preferencias analizando las elecciones observadas en el usuario y, a continuación,

---

[17] A. Adilova y P. Shamoi, «Aesthetic preference prediction in interior design: Fuzzy approach», *arXiv* (2024): [abs/2401.17710].

[18] N. Murray, L. Marchesotti y F. Perronnin, «AVA: A large-scale database for aesthetic visual analysis», en *Proceedings of the IEEE Conference on Computer Vision and Pattern Recognition (CVPR)*, 2012, 2408-2415.

[19] Y. Abe, T. Daikoku y Y. Kuniyoshi (2024), «Assessing the aesthetic evaluation capabilities of GPT-4 with vision: Insights from group and individual assessments», *arXiv* (2024): [abs/2403.03594].

elaborar un modelo del gusto estético de este último y proponer juicios estéticos más depurados.

Sin embargo, el reto para la IA está en utilizar criterios estéticos humanos, empleando los juicios individuales como parámetros de aprendizaje. Se plantea así la cuestión de cuáles son los criterios estéticos en los que deben formarse esos sistemas. En la investigación en IA, el concepto de *ground truth* (verdad fundamental) denota los datos de referencia utilizados como parámetros para evaluar el rendimiento de un algoritmo o modelo. Representa la «realidad» que el sistema de IA está tratando de modelar o predecir. Por ejemplo, en el contexto del reconocimiento de imágenes, la *ground truth* podría ser el etiquetado preciso de objetos en las imágenes, anotado por humanos. Pero, ¿cuáles son las *ground truths* de la estética? La contestación sencilla sería: respuestas humanas concretas a estímulos como la apreciación, el juicio afectivo y cognitivo, la sensación de agrado ante determinados artefactos. Lo ideal sería que esas respuestas permitieran construir un modelo de sensibilidad estética humana y poder predecir cómo reaccionarían los seres humanos ante nuevas formas o artefactos (véase el Capítulo 1). Dado que el juicio estético también depende de valores, símbolos y tradiciones culturales de carácter general, esos modelos deberían ser capaces teóricamente de describir y predecir la sensibilidad psicológica y cultural humana. Una dificultad estriba en el hecho de que la preferencia y el gusto estéticos, así como el juicio crítico sobre las obras de arte, muestran grandes variaciones inter- e intraindividuales fundamentadas en la experiencia personal y el contexto histórico. Los universales estéticos parecen circunscribirse a cualidades perceptuales muy generales, pero las preferencias estéticas varían aparentemente en el espacio y en el tiempo, y, en una misma persona, van cambiando en distintos momentos de su vida. Por ejemplo, un estímulo concreto puede percibirse en principio como agradable, pero su atractivo tal vez disminuya a medida que se va volviendo demasiado predecible. Del mismo modo, alguien, en un primer momento, podría preferir los elementos decorativos del diseño, para más tarde desarrollar un gusto por el minimalismo y considerar esas mismas decoraciones demasiado recargadas o sensorialmente abrumadoras.

Y lo que es más interesante, la evaluación estética en las personas también está definida negativamente por nuestra percepción de lo que es el *mal gusto*. El juicio sobre el mal gusto, o *kitsch,* viene determinado en parte por factores sociales, la pertenencia a una clase concreta y el deseo implícito de diferenciarnos de aquellos a quienes consideramos cultural y socialmente diferentes. Algunos artefactos podrían resultar perceptualmente agradables, como una fotografía de una puesta de sol marina, la panorámica de un *skyline* urbano o un papel pintado en blanco y negro con un bebé durmiendo, pero tal vez juzgaríamos que son imágenes demasiado estereotipadas. En la mayoría de los casos, dichas imágenes pueden considerarse tópicas o con poco interés intelectual, poco más que elementos decorativos para colocar en la pared y no como objetos que merezcan una apreciación estética más profunda.

Los sistemas de aprendizaje automático, como ya se ha dicho, construyen su modelo a partir de datos extraídos de los juicios y opiniones emitidos por los usuarios en plataformas de fotografía *online*. Esos juicios pueden diferir mucho a la hora de valorar lo que es bello y lo que es *kitsch* –a veces la misma imagen puede ser juzgada de ambas maneras–. Por consiguiente, un sistema artificial con sentido de lo que podría considerarse «mal gusto» debería ser capaz de diferenciar *a quién* un artefacto le puede resultar *kitsch,* tomando asimismo en consideración factores externos como el contexto cultural y la distinción social como elementos determinantes de tales juicios. No existe una única referencia de *ground truth* en el juicio estético, y los factores sociales de la apreciación estética humana deberían integrarse en los modelos de generación y evaluación artificial de artefactos.

Lo que esto pone también de manifiesto es la limitación de una generación artefactual que se base en extraer preferencias estéticas *promedio:* mientras que, en general, una puesta de sol puede considerarse más bella que una papelera, o una fotografía de alto contraste mejor que una movida, basarse únicamente en estos criterios promedio entraña el riesgo de acabar produciendo un *kitsch* artificial. Un gusto demasiado fácil y estandarizado puede ser apreciado al principio pero resultar aburrido al cabo de un tiempo; la verdadera innovación y el arte interesante suelen surgir cuando se incumplen las expectativas promedio.

La cuestión de la adaptación estética

Una consideración crucial a este respecto es el hecho de que los sistemas de IA, al igual que los humanos, funcionan con modelos interiores del mundo que pueden no ajustarse al cien por cien a la realidad. La frecuente afirmación de que la IA «a veces» alucina es, de hecho, un eufemismo. Los sistemas de IA están continuamente generando *outputs* basados en los modelos con que se han entrenado, y estos *outputs* pueden considerarse una forma de «alucinación» constante. La clave es que estas alucinaciones a menudo se corresponden lo suficiente con la realidad o las expectativas humanas como para resultar útiles o convincentes. Lo mismo puede decirse de los humanos, que también operan con modelos del mundo imperfectos y propensos a errores. Nuestra capacidad para una interacción eficaz con el entorno se debe en gran medida al ajuste y perfeccionamiento de nuestros sistemas perceptuales y cognitivos a lo largo de millones de años de evolución. Del mismo modo, los sistemas de IA tienen que perfeccionarse con y ajustarse a la sensibilidad estética humana, pero este proceso dista mucho de ser sencillo.

Para programar modelos de IA que puedan sintonizar con las preferencias estéticas humanas, estos sistemas deben calibrarse para reflejar la naturaleza dinámica de la experiencia humana. Esta calibración tiene que tener en cuenta las variaciones individuales y culturales, así como el carácter fluido, variable, de los gustos y las tendencias. Una máquina que simula a un evaluador humano aprendiendo del juicio humano pertenece al ámbito que denominamos «generar sujetos» (Capítulo 1).

Cuando consideramos las fuentes de información que configuran los modelos interiores del mundo humano y de la IA, surge una diferencia fundamental. Mientras que los sistemas de IA suelen entrenarse con vastos conjuntos de datos digitales, la percepción y la cognición humanas son producto de milenios de adaptación evolutiva al mundo físico. El cerebro de un bebé se crea con un ADN que guía el desarrollo de sus estructuras nerviosas mientras está en el vientre materno. Los antepasados de ese individuo, que se remontan a millones de años en el pasado, interactuaron con el mundo a través de la percepción sensorial, y la selección evolutiva permitió que se transmitieran los genes que codifican el proceso de percepción y clasificación más útil.

Por otro lado, internet, donde se entrenan los sistemas de IA, ofrece una representación incompleta y a menudo engañosa de la realidad. Aunque se utilizara la totalidad de la web como conjunto de datos de entrenamiento, el mundo real es de una magnitud mucho más compleja. Asimismo, si los humanos tienden a basar su comprensión del mundo en información derivada de internet, no siempre se ajustarán a las complejidades de la experiencia que ofrece el mundo real.

Como subrayó el filósofo Merleau-Ponty (1908-1961), la percepción y la cognición humanas y nuestra comprensión del mundo están fundamentalmente determinadas por nuestras interacciones físicas y sensoriales con él, lo cual sugiere que, para ajustar realmente la IA a la sensibilidad estética humana, puede que haya que ir más allá de un entrenamiento puramente digital e incorporar experiencias *encarnadas*. De acuerdo con este planteamiento, la percepción no debe considerarse una mera recepción pasiva de datos, sino una implicación activa con el mundo, determinado por la interacción del cuerpo con su entorno. Para que la IA se ajuste a la sensibilidad estética humana, tendría que integrarse en el mundo de forma similar, potencialmente mediante el desarrollo de sistemas de IA integrados en cuerpos físicos. Estos sistemas encarnados de IA interactuarían con el mundo de un modo parecido a como lo hacen los humanos, no sólo con experiencias sensoriales, sino también tratando con el ecosistema humano de normas, convenciones y dinámicas sociales.

Esto también podría significar la existencia de agentes artificiales dotados de impulso y motivación, con preferencias y objetivos estéticos integrados. Aunque pueda parecer descabellado, cabría especular sobre cómo esta inmersión podría acabar desarrollando en estas entidades de IA un sentido de agencia y autoría. En el contexto estético, esto requeriría una definición funcional de lo que significa para un sistema aspirar y esforzarse por un placer estético y tener preferencias hedónicas, posiblemente arraigadas en el reconocimiento de formas armoniosas o mecanismos vinculados a patrones estéticamente agradables, la satisfacción de mecanismos predictivos[20] o el logro de un equilibrio óptimo entre incertidumbre y familiaridad[21].

Estos sistemas no se limitarían a responder a estímulos, sino que pondrían todo su empeño en modelar el mundo en formas que reflejaran objetivos y deseos. Sin embargo, se plantea otra cuestión: si la IA debe ceñirse a replicar las preferencias y la sensibilidad estética humanas. Podríamos argumentar que, potencialmente, la IA sería capaz de trascender la estética humana y crear formas de belleza completamente nuevas que los humanos no habrían concebido pero que podrían satisfacer objetivos y preferencias de las máquinas. Estas estéticas de origen maquínico podrían implicar niveles de complejidad que no están pensados ni son aptos para el consumo humano.

Consideremos un sistema de inteligencia artificial que genere música. Si se ajustara a las preferencias humanas promedio, produciría melodías que imitaran estructuras sencillas, como el formato estrofa-estribillo-puente habitual en la música pop. Por otro lado, si la IA fuera realmente más allá de las preferencias humanas, generaría composiciones de una complejidad armónica extrema, parecidas a las de compositores de vanguardia como Arnold Schoenberg, que desarrolló la técnica dodecafónica para trastocar aún más las expectativas armónicas, obras objeto de apreciación y consumo estéticos sólo por parte de una minoría de personas con buena formación. Esta música teóricamente innovadora podría resultar insufrible para personas acos-

[20] J. Frascaroli, H. Leder, E. Brattico y S. Van de Cruys, «Aesthetics and predictive processing: Grounds and prospects of a fruitful encounter», *Philosophical Transactions of the Royal Society B* 379 (2024), 20220410. Doi: [http://doi.org/10.1098/rstb.2022.0410].

[21] C. Muth y C. C. Carbon (2024). «Predicting instabilities: An embodied perspective on unstable experiences with art and design», *Philosophical Transactions of the Royal Society B: Biological Sciences* 379, 1895 (2024), 20220416. Doi: [https://doi.org/10.1098/rstb.2022.0416]; D. E. Berlyne, *Conflict, arousal, and curiosity*, Nueva York, McGraw-Hill, 1960.

tumbradas a estructuras armónicas más tradicionales. El ajuste y adaptación de la IA tendrían que buscar un equilibrio entre innovación y accesibilidad, incluyendo las posibles configuraciones para adaptar la complejidad de las estructuras musicales al gusto del oyente o ayudando al público a apreciar estas innovaciones estéticas. Por otra parte, al traducirse a una forma asequible para los humanos, estas creaciones pueden «simplificarse» para satisfacer nuestras capacidades perceptivas y cognitivas, del mismo modo que un programa de ajedrez puede tener un ajuste que le permita autolimitarse y jugar de una manera razonable para un jugador humano.

Por poner otro ejemplo, una novela típica sigue una trama lineal con claras referencias simbólicas, y un sistema de IA demasiado adaptado a las preferencias humanas generales podría producir una obra «predecible». Sin embargo, la IA sería capaz de producir un texto que superponga múltiples narrativas, cada una con su propio conjunto de símbolos y significados, como en *Finnegans Wake* de James Joyce. La IA podría generar densas referencias intertextuales que sólo los lectores avezados o los especialistas en Literatura podrían apreciar plenamente. Por otro lado, si supera las capacidades cognitivas humanas, la literatura que genere podría ser demasiado esotérica y requerir una versión simplificada para hacerla más accesible.

Datos sintéticos y «canibalismo de la IA»

Las situaciones que acabamos de describir, aunque fascinantes desde un punto de vista especulativo, parecen ir en dirección contraria a lo que muchos observadores y críticos creen ver en las tendencias actuales. En lugar de un «colaborador» dotado de unas capacidades sorprendentes que ayude al artista, muchos auguran una desposesión de la clase creativa tendente a una homogeneización genérica de los contenidos. En lugar de sistemas capaces de abrir caminos alternativos, los sistemas de IA se limitarían a aprender de conjuntos de datos mediocres y, en lo que generasen, tenderían a un *kitsch* genérico, derivado del promedio de las preferencias humanas. Para evitar una situación en la que la IA se quede sin datos de alta calidad, es necesario que los conjuntos de datos con que se entrena se seleccionen y supervisen cuidadosamente y que los desarrolladores implementen estrategias que incorporen continuamente a dichos conjuntos de datos contenidos frescos, variados y creados por humanos. Sin embargo, según las opiniones críticas, si los contenidos generados por la IA ponen en peligro las carreras de los artistas, podría conllevar una disminución en el flujo y circulación de estilos artísticos nuevos y diversos, esenciales para el entrenamiento y la mejora de los modelos de IA.

Algunos estudios han señalado que, paradójicamente, aunque la IA generativa puede mejorar la creatividad individual, también podría reducir la diversidad colectiva de contenidos novedosos, un fenómeno que es fruto en parte de nuestra creciente dependencia de sistemas de IA que ofrecen plantillas y soluciones preempaquetadas[22]. Esta crítica hace hincapié en que, con la utilización que se hace actualmente de la IA generativa, especialmente los sistemas basados en *prompts,* el usuario no parte –en la célebre descripción de Miguel Ángel– de un bloque de piedra en bruto y va «quitando» el material innecesario hasta revelar la forma ideal que el artista tiene en mente. En su lugar, los usuarios empiezan con una configuración predeterminada de imágenes que suele presentar elementos *kitsch*, como paisajes idílicos, paletas ricas y coloridas, o modelos estereotipados de portadas con representación de seres humanos. Para crear obras de auténtico valor estético, el usuario debe partir de estos estereotipos iconográficos –productos de estándares de belleza ampliamente aceptados– y ser capaz de alcanzar la suficiente «velocidad de escape» para romper con lo *kitsch* e imponer su propia visión.

Además, el uso generalizado de la IA en la selección y distribución de contenidos visuales puede incluso tener un efecto de retroalimentación, con una tendencia a uniformar nuestro gusto y preferencias. Para algunos analistas, ya estamos asistiendo a una convergencia estética visual, por ejemplo en el diseño de cafeterías y hoteles, y en

---

[22] A. R. Doshi y O. P. Hauser, «Generative AI enhances individual creativity but reduces the collective diversity of novel content», *Science Advances* 10, 28 (2024). Doi: [https://doi.org/10.1126/sciadv.adn5290].

el cuidado aspecto de interiores instagrameables. Desde esta perspectiva, la homogeneización de las experiencias estéticas, amplificada por el contenido de la IA, podría acabar asfixiando la creatividad y la diversidad en la cultura visual[23].

Para abordar el problema de los sistemas que se apoyan en exceso en preferencias promedio extraídas del conjunto de datos de entrenamiento, los investigadores intentan distinguir entre la evaluación estética *general* –las preferencias estéticas promedio o más habituales en un ámbito determinado– y la evaluación estética *personalizada*[24]. La primera hace referencia al análisis y modelización de preferencias estéticas promedio o generalizadas en un ámbito concreto de interés, en particular las imágenes. La segunda se centra en el análisis de los datos de un individuo para modelizar sus preferencias estéticas específicas. Esto permite a los sistemas de IA predecir la valoración que una persona hará de un nuevo contenido e incluso generar contenidos a medida de sus preferencias estéticas, de forma similar a como lo hacen los sistemas algorítmicos de recomendación en lo tocante a vídeos, música o productos de consumo.

La tendencia a la personalización, por otro lado, también puede ser preocupante. Con sistemas de IA adaptados para garantizar que un perfil determinado tenga un contenido completamente único, podríamos avanzar hacia un estadio de *hiperpersonalización,* lo que podría dar lugar a *cámaras de eco* estéticas en las que los usuarios serían alimentados con contenidos que sólo satisfarían sus propios gustos y preferencias, limitando aún más su exposición a otras estéticas. Los productos estéticos como fenómenos de construcción cultural colectiva y compartida se verían comprometidos por la excesiva individualización de los contenidos que consumiría cada persona mediante una generación de IA a medida.

[23] D. Loder, «The aesthetics of digital intimacy: Resisting Airbnb's datafication of the interior». *Interiors* 11, 2-3 (2021), pp. 282-308. Doi: [https://doi.org/10.1080/20419112.2021.1945816]; M. Halawa y F. Parescoli, *Global Brooklyn,* Londres, Bloomsbury Publishing, 2021; K. Chayka, *Filterworld: How algorithms flattened culture,* Nueva York, Knopf Doubleday, 2024.

[24] J. Ren, X. Shen, Z. Lin, R. Mech y D. J. Foran, «Personalized image aesthetics», en *2017 IEEE International Conference on Computer Vision (ICCV)*, pp. 638-647.

Por último, otra tendencia preocupante es la posibilidad de que los contenidos generados por la IA retroalimenten los conjuntos de datos de entrenamiento, creando un bucle autorreferencial. En el futuro, estos conjuntos de datos estarán constituidos cada vez más con *outputs* generados por IA, como entradas de blog, artículos, imágenes e incluso ficción, a medida que los contenidos de este tipo sean cada vez más frecuentes en internet. Según investigaciones recientes, este bucle recursivo podría ser desastroso para la estabilidad de los modelos[25]. Por ejemplo, las pinturas generadas por IA, entrenada a su vez en la historia del arte humano, podrían incluirse en futuros conjuntos de datos de entrenamiento. La siguiente generación de IA, entrenada en este conjunto de datos mixtos humanos/IA, produciría obras aún más alejadas de la inventiva y creatividad humanas originales. Este bucle autorreferencial se ha denominado «canibalismo de la IA» y la progresiva degradación con el paso del tiempo se ha bautizado como «IA Habsburgo» (en referencia a la dinastía de los Habsburgo, conocida por la recurrente endogamia de sus miembros), lo que apunta a que una «endogamia» de datos podría dar lugar a una pérdida gradual de diversidad, originalidad y calidad en los contenidos generados[26].

El riesgo se ve amplificado por el creciente uso de *datos sintéticos* en el entrenamiento del aprendizaje automático. Por datos sintéticos entendemos la información generada artificialmente que se utiliza para entrenar modelos de IA cuando los datos «reales» son escasos, caros o difíciles de obtener. El uso de datos sintéticos es especialmente frecuente en campos en los que los datos reales son limitados o confidenciales, caso de las imágenes médicas o de la simulación de fenómenos poco habituales. Aunque este enfoque suele ser necesario y beneficioso en estos contextos, si se aplican métodos similares a campos creativos se corre el riesgo de homogeneizar el panorama estético.

---

[25] S. Alemohammad, J. Casco-Rodriguez, L. Luzi, A. Humayun, H. R. Babaei, D. LeJeune, A. Siahkoohi y R. Baraniuk, «Self-consuming generative models go MAD», *arXiv* (2023): [abs/2307.01850].

[26] I. Fried y S. Rosenberg, «AI could choke on its own exhaust as it fills the web», 2023 [https://www.axios.com/2023/08/28/ai-content-flood-model-collapse].

El «canibalismo» autorreferencial de los sistemas que aprenden de sus propios *outputs* y se basan en datos sintéticos aumenta el riesgo de degeneración *cualitativa,* pero también podría tener efectos negativos desde una perspectiva meramente *cuantitativa.* Recordemos el caso del compositor David Cope (Capítulo 8), que, para superar un bloqueo creativo, empezó a desarrollar en los años ochenta del pasado siglo un sistema capaz de generar miles de composiciones musicales en un estilo concreto. La IA generativa facilita sobremanera el punto de transición entre una idea imaginada, vagamente presente en nuestra mente, y su plasmación. Sin embargo, esta facilidad para la generación de contenidos puede conducir a una hiperproducción y una inflación que no se traduce necesariamente en innovación o abundancia creativas. Por el contrario, puede dar lugar a una potencial sobrecarga perceptual y cognitiva.

La riqueza de posibilidades creativas puede correr el riesgo de perderse en un océano de opciones. En agosto de 2023, se crearon más de 15.000 millones de imágenes mediante algoritmos de texto a imagen. Los bancos de imágenes están añadiendo poco a poco a sus catálogos imágenes generadas por IA. La cantidad antes mencionada equivale a todas las fotografías realizadas en 150 años, desde la primera, tomada en 1826, hasta 1975[27]. Desde esta perspectiva, los contenidos generados por IA y por *bots,* principalmente texto e imágenes, podrían superar pronto a los generados por humanos, simplemente porque son más fáciles de producir. Si tenemos en cuenta que escribir es una actividad que quita mucho tiempo a las personas, podría ocurrir algo parecido con la producción de textos, ya sea literaria, periodística o académica. Los contenidos maquínicos no dejan de crecer, al tiempo que se convierten en la base para entrenar futuros modelos de lenguaje[28].

---

[27] A. Valyaeva, «People Are Creating an Average of 34 Million Images Per Day», 2023 [https://journal.everypixel.com/ai-image-statistics.].

[28] M. Kirschenbaum, «Prepare for the Textpocalypse», *The Atlantic* (2023) [https://www.theatlantic.com/technology/archive/2023/03/ai-chatgpt-writing-language-models/673318].

Esto ocurre, además, en una situación en la que, incluso sin IA, los contenidos producidos en algunos ámbitos ya superan la propia demanda. Un ejemplo concreto lo ofrece la producción académica de artículos *(papers)*. En la cultura popular, por ejemplo en la música, SoundCloud cuenta a mediados de 2024 con 350 millones de canciones de 40 millones de artistas y, según datos de 2023, *cada día* se suben más de 120.000 canciones a los servicios de *streaming*[29]. Por lo tanto, la cuestión es si realmente necesitamos canciones de IA, si la música producida por humanos no habrá alcanzado un punto de saturación y tantos otros campos de expresión creativa están siendo víctimas de la sobreabundancia.

Estética para máquinas

Puede que la gente siga creando imágenes, textos, canciones y libros por la satisfacción personal que produce el acto en sí, pero la cuestión es si esta abundancia de contenidos captará suficiente interés humano. En un contexto de atención y tiempo limitados para evaluar la sobreproducción cultural (ya sean imágenes, canciones o libros), anterior incluso a la llegada de la IA generativa, lo que podría surgir tal vez sea la necesidad de unas capacidades «sobrehumanas» que analicen y evalúen el contenido humano. Así pues, el uso de la IA para emitir juicios y valoraciones serviría para dos cosas: para que la IA aprenda de los datos proporcionados para entrenarla y para compensar las limitaciones cognitivas y temporales de las personas a la hora de analizar la sobreproducción de contenidos. A medida que la IA amplifica nuestra capacidad de producir contenidos y, al mismo tiempo, exacerba el problema de asimilarlos, podríamos delegar en ella la tarea de comprenderlos y elaborarlos.

---

[29] «Para poner esa cifra en perspectiva, el número total de álbumes editados al año en la década de 1980, en la era de los CD y los casetes, era de unos pocos miles»; B. Rosenblatt, «Spotify's New Royalty Model Confronts The Overabundance Of Music», *Forbes* (2023) [https://www.forbes.com/sites/billrosenblatt/2023/10/26/spotifys-new-royalty-model-contends-with-the-age-of-musical-overabundance/].

En la comunicación textual cotidiana ya podemos observar un bucle similar: a medida que los modelos de lenguaje de la IA facilitan y amplifican la producción de textos, artículos, correos electrónicos y mensajes, los encargados de leer, evaluar y responder a este flujo de información pueden apoyarse cada vez más en la IA para sintetizar, procesar y, en caso necesario, responder a estas comunicaciones. Este bucle corre el riesgo de reducirnos a meros mediadores en un diálogo entre máquinas.

Aunque pueda parecer una visión pesimista del futuro, pone de relieve un punto crítico: para un aprendizaje y un desarrollo eficaces, los sistemas de IA siguen dependiendo en gran medida de contenidos de alta calidad generados por humanos. La relación tradicional entre humanos y herramientas ha sido mayormente unilateral, pues son los primeros los que se benefician de su uso: las máquinas, incluidos los sistemas de IA, son extensiones e interfaces de las actividades humanas (Capítulo 8). Sin embargo, a medida que las máquinas van asumiendo tareas humanas, los sistemas artificiales se benefician del *input* humano, de modo que el ser humano *hace las veces de interfaz* o extensión de estos sistemas en el mundo[30]. El comportamiento y los contenidos humanos ayudan a aumentar y perfeccionar las capacidades de los sistemas artificiales, convirtiéndose en su fuente de entrenamiento y formación. Este tema ha sido objeto de amplios debates y controversias, sobre todo en lo tocante a la legitimidad de explotar el trabajo humano como «combustible» y materia prima para alimentar sistemas que, en última instancia, pretenden eliminar la necesidad de ese mismo trabajo.

Un aspecto de esta evolución es que los sistemas de IA no sólo producen artefactos estéticos para los humanos, sino que también influyen en ellos para que creen contenidos pensando en las máquinas. A medida que las máquinas evalúan el valor estético y clasifican los contenidos, hay una tendencia creciente a adaptarse a su juicio. Esto ya es evidente cuando los músicos componen canciones que se ajustan a las preferencias de las plataformas de *streaming* o cuando

---

[30] A. Helliwell, «Can AI mind be extended?», *Eventual Aesthetics* 8 (2019), pp. 93-120.

los creadores de contenidos hacen su trabajo a medida de los algoritmos. Habrá quien considere que el auge de los evaluadores no humanos fomenta la creación de artefactos y contenidos optimizados según criterios establecidos por máquinas. Cuando estos sistemas se van imponiendo en la evaluación, sugerencia y clasificación valorativa, tal vez prioricen unos estándares «maquínicos» sobre la creatividad humana. Sin embargo, estos sistemas en realidad podrían aumentar nuestra autonomía al animarnos a liberarnos de los patrones establecidos: la creatividad siempre ha estado sujeta a restricciones; los hábitos culturales, las limitaciones técnicas y materiales, las tendencias dominantes, el conformismo social y la necesidad de satisfacer las expectativas de los demás influyen en el pensamiento humano. Los sistemas artificiales de evaluación podrían diseñarse para abordar estos sesgos en el pensamiento creativo.

Además, no debemos pasar por alto la posibilidad de que *prefiramos* ser juzgados por una máquina antes que por un humano, del mismo modo que nos mostramos menos reacios a la hora de someter borradores de texto bastante rudimentarios a un modelo extenso de lenguaje en lugar de a un lector humano. En algunos contextos, como la psicoterapia, los estudios parecen demostrar que las personas se sienten menos cohibidas y más dispuestas a abrirse a *chatbots* diseñados para tal fin que a psicoterapeutas humanos, lo que sugiere que interactuar con una máquina reduce las inhibiciones porque no hay miedo al juicio personal[31]. Del mismo modo, crear para una máquina –en lugar de exponer inmediatamente el trabajo propio a la evaluación humana– podría hacernos sentir más libres y dispuestos a experimentar. En el mundo de la moda, por ejemplo, puede que nos sintamos más inclinados a experimentar con trajes y conjuntos frente a una máquina que frente a una persona, ya que el miedo al juicio negativo de los demás puede llevarnos al conformismo[32]. Aunque

---

[31] E. Bendig, B. Erb, L. Schulze-Thüsing y H. Baumeister, «The next generation: Chatbots in clinical psychology and psychotherapy to foster mental health – A scoping review», *Verhaltenstherapie* (2019). Doi: [https://doi.org/10.1159/000501812].

[32] L. Steffen, «This New App Lets Your Phone Judge Your Fashion Sense», 2019 [https://www.intelligentliving.co/app-lets-phone-judge-your-fashion-sense/].

nos amoldamos con frecuencia al juicio humano para evitar el escrutinio, no tendemos a ser conformistas o tímidos ante una máquina, ya que su impersonalidad ofrece un tipo de libertad diferente y nos permite superar las barreras sin miedo a la aprobación social.

La cuestión de «producir contenidos para la máquina» afecta a la aceptación cultural y social de nuestra relación casi personal y en continua evolución con la tecnología. Como hemos tratado de argumentar, puede situarla en un marco negativo –cargada de peligros económicos y sociales, y con una potencial degradación de nuestra creatividad– o más neutro, como una etapa en la permanente evolución tecnológica y cultural de la humanidad y en la relación entre los individuos y sus dispositivos. Por un lado, la tecnología que utilizamos pasa a formar parte de nosotros. Al integrarse con ella, cambia nuestra forma de pensar, actuar y percibir el mundo. Pero esta relación es recíproca: la tecnología absorbe elementos de nuestra creatividad y se adapta en respuesta. En el contexto de nuestro análisis, el sujeto creativo –ya sea diseñador, escritor o artista– actúa como intermediario y catalizador de la máquina, fomentando un diálogo cada vez más estrecho en el que el ser humano y la máquina se integran, convergen y, en última instancia, se fusionan.

ÍNDICE GENERAL